O Novo Código de Processo Civil ao Alcance de Todos

MARCELO DA FONSECA GUERREIRO

Juiz federal no Rio de Janeiro, mestre em Direito pela Unesa, pós-graduado (especialização) em Direito Previdenciário, ex-procurador federal, ex-advogado da Petrobras Distribuidora, ex-defensor público do RJ, professor nos cursos de pós-graduação lato sensu da Universidade Candido Mendes, ganhador dos prêmios Innovare e Ministro Djaci Falcão, ambos de 2006, autor de diversos livros e palestrante, membro honorário do IAB.

LARISSA MOREIRA ZOTTIS

Advogada militante, consultora jurídica, pós-graduada em Direito do Trabalho e Processo do Trabalho pela Universidade Candido Mendes.

O Novo Código de Processo Civil ao Alcance de Todos

EDITORA LTDA.
© Todos os direitos reservados

Rua Jaguaribe, 571
CEP 01224-003
São Paulo, SP — Brasil
Fone (11) 2167-1101
www.ltr.com.br
Junho, 2016

Produção Gráfica e Editoração Eletrônica: R. P. TIEZZI
Projeto de Capa: FABIO GIGLIO
Impressão: VOX

Versão impressa — LTr 5586.9 — ISBN 978-85-361-8905-5
Versão digital   — LTr 8977.9 — ISBN 978-85-361-8915-4

Dados Internacionais de Catalogação na Publicação (CIP)
(Câmara Brasileira do Livro, SP, Brasil)

Guerreiro, Marcelo da Fonseca

O novo código de processo civil ao alcance de todos / Marcelo da Fonseca Guerreiro, Larissa Moreira Zottis. — São Paulo : LTr, 2016.

Bibliografia.

1. Processo civil 2. Processo civil — Brasil 3. Processo civil — Legislação — Brasil I. Zottis, Larissa Moreira. II. Título.

16-02828   CDU-347.9(81)(094.4)

Índice para catálogo sistemático:
1. Brasil : Código de processo civil 347.9(81)(094.4)

Dedicamos este livro com amor e carinho à Ana Maria Podlasinski Moreira, por toda a compreensão que tem tido conosco e pelos momentos de descontração e alegria.

Este livro também é dedicado à Zenaide Augusta Alves, por toda a colaboração e pelas palavras de carinho; eis que tem se mostrado ao longo de nossa amizade uma amiga extremamente fiel e sempre disposta a ajudar o próximo.

SUMÁRIO

Apresentação 13

Capítulo 1 — O Novo Código de Processo Civil 15

Capítulo 2 — Alterações Pertinentes aos Prazos 17
2.1. Forma de contagem: somente dias úteis 17
2.2. Prática do ato processual antes da publicação 18
2.3. Uniformização dos prazos para recursos 19
2.4. Prazos para os pronunciamentos do juiz 19
2.5. Prazos em dobro 19
2.6. Enunciados do fórum permanente de processualistas civis sobre prazo 21
2.7. Jurisprudência sobre prazos no CPC de 1973 22

Capítulo 3 — Modificações Quanto ao Tema Competência 25
3.1. Arguição da incompetência 28
3.2. Decisão proferida por juiz incompetente 29

Capítulo 4 — Alterações Atinentes à Citação e Intimação 30
4.1. Da intimação 33
4.2. Enunciados do fórum permanente de processualistas civis sobre citação e intimação 35

Capítulo 5 — Modificações Quanto ao Mandato 36
5.1. A representação dos entes públicos 39
5.2. Advocacia-Geral da união e representação judicial do INSS 40

Capítulo 6 — Alterações Referentes ao Litisconsórcio 42

Capítulo 7 — Intervenção de Terceiros: Modalidades 45
7.1. Assistência simples e litisconsorcial 45
7.2. Denunciação da lide: modificações 47
7.3. *Amicus curiae* 48
7.4. Desconsideração da personalidade jurídica 49

Capítulo 8 — Efetividade e Celeridade da Tutela Jurisdicional 51

Capítulo 9 — A ética no Processo 54

Capítulo 10 — Algumas Palavras sobre Cooperação Judicial 62
10.1. Cooperação nacional 62
10.2. Cooperação internacional 63

Capítulo 11 — Impedimento e Suspeição 66
11.1. Forma de arguição do impedimento e da suspeição 68
11.2. Impedimento e suspeição dos demais sujeitos parciais do processo 69

Capítulo 12 — O que Mudou Quanto aos Honorários Advocatícios? 70

Capítulo 13 — Gratuidade de Justiça 76

Capítulo 14 — Disposições sobre Defensoria Pública 80

Capítulo 15 — Mudanças Quanto à Petição Inicial 82
15.1. Requisitos da petição inicial 82
15.2. Indeferimento da petição inicial 85
15.3. Pedido 87
15.4. Modificação do pedido e da causa de pedir 89

Capítulo 16 — Alterações Atinentes à Improcedência Liminar do Pedido 90

Capítulo 17 — Alterações Quanto ao Valor da Causa 94

Capítulo 18 — Tutela Provisória no NCPC 97
18.1. Disposições gerais 98

18.2. Tutela de urgência 101

    18.2.1. Tutela antecipada antecedente 104

    18.2.2. Tutela cautelar antecedente 105

18.3. Tutela de evidência 110

18.4. Tutela antecipada em face da fazenda pública 111

18.5. Tutela provisória na sentença 113

18.6. A tutela cautelar no direito comparado 113

Capítulo 19 — Conciliação e Mediação no Novo CPC 121

19.1. Audiência de conciliação ou de mediação 125

Capítulo 20 — NCPC e Arbitragem 126

Capítulo 21 — Condições da Ação 128

21.1. Ilegitimidade de parte 131

Capítulo 22 — Reconvenção 133

Capítulo 23 — O Fim da Ação Declaratória Incidental 137

Capítulo 24 — Alterações Quanto ao Contraditório e à Cooperação das Partes 140

Capítulo 25 — A Proibição de Julgamento Surpresa e o Novo CPC 143

Capítulo 26 — Ordem Cronológica para Proferir Sentenças e Acórdãos 145

Capítulo 27 — Convenção das Partes e Novo CPC 148

Capítulo 28 — Mudanças Referentes às Providências Preliminares 150

Capítulo 29 — Mudanças Referentes ao Julgamento Conforme o Estado do Processo 153

29.1. Extinção do processo 153

29.2. Julgamento antecipado do mérito 153

29.3. Julgamento antecipado parcial do mérito 154

Capítulo 30 — Saneamento e Organização do Processo no Novo CPC 155

Capítulo 31 — Novo CPC e Produção Antecipada de Prova 157

Capítulo 32 — Ônus da Prova no Novo CPC 160
32.1. Notas sobre inversão do ônus da prova 161

Capítulo 33 — Prova Documental 164
33.1. Juntada dos documentos 166
33.2. Documentos eletrônicos 166
33.3. Exibição de documento ou coisa 166
33.4. Arguição de falsidade 167

Capítulo 34 — Modificações Sobre Prova Testemunhal 168

Capítulo 35 — Modificações Referentes ao Assistente Técnico 170

Capítulo 36 — Alterações Referentes à Coisa Julgada 171

Capítulo 37 — Ação Rescisória e Novo CPC 174
37.1. Histórico da ação rescisória 174
37.2. As mudanças 177

Capítulo 38 — Liquidação e Pendência de Recurso no Novo CPC 180

Capítulo 39 — Protesto da Sentença e Cadastro de Inadimplentes no Novo CPC ... 181

Capítulo 40 — Cumprimento da Sentença e Novo CPC 182

Capítulo 41 — Penhora de Rendimentos Elevados e Novo CPC 185

Capítulo 42 — Novo CPC e Expropriação dos Bens na Execução 188

Capítulo 43 — Defesa do Executado e Ação Autônoma de Impugnação à Arrematação — Novo CPC 191

Capítulo 44 — Ação de Exigir Contas 193
44.1. Jurisprudência sobre ação de prestação de contas sob o pálio do CPC de 1973 ... 193

Capítulo 45 — Embargos de Terceiro no Novo CPC 195

Capítulo 46 — Oposição e Novo CPC 200

Capítulo 47 — Habilitação e o Novo CPC 202

Capítulo 48 — Mudança Quanto à Ação Monitória 204

Capítulo 49 — Novo CPC e a Ação de Dissolução Parcial da Sociedade 210

Capítulo 50 — Homologação de Decisão Estrangeira e Concessão do *Exequatur* às Cartas Rogatórias 212

Capítulo 51 — Jurisdição Voluntária 215

51.1. Notificação, interpelação e protesto judicial 217

51.2. Divórcio e separação consensuais, extinção consensual de união estável e alteração do regime de bens do matrimônio 218

Capítulo 52 — Remessa Necessária e Novo CPC 221

Capítulo 53 — Mudanças Atinentes ao Efeito Devolutivo dos Recursos 224

Capítulo 54 — O Juízo de Admissibilidade dos Recursos 231

Capítulo 55 — Agravo e Novo CPC 236

55.1. Agravo interno e agravo em recurso especial e extraordinário 238

Capítulo 56 — Embargos de Declaração e Novo CPC 240

Capítulo 57 — O Fim dos Embargos Infringentes 241

Capítulo 58 — Novo CPC e a Uniformização da Jurisprudência 243

Capítulo 59 — Incidente de Resolução de Demandas Repetitivas 246

Capítulo 60 — Recurso Ordinário, Especial e Extraordinário 248

60.1. Recurso ordinário 248

60.2. Recurso extraordinário e especial 248

Capítulo 61 — Reclamação e Novo CPC 255

Anexos

Instrução Normativa n. 39 — TST 257

Breve exposição de motivos à Instrução Normativa n. 39 do TST.. 264
Instrução Normativa n. 40 — TST 265
Enunciados do ENFAM sobre o Novo Código de Processo Civil 267

Referências Bibliográficas 271

APRESENTAÇÃO

Elaboramos este livro com a intenção de trazer aos advogados, magistrados, promotores de justiça, estudantes de Direito e demais operadores do direito as novas alterações trazidas pela Lei n. 13.105, de 16.3.2015 (NCPC) ao Processo Civil brasileiro.

As alterações carreadas pelo novel Código de Processo Civil de 2015 ao processo civil brasileiro são bem significativas e intensas, o que torna premente a necessidade de diversos profissionais jurídicos de atualização e reciclagem.

Os prazos processuais civis passam a ser contados em dias úteis e dúvidas são geradas se tal contagem também se aplica aos juizados especiais cíveis e ao processo do trabalho.

Assim, a presente obra se faz necessária para o dia a dia dos profissionais do direito, pois podem verificar de forma rápida e sem rodeios as novas alterações processuais civis.

Além da contagem de prazos, outra inovação que passou o código de processo civil foi quanto aos honorários sucumbenciais, que passaram a ser devidos, também em cada instância recursal, como forma de desestimular recursos protelatórios.

Outrossim, não podemos esquecer das tutelas provisórias, que merecem um estudo e atenção especiais dos operadores do direito, dadas as intensas modificações no novo CPC.

Não menos importante, temos que destacar que o recurso de agravo de instrumento passou a ser limitado para determinadas situações excepcionais.

Com o advento da Lei n. 13.105/2015, a intimação das testemunhas, de regra, passou a ser encargo das partes e não mais do juízo.

Estas são apenas algumas das inúmeras alterações que o Novo Código de Processo Civil sofreu.

Assim, a presente obra tentou facilitar a abordagens sobre os temas acima citados, bem como as demais alterações.

A leitura do livro é um convite para aperfeiçoar o conhecimento sobre o NCPC/2015 de forma fácil, moderna e didática.

Boa leitura.

CAPÍTULO 1
O Novo Código de Processo Civil

Propedeuticamente, cumpre dizer que a Lei n. 13.105/2015, mais conhecida como Novo Código de Processo Civil (NCPC), foi sancionada em 16 de março de 2015 e publicada no dia seguinte, com *vacatio legis* de 1 (um) ano (art. 1.045).

Muito se debateu a respeito do tema de quando, efetivamente, iria entrar em novo código de processo civil em vigor. Para muitos estudiosos o primeiro dia em vigor seria dia 17.3.2016 e para outros a Vicência se daria a partir do dia 18.3.2016.

Diante de falta de consenso entre os estudiosos do ramo do direito, o CNJ (Conselho Nacional de Justiça) estipulou como marco para entrada em vigência do NCPC o dia 18.3.2016.

Apesar de trazer diversas inovações na matéria, muitas das apregoadas novidades, na verdade, não passam da concretização de princípios que já vinham sendo aplicados por força da Constituição de 1988 e ganharam disciplina infraconstitucional expressa com o NCPC. A constitucionalização do processo civil — a exemplo do que ocorre nos demais ramos do Direito — implica a impossibilidade de se interpretar e aplicar suas normas de forma dissociada das disposições constitucionais, como vem expresso no art. 1º do NCPC.

O NCPC também inovou quanto à sua estrutura. Enquanto o CPC de 1973 era dividido em 5 (cinco) livros, que tratam, respectivamente, do Processo de Conhecimento, do Processo de Execução, do Processo Cautelar, dos Procedimentos Especiais e das Disposições Finais e Transitórias, o NCPC está dividido em uma Parte Geral e uma Parte Especial, terminando com um Livro Complementar, que trata das Disposições Finais e Transitórias.

O Livro I da Parte Especial do NCPC, ao tratar do processo de conhecimento e do cumprimento de sentença, consagra a ideia de processo sincrético, ou processo por etapas, segundo a qual o processo divide-se em fases ou módulos: i) de conhecimento, que se destina a reconhecer o direito aplicável ao caso, culminando com a formação do título executivo judicial; ii) de cumprimento, que visa à satisfação do direito reconhecido na fase anterior.

O Livro I é dividido em três títulos, que disciplinam o procedimento comum (arts. 318 a 512), o cumprimento de sentença (arts. 513 a 538) e os procedimentos especiais (arts. 539 a 770).

A dualidade de procedimentos comuns — sumário e ordinário, nos termos do art. 272 do CPC/1973 —, foi extinta, dando lugar a um procedimento comum único. A extinção do procedimento sumário tende a robustecer o rito mais célere dos Juizados Especiais.

Os procedimentos especiais, que na disciplina atual ocupam o Livro IV do Código, passam a ocupar o Título III do Livro I da Parte Especial, que trata tanto dos procedimentos especiais contenciosos quanto dos procedimentos especiais de jurisdição voluntária.

O NCPC também abandonou a disciplina específica do processo cautelar, "desformalizando" os procedimentos cautelares específicos e, quando pertinente, realocando os institutos correspondentes ao longo de seu texto. Exemplo: o procedimento cautelar de caução, previsto nos arts. 835 a 837 do CPC/1973, passa a ocupar o art. 83 do NCPC, na seção referente às despesas processuais; o procedimento cautelar de produção antecipada de provas, previsto nos arts. 846 a 851 do CPC/1973, passa a ser disciplinado no capítulo referente às provas.

Capítulo 2

Alterações Pertinentes aos Prazos

Os prazos consistem na fração ou parcela de tempo dentro do qual devem ser praticados os atos processuais. Tais espaços temporais são, em regra, contados em dias e, como exceção, computados em horas, não se confundindo com os termos, que são os limites que estabelecem o início e o fim dos prazos.

Dessarte, todo prazo é demarcado por dois termos, o chamado termo inicial (*dies a quo*) e o termo final (*dies ad quem*), que visam assegurar que o processo se desenvolva de forma regular, evitando sua prolongação indevida. Isso porque a existência de prazos impõe que as partes devam praticar ou abster-se da prática de atos dentro do lapso temporal fixado em lei ou estabelecido pelo juiz, observando-se, assim, o procedimento adequado.

O novo Código de Processo Civil regula *os prazos* para a prática dos atos processuais, nos arts. 218 e seguintes.

Bom apontar que o art. 218 do NCPC aglutinou diversos preceptivos do CPC de 1973 relativos aos prazos processuais.

A regra, decorrente do *caput* do art. 218 do NCPC, é para que os atos processuais sejam realizados nos prazos prescritos em lei. Estes prazos estão dispersos pelo novo CPC e pela legislação extravagante, cabendo registrar, de toda forma, que eles só fluem em dias úteis. Sendo a lei silente, cabe ao juiz fixar o prazo levando em consideração a complexidade do ato processual.

As 24 horas de que tratava o art. 192 do Código Buzaid foram dobradas para 48 horas, como se nota do § 2º do art. 218 do NCPC.

Vigora no NCPC de 2015 a vetusta regra do art. 185 do CPC/73 no sentido de que, na omissão legal ou do juiz, o prazo para a prática do ato processual pela parte será de cinco dias.

A respeito da temática, muitas novidades merecem registro e serão a seguir analisadas.

2.1. Forma de contagem: somente dias úteis

No novíssimo Código de Processo Civil, o art. 219, *caput*, passa a disciplinar que na contagem de prazo em dias, estabelecido por lei ou pelo magistrado, *devem ser computados somente os úteis.*

O exposto acima, notoriamente, aplica-se somente aos prazos processuais. Sendo assim, os prazos não são mais contados de forma contínua.

Em outras palavras, os feriados e finais de semana não devem mais ser considerados na contagem dos prazos, que correm apenas nos dias úteis.

Continua aplicável a regra no sentido de que, salvo disposição em contrário, os prazos devem ser contados *excluindo o dia do começo e incluindo o do vencimento* (art. 224 do CPC).

Por exemplo, se a intimação ocorreu na quarta-feira, com prazo de cinco dias, este é contado a partir de quinta-feira, mas termina apenas na quarta-feira da semana seguinte (caso não seja feriado).

Essa alteração pode dar a impressão de maior delonga na realização dos atos processuais.

Contudo, se bem examinada, pode-se dizer que, por si só, não gera delongas na prestação da tutela jurisdicional, que decorre de problemas de outra ordem, e não por simplesmente modificar a forma de contagem dos prazos processuais.

Cabe ainda ressaltar que, no âmbito da Justiça Federal, a Lei n. 5.010/1966, no art. 62, inciso I, previa o recesso no período de 20 de dezembro a 6 de janeiro de cada ano. Esse dispositivo legal considerava os mencionados dias "feriados", o que podia gerar controvérsia a respeito da contagem dos prazos processuais iniciados antes do período.

Bom apontar que, de acordo com a redação dada ao inciso XII do art. 93 pela EC n. 45/2004, foram vedadas as férias coletivas nos juízos e tribunais de segundo grau.

O art. 220 do novo CPC passa a prever, de forma expressa e abrangente, que o curso do prazo processual *se suspende* nos dias compreendidos entre 20 de dezembro e 20 de janeiro (inclusive).

O art. 220, § 1º, do NCPC menciona que os juízes, os membros do Ministério Público, da Defensoria Pública e os auxiliares da Justiça deverão exercer suas atribuições durante o período entre 20 de dezembro e 20 de janeiro, exceto se estiverem em férias individuais ou houver feriado instituído por lei. Estabelece-se, ainda, no § 2º, que não serão realizadas audiências ou julgamentos por órgãos colegiados durante o período entre 20 de dezembro e 20 de janeiro.

Importante destacar o teor da Súmula n. 105 do TFR: "Aos prazos em curso no período compreendido entre 20 de dezembro e 6 de janeiro, na Justiça Federal, aplica-se a regra do art. 179 do Código de Processo Civil".

2.2. Prática do ato processual antes da publicação

Ainda quanto aos prazos, deve-se salientar a previsão do art. 218, § 4º, do novo Código de Processo Civil, ao prever que deve ser considerado **tempestivo o ato praticado antes do termo inicial do prazo.**

Como é sabido e persabido, havia poderoso entendimento jurisprudencial em sentido contrário, por exemplo, não admitindo a interposição de recurso antes do início do seu prazo, ou seja, antes da publicação da decisão. O apelo, nessa hipótese, não era processado, ou não era conhecido.

Com isso, acabava-se punindo a parte que foi diligente e praticou o ato processual, regularmente, antes mesmo do prazo estabelecido, em contrariedade ao princípio da instrumentalidade do processo.

Essa interpretação ficou, dessarte, ultrapassada, tendo em vista a louvável modificação prevista no novo CPC.

2.3. Uniformização dos prazos para recursos

O novo Código de Processo Civil *uniformizou os prazos dos diferentes recursos*, bem como para a apresentação de contrarrazões.

Nesse sentido, *conforme o seu art. 1.003, § 5º*, excetuados os embargos de declaração, o prazo para interpor os recursos e para responder-lhes é de quinze dias.

Bom apontar que para os casos de agravo de instrumento, agravo interno e agravo extraordinário, o prazo para a sua interposição foi unificado em quinze dias.

Especificamente quanto aos embargos de declaração, foi mantido o prazo de cinco dias, nos termos do art. 1.023 do CPC, certamente por se cuidar de recurso normalmente de menor complexidade.

2.4. Prazos para os pronunciamentos do juiz

Os prazos para o magistrado proferir despachos, decisões interlocutórias e sentenças, embora tenham natureza imprópria, foram alargados pelo novel Código de Processo Civil.

Desse modo, segundo o art. 226 do novo CPC, o magistrado deve proferir:

— os despachos no prazo de cinco dias;

— as decisões interlocutórias no prazo de dez dias;

— as sentenças no prazo de trinta dias.

Em qualquer grau de jurisdição, havendo motivo justificado, pode o juiz exceder, por igual tempo, os prazos a que está submetido (art. 227 do CPC).

2.5. Prazos em dobro

Existem hipóteses específicas que justificam a concessão de *prazos diferenciados*.

Nesse diapasão, o novo Código de Processo Civil, no art. 229, prevê que os litisconsortes que tiverem diferentes procuradores, *de escritórios de advocacia distintos*, devem ter os prazos contados em dobro para todas as suas manifestações, em qualquer juízo ou tribunal, independentemente de requerimento.

Cessa a contagem do prazo em dobro se, havendo apenas dois réus, for oferecida defesa por apenas um deles.

Não se aplica essa regra aos processos em autos eletrônicos.

Com isso, mesmo em se tratando de litisconsortes com advogados diversos, sendo eles do mesmo escritório de advocacia, não há a aplicação do prazo em dobro.

De alinhavar nos termos da Súmula n. 641 do STF, "não se conta em dobro o prazo para recorrer, quando só um dos litisconsortes haja sucumbido".

O art. 183, *caput*, do novo CPC, por sua vez, dispõe que "a União, os Estados, o Distrito Federal, os Municípios e suas respectivas autarquias e fundações de direito público gozarão de prazo em dobro *para todas as suas manifestações processuais,* cuja contagem terá início a partir da intimação pessoal".

Bom dizer que as prerrogativas concedidas por este dispositivo à Fazenda Pública se justificam, consoante defende parcela da doutrina, em face da ideia de que as ações que envolvem estes entes são de interesse de toda a coletividade. Nessa perspectiva, ainda que se pudesse vislumbrar quebra do princípio da isonomia, a exceção estaria autorizada pelo interesse público, além do fato de que a essas instituições são atribuídas inúmeras causas, o que as colocaria em condição de desigualdade com a outra parte. Tratar-se-ia, pois, de aplicar o princípio constitucional da igualdade substancial, com tratamento desigual aos desiguais. Tal posição, porém, não é unânime, havendo séria discrepância especialmente no que respeita ao prazo em quádruplo, que revelaria, para parte da doutrina, exagero descabido.

Não devem ser aplicados esses prazos diferenciados para a Fazenda Pública nos juizados especiais. Nesse sentido, já decidiu o STF que:

"EMENTA DIREITO PROCESSUAL CIVIL. SEGUNDO AGRAVO REGIMENTAL. JUÍZO DE RETRATAÇÃO AO EXAME DO ANTERIOR AGRAVO REGIMENTAL. JUIZADOS ESPECIAIS. ART. 9º DA LEI N. 10.259/2001. PRAZO EM DOBRO PARA RECORRER. IMPOSSIBILIDADE. ART. 188 DO CPC. INAPLICABILIDADE. Em processos oriundos dos juizados especiais não se aplicam as prerrogativas de contagem em dobro do prazo recursal previstas no art. 188 do Código de Processo Civil. Agravo regimental conhecido e não provido." (AI 747478 AgR-segundo, Relator(a): Min. Rosa Weber, 1ª Turma, julgado em 17.4.2012, Acórdão Eletrônico DJe-086 divulg 3.5.2012 public 4.5.2012)

De salientar, ainda, que o prazo dobrado não se aplica às empresas estatais:

"PROCESSUAL CIVIL — AGRAVO REGIMENTAL EM RECURSO ESPECIAL — INTEMPESTIVIDADE — PRIVILÉGIO DA FAZENDA PÚBLICA DE PRAZO EM DOBRO PARA RECORRER NÃO EXTENSÍVEL ÀS EMPRESAS PÚBLICAS — NÃO CONHECIMENTO.

[...] 2. Nos termos da jurisprudência deste STJ, as normas que criam privilégios ou prerrogativas especiais devem ser interpretadas restritivamente, não se encontrando as empresas públicas inseridas no conceito de Fazenda Pública previsto no art. 188 do CPC, não possuindo prazo em quádruplo para contestar e em dobro para recorrer." (AgRg no REsp 1266098/RS, Rel. Ministra Eliana Calmon, 2ª Turma, julgado em 23.10.2012, DJe 30.10.2012)

Já dizia a Súmula n. 116 do STJ: "A Fazenda Pública e o Ministério Público têm prazo em dobro para interpor agravo regimental no Superior Tribunal de Justiça".

A intimação pessoal deve ser feita por carga, remessa ou meio eletrônico.

Não se utiliza o benefício da contagem em dobro quando a lei estabelecer, de forma expressa, prazo próprio (ou seja, prazo específico) para o ente público.

O Ministério Público também goza de prazo em dobro *para se manifestar nos autos,* que tem início a partir da sua intimação pessoal (art. 180 do novo CPC).

Essa intimação pessoal deve ser feita por carga, remessa ou meio eletrônico.

Findo o prazo para manifestação do Ministério Público sem o oferecimento de parecer, o juiz deve requisitar os autos e dar andamento ao processo.

Não se aplica o benefício da contagem em dobro quando a lei estabelecer, de forma expressa, prazo próprio (no sentido de prazo específico) para o MP.

Os membros da Defensoria Pública da União têm a prerrogativa de "receber, inclusive quando necessário, mediante entrega dos autos com vista, intimação pessoal em qualquer processo e grau de jurisdição ou instância administrativa, contando-se-lhes em dobro todos os prazos" (art. 44, inciso I, da Lei Complementar n. 80/1994, com redação dada pela Lei Complementar n. 132/2009).

No mesmo norte, o novel Código de Processo Civil prevê que a Defensoria Pública goza de prazo em dobro para todas as suas manifestações processuais (art. 186).

O prazo tem início com a intimação pessoal do defensor público, a qual deve ser feita por carga, remessa ou meio eletrônico.

Além disso, por requerimento da Defensoria Pública, o juiz deve determinar a intimação pessoal da parte patrocinada quando o ato processual depender de providência ou informação que somente por ela possa ser realizada ou prestada.

O art. 186, § 3º, do novo CPC anota ainda que o disposto supra, quanto ao prazo em dobro para a Defensoria Pública se manifestar no processo, aplica-se também aos escritórios de prática jurídica das faculdades de Direito reconhecidas na forma da lei e às entidades que prestam assistência jurídica gratuita em razão de convênios firmados com a Defensoria Pública.

Não se aplica o benefício da contagem em dobro quando a lei estabelecer, de forma expressa, prazo próprio (ou seja, específico) para a Defensoria Pública.

2.6. Enunciados do fórum permanente de processualistas civis sobre prazo

Eis enunciados do Fórum Permanente de Processualistas sobre a matéria em análise:

Enunciado n. 22: O Tribunal não poderá julgar extemporâneo ou intempestivo recurso, na instância ordinária ou na extraordinária, interposto antes da abertura do prazo.

Enunciado n. 23: Fica superado o Enunciado n. 418 da Súmula do STJ após entrada em vigor do novo CPC (É inadmissível o recurso especial interposto antes da publicação do acórdão dos embargos de declaração, sem posterior ratificação).

Enunciado n. 107: O juiz pode, de ofício, dilatar o prazo para a parte se manifestar sobre a prova documental produzida.

Enunciado n. 266: Aplica-se o art. 218, § 4º, ao processo do trabalho, não se considerando extemporâneo ou intempestivo o ato realizado antes do termo inicial do prazo.

Enunciado n. 267: Os prazos processuais iniciados antes da vigência do CPC serão integralmente regulados pelo regime revogado.

Enunciado n. 269: A suspensão de prazos de 20 de dezembro a 20 de janeiro é aplicável aos juizados especiais.

Enunciado n. 270: Aplica-se ao processo do trabalho o art. 224, § 1º.

Enunciado n. 271: Quando for deferida tutela provisória a ser cumprida diretamente pela parte, o prazo recursal conta a partir da juntada do mandado de intimação, do aviso de recebimento ou da carta precatória; o prazo para o cumprimento da decisão inicia-se a partir da intimação da parte.

Enunciado n. 272: Não se aplica o § 2º do art. 231 ao prazo para contestar, em vista da previsão do § 1º do mesmo artigo.

2.7. Jurisprudência sobre prazos no CPC de 1973

Litisconsórcio. Prazo. Recurso. Ausência de interesse do litisconsorte.

"O prazo em dobro previsto no art. 191 do CPC não se aplica nas hipóteses em que o litisconsorte não tiver interesse e legitimidade para recorrer da decisão." (STJ. 3ª T. REsp 1215187/MG. Rel. Min. Nancy Andrighi. j. 27.3.2012)

Curador especial. Prazo em dobro:

"O privilégio do prazo em dobro previsto no art. 5º, § 5º, da Lei n. 1.060/50, é reservado às Defensorias Públicas criadas pelos Estados ou cargo equivalente, não se estendendo ao patrocínio de causas por profissional constituído no encargo de curador especial, ainda que em face de convênio firmado entre aquele órgão e a OAB local." (STJ. 4ª T. REsp 749.226/SP. Rel. Min. Aldir Passarinho Junior. J. 12.9.2006)

"PROCESSUAL CIVIL. AGRAVO REGIMENTAL NO RECURSO ESPECIAL. OMISSÃO NÃO CONFIGURADA. PRAZO RECURSAL COMUM. RETIRADA DOS AUTOS DO CARTÓRIO. OBSTÁCULO JUDICIAL. SUSPENSÃO DO PRAZO. ART. 180 DO CPC.

1. A retirada dos autos pela parte contrária durante o prazo recursal comum constitui obstáculo judicial, devendo ser suspensa a sua contagem, nos termos do art. 180 do CPC, sendo desnecessária a exigência de que a parte peticione separadamente ao juízo, durante o impedimento, para requerer a devolução do prazo recursal. 2. Agravo regimental a que se nega provimento." (STJ — AgRg no REsp: 1060706/AL 2008/0117535-7, Relator: Ministro Teori Albino Zavascki, Data de Julgamento: 2.6.2011, T1 — 1ª Turma, Data de Publicação: DJe 8.6.2011)

Greve da Advocacia pública não suspende os prazos:

"PROCESSUAL CIVIL. ADMINISTRATIVO. GREVE DOS ADVOGADOS PÚBLICOS FEDERAIS. SUSPENSÃO DE PRAZOS. AUSÊNCIA DE FORÇA MAIOR. 1. A greve deflagrada por membros da Advocacia Pública Federal não constitui motivo de força maior apto a determinar a suspensão dos prazos processuais. Precedentes do STJ e do STF. 2. Agravo Regimental não provido." (STJ — AgRg no Ag: 1418663/DF 2011/0140600-9, Relator: Ministro Herman Benjamin, Data de Julgamento: 2.2.2012 — 2ª Turma, Data de Publicação: DJe 24.2.2012)

Prorrogação do prazo:

"PROCESSUAL CIVIL. EMENDA EXTEMPORÂNEA. INDEFERIMENTO DA PETIÇÃO INICIAL. IRRELEVÂNCIA *IN CASU*. PRAZO DILATÓRIO. PRORROGAÇÃO. PRECEDENTES.

O prazo do art. 284 do CPC é dilatório, e não peremptório, ou seja, pode ser reduzido ou prorrogado por convenção das partes ou por determinação do juiz, conforme estabelece o art. 181 do CPC. Diante disso, amplo o campo de discricionariedade do juiz para aceitar a prática do ato a destempo. Recurso especial conhecido e provido." (Processo REsp n. 871661/RS 2006/016308-1; Relator: Min. Nancy Andrighi; Órgão Julgador: STJ — 3ª Turma; Data do Julgamento: 15.5.2007)

Nulidade da sentença que não observa pedido de dilação de prazo:

"EMENTA — APELAÇÃO CÍVEL — AÇÃO CAUTELAR DE EXIBIÇÃO DE DOCUMENTOS — EXTINÇÃO SEM JULGAMENTO DE MÉRITO POR INÉPCIA DA INICIAL — PETIÇÃO REQUERENDO DILAÇÃO DE PRAZO — FINS DE EMENDA À INICIAL JUNTADA COM DOIS MESES DE ATRASO, POR DESORGANIZAÇÃO DA ESCRIVANIA — SENTENÇA PROFERIDA ANTES DA JUNTADA DESTE PETITÓRIO — PRAZO PARA EMENDAR A INICIAL É DILATÓRIO, NÃO PEREMPTÓRIO — CAUSA NÃO MADURA PARA JULGAMENTO — SENTENÇA DECLARADA NULA — PEDIDO DE DILAÇÃO E REABERTURA DE PRAZO PARA EMENDA À INICIAL — CABIMENTO — RECURSO CONHECIDO E PARCIALMENTE PROVIDO." (TJPR — 6ª C. Cível — AC — 714344-0 — Capanema — Rel.: Ana Lúcia Lourenço — Unânime — J. 23.10.2012)

O prazo não se inicia durante a suspensão do processo — proteção da boa-fé processual:

"PROCESSUAL CIVIL. TEMPESTIVIDADE DA APELAÇÃO. SUSPENSÃO DO PROCESSO. HOMOLOGAÇÃO ANTES DE SER PUBLICADA A DECISÃO RECORRIDA. IMPOSSIBILIDADE DA PRÁTICA DE ATO ENQUANTO PARALISADA A MARCHA PROCESSUAL. HIPÓTESE QUE NÃO SE CONFUNDE COM A ALEGADA MODIFICAÇÃO DE PRAZO PEREMPTÓRIO. BOA-FÉ DO JURISDICIONADO. SEGURANÇA JURÍDICA E DEVIDO PROCESSO LEGAL. *NEMO POTEST VENIRE CONTRA FACTUM PROPRIUM*. 1. O objeto do presente recurso é o juízo negativo de admissibilidade da Apelação proferido pelo Tribunal de Justiça, que admitiu o início da contagem de prazo recursal de decisão publicada enquanto o processo se encontra suspenso, por expressa homologação do juízo de 1º grau. [...] 5. Antes mesmo de publicada a sentença contra a qual foi interposta a Apelação, o juízo de 1º grau já havia homologado requerimento de suspensão do processo pelo prazo de 90 (noventa) dias, situação em que se encontrava o feito naquele momento, conforme autorizado pelo art. 265, II, § 3º, do CPC. 6. Não se trata, portanto, de indevida alteração de prazo peremptório (art. 182 do CPC). A convenção não teve como objeto o prazo para a interposição da Apelação, tampouco este já se encontrava em curso quando requerida e homologada a suspensão do processo. 7. Nessa situação, o art. 266 do CPC veda a prática de qualquer ato processual, com a ressalva dos urgentes a fim de evitar dano irreparável. A lei processual não permite, desse modo, que seja publicada decisão durante a suspensão do feito, não se podendo cogitar, por conseguinte, do início da contagem do prazo recursal enquanto paralisada a marca do processo. 8. É imperiosa a proteção da boa-fé objetiva das partes da relação jurídico-processual, em atenção aos princípios da segurança jurídica, do devido processo legal e seus corolários — princípios da confiança e da não surpresa — valores muito caros ao nosso ordenamento jurídico. 9. Ao homologar a convenção pela suspensão do processo, o Poder Judiciário criou nos jurisdicionados a legítima expectativa de que o processo só voltaria a tramitar após o termo final do prazo convencionado. Por óbvio, não se pode admitir que, logo em seguida, seja praticado ato processual de ofício — publicação de decisão — e, ademais, considerá-lo como termo inicial do prazo recursal.

10. Está caracterizada a prática de atos contraditórios justamente pelo sujeito da relação processual responsável por conduzir o procedimento com vistas à concretização do princípio do devido processo legal. Assim agindo, o Poder Judiciário feriu a máxima *nemo potest venire contra factum proprium*, reconhecidamente aplicável no âmbito processual. Precedentes do STJ. 11. Recurso Especial provido." (Processo REsp n. 1306463 RS 2011/0227199-6; Relator: Min. Herman Banjamin; Órgão Julgador: STJ — 2ª Turma; Data do Julgamento: 4.9.2012)

Prazo peremptório — impossibilidade de prorrogação:

"AGRAVO DE INSTRUMENTO — EMBARGOS À EXECUÇÃO — PREPARO INTEMPESTIVO — INOBSERVÂNCIA DO ART. 257 DO CPC — PRAZO PEREMPTÓRIO — JUIZ *A QUO* NÃO PODE DISPOR DESTE PRAZO — CANCELAMENTO DA DISTRIBUIÇÃO — PROVIMENTO — DEMAIS PEDIDOS COM RELAÇÃO AOS EMBARGOS — PREJUDICADOS — RECURSO CONHECIDO EM PARTE E, NA PARTE CONHECIDA, PROVIDO. 1. Tenho que está com razão o Relator quando acentua que o prazo do art. 257 é de natureza peremptória (...). A sistemática de um difere da sistemática do outro e a norma do art. 257, na realidade insere-se dentre de um sistema calcado no instituto da preclusão, segundo o qual os atos processuais têm uma destinação teleológica, finalística. Nesse sentido é que os atos processuais se encaminham e se coordenam buscando o resultado final (...)." (STJ — Min. Sálvio de Figueiredo, no REsp 13.470-0-GO) 2."Quem opõe embargos do devedor deve providenciar o pagamento das custas em 30 dias; decorrido esse prazo, o juiz deve determinar o cancelamento da distribuição do processo e o arquivamento dos respectivos autos, independentemente de intimação pessoal. Embargos de divergência providos (EREsp n. 495.276/RJ, Rel. Min. Ari Pargendler, Corte Especial, DJe de 30.6.2008). 3. Ante a determinação de cancelamento da distribuição dos embargos, julgo prejudicada a análise dos demais pedidos concernentes ao mérito dos embargos à execução". (TJ-PR 9170852 PR 917085-2 (Acórdão), Relator: Luís Carlos Xavier, Data de Julgamento: 3.10.2012, 13ª Câmara Cível)

CAPÍTULO 3

MODIFICAÇÕES QUANTO AO TEMA COMPETÊNCIA

Jurisdição é poder/dever do Estado de concretizar o direito por meio dos preceitos constitucionais, tutelando o direito material ameaçado, violado ou especialmente protegido (jurisdição não contenciosa, denominada por muitos como jurisdição voluntária), produzindo como resultado a pacificação social. Esta função está prioritariamente vinculada ao Poder Judiciário, embora a função de processar e julgar também possa, em certa medida, ser exercida pelos demais Poderes Estatais (Senado Federal — CF, art. 52, I e II; Câmara dos Deputados — art. 51, I; Assembleia Legislativa do Estado do Paraná — CE, art. 52, XI e XII).

O exercício da Jurisdição, como característica típica do Poder Judiciário, é garantia constitucional assegurada pelo princípio da inafastabilidade da jurisdição, por meio do qual nenhuma lesão ou ameaça de lesão a direito pode ser excluída da apreciação do Poder Judiciário (CF, art. 5º, XXXV).

A jurisdição é una. Contudo, para que possa ser exercida, deve ser delimitada e atribuída a um determinado Juízo. Assim, a competência é a medida ou a porção da jurisdição que é atribuída a um órgão ou a um conjunto de órgãos do Poder Judiciário para que este exerça a jurisdição dentro do limite que lhe foi atribuído pela Constituição ou pela lei infraconstitucional.

As regras de competência são uma exigência constitucional, com o escopo de garantir os preceitos elegidos a partir da concepção de Estado Constitucional.

Dessarte, somente a autoridade competente, cuja competência fora atribuída pelo Estado, pode processar e/ou julgar qualquer pessoa no Estado Brasileiro (CF, art. 5º, LIII). Contudo a regra da simples competência atribuída não basta, esta deve ser prévia a instauração da demanda, sendo vedados a instauração de juízo ou o tribunal de exceção (CF, art. 5º, XXXVII).

A competência relativa poderá modificar-se pela conexão ou pela continência, sendo certo que se reputam conexas 2 (duas) ou mais ações quando lhes for comum o pedido ou a causa de pedir.

Os processos de ações conexas serão reunidos para decisão conjunta, salvo se um deles já houver sido sentenciado. Tal regramento também se aplica: a) à execução de título extrajudicial e à ação de conhecimento relativa ao mesmo ato jurídico e b) às execuções fundadas no mesmo título executivo.

O rol do art. 55, § 2º, I e II, é exemplificativo, consoante o Enunciado n. 237 do Fórum Permanente de Processualistas Civis.

Lembre-se que a Súmula n. 235 do STJ já alertava que a conexão não determina a reunião dos processos se um deles já tiver sido julgado.

Serão reunidos para julgamento conjunto os processos que possam gerar risco de prolação de decisões conflitantes ou contraditórias caso sejam decididos separadamente, mesmo sem conexão entre eles.

Importante, neste momento, trazer à colação os seguintes julgados:

> "AGRAVO DE INSTRUMENTO — Preliminar de litispendência entre ação declaratória e mandado de segurança não conhecida na decisão de primeiro grau. Demandas que não possuem identidade de pedido e causa de pedir. Atos administrativos que motivam a propositura da ação distintos. Litispendência não reconhecida. Possibilidade de decisões conflitantes. Ambas discutem a inscrição da empresa no cad/icms-pr.conexão entre ação declaratória e mandado de segurança. Mesmo objeto. Valoração dos requisitos para inscrição da matriz e da filial da empresa. Arts. 103 e 105 do CPC. Possibilidade fática de julgamento simultâneo. Competência do juízo em que foi ajuizado o mandado de segurança. Recurso provido." (TJPR — AI 0971423-6 — Rel. Juiz Conv. Subst. Fabio Andre Santos Muniz — DJe 6.2.2013 — p. 42)

> "RECURSO ESPECIAL — AÇÃO DE DESPEJO E AÇÃO DE EXERCÍCIO DE DIREITO DE PREFERÊNCIA — ARRENDAMENTO AGRÍCOLA (ESTATUTO DA TERRA) — PREJUDICIALIDADE — CONEXÃO NÃO RECONHECIDA NAS INSTÂNCIAS ORDINÁRIAS (CPC, ARTS. 103 E 105) — FATO SUPERVENIENTE À INTERPOSIÇÃO DO RECURSO ESPECIAL (CPC, ART. 462) — ADVENTO DE COISA JULGADA MATERIAL — PERDA DE OBJETO DA AÇÃO DE DESPEJO — EXTINÇÃO DO PROCESSO (CPC, ART. 267, V) — RECURSO PROVIDO — 1 — Objetivam as normas de conexão (CPC, arts. 103 e 105) evitar decisões contraditórias, de maneira que não precisa ser absoluta a identidade entre os objetos ou as causas de pedir das ações tidas por conexas. Basta existir liame que torne necessário o julgamento unificado das demandas. 2 — No caso em exame, conquanto houvesse manifesta relação de prejudicialidade entre as ações de preferência na aquisição dos imóveis arrendados e a de despejo do arrendatário, relativamente aos mesmos imóveis, tanto o juiz singular quanto o Tribunal estadual, embora provocados, deixaram de ordenar a reunião dos processos. As ações tramitaram separadas, tiveram resultados antípodas e a de exercício de direito de preferência veio a transitar em julgado, com o reconhecimento do direito do autor, enquanto ainda pendente recurso especial na de despejo. 3 — O fato superveniente do trânsito em julgado da procedência do direito de preferência do arrendatário, com desfazimento da alienação anterior e a adjudicação dos imóveis ao promovente, irradia consequências insuperáveis sobre a ação de despejo, ainda em curso, movida pelo adquirente, ora recorrido, a qual perde seu objeto. Já não há como se apreciar, neste recurso especial, a pretensão deduzida contra o ora recorrente, vencedor da outra ação, pois o pedido de despejo esbarra na coisa julgada material, formada naquela demanda de preferência. 4 — Recurso especial provido, para extinguir o processo, sem resolução de mérito, ante o fato superveniente da coisa julgada material, nos termos do art. 257 do RISTJ e dos arts. 267, V, c/c o 462, ambos do CPC." (STJ — REsp 780.509 — (2005/0049667-9) — 4ª T. — Rel. Min. Raul Araújo — DJe 25.10.2012 — p. 766)

Segundo o art. 56 do novel CPC, dá-se a continência entre 2 (duas) ou mais ações quando houver identidade quanto às partes e à causa de pedir, mas o pedido de uma, por ser mais amplo, abrange o das demais.

Bom alinhavar que, quando houver continência e a ação continente tiver sido proposta anteriormente, no processo relativo à ação contida será proferida sentença sem resolução de mérito; caso contrário, as ações serão necessariamente reunidas.

A reunião das ações propostas em separado far-se-á no juízo prevento, por meio do qual serão decididas simultaneamente.

Destaque-se que o registro ou a distribuição da petição inicial torna prevento o juízo.

Se o imóvel estiver situado em mais de um Estado, uma comarca, seção ou subseção judiciária, a competência territorial do juízo prevento estender-se-á sobre a totalidade do imóvel.

Nessa linha, já se decidiu que:

"Processual civil e civil. Conflito de competência. Ações possessórias. Limites territoriais entre Estados da Federação indefinidos. Prevenção. CPC, arts. 95 e 107. Precedente. I — Se a área controvertida pertence a uma região limítrofe entre os Estados da Bahia e de Goiás, objeto de Ação Cível Originária que tramita no Eg. Supremo Tribunal Federal, ainda sem julgamento definitivo, a competência para processar e julgar ações possessórias versando sobre imóvel localizado nesta região é definida pela regra da prevenção (CPC, art. 107). II — Conflito conhecido para declarar-se a competência do Juízo de Direito de Posse/GO." (CC 39.766/BA, Rel. Ministro Antônio de Pádua Ribeiro, 2ª Seção, julgado em 25.8.2004, DJ 6.10.2004, p. 171)

A ação acessória será proposta no juízo competente para a ação principal.

Registre-se que a competência determinada em razão da matéria, da pessoa ou da função é inderrogável por convenção das partes.

Demais disso, as partes podem modificar a competência em razão do valor e do território, elegendo foro onde será proposta ação oriunda de direitos e obrigações. A eleição de foro só produz efeito quando consta de instrumento escrito e alude expressamente a determinado negócio jurídico. O foro contratual obriga os herdeiros e sucessores das partes.

Segundo os dizeres da Súmula n. 335 do STF: "É válida a cláusula de eleição do foro para os processos oriundos do contrato".

Citando a Súmula n. 335 do STF, o Superior Tribunal de Justiça decidiu que:

"RECURSO ESPECIAL. CLÁUSULA DE ELEIÇÃO DE FORO. VALIDADE. CONTRATO DE PRESTAÇÃO DE SERVIÇOS ADVOCATÍCIOS.

1. A mera desigualdade de porte econômico entre as partes — o advogado e seu ex-constituinte, réu em ação de cobrança de honorários advocatícios — não caracteriza hipossuficiência econômica ensejadora do afastamento do dispositivo contratual de eleição de foro.

2. Não se tratando de contrato de adesão e nem de contrato regido pelo Código de Defesa do Consumidor, não havendo circunstância alguma de fato da qual se pudesse inferir a hipossuficiência intelectual ou econômica das recorridas, deve ser observado o foro de eleição estabelecido no contrato, na forma do art. 111 do CPC e da Súmula n. 335 do STF (é válida a cláusula de eleição do foro para os processos oriundos de contrato).

3. Recurso especial provido." (STJ — REsp 1263387/PR, Rel. Ministra Maria Isabel Gallotti, 4ª Turma, julgado em 4.6.2013, DJe 18.6.2013)

Antes da citação, a cláusula de eleição de foro, se abusiva, pode ser reputada ineficaz de ofício pelo juiz, que determinará a remessa dos autos ao juízo do foro de domicílio do réu. Uma vez citado, incumbe ao réu alegar a abusividade da cláusula de eleição de foro na contestação, sob pena de preclusão.

Alerte-se que, se tratando de contrato de adesão que verse sobre direito do consumidor, prevalece a regra especial descrita no Código de Defesa do Consumidor. Assim, sendo a cláusula de eleição do foro abusiva e prejudicando a defesa dos direitos do consumidor, esta deve ser declarada nula de pleno direito (CDC, art. 51), todavia facultando ao autor o ajuizamento da ação no foro do seu próprio domicílio (CDC, art. 101).

Assim, vejamos julgado do STJ:

"PROCESSUAL CIVIL. COMPETÊNCIA. RELAÇÃO DE CONSUMO. DOMICÍLIO DO CONSUMIDOR. DECLINAÇÃO DE OFÍCIO DA COMPETÊNCIA. POSSIBILIDADE. ACÓRDÃO RECORRIDO EM CONSONÂNCIA COM JURISPRUDÊNCIA DO STJ. SÚMULA N. 83/STJ.

O Tribunal de origem decidiu de acordo com jurisprudência desta Corte, no sentido de que, em se tratando de matéria de consumo, a competência é o domicílio do consumidor, podendo o juiz declinar, de ofício, de sua competência. Incidência da Súmula n. 83/STJ: 'Não se conhece do recurso especial pela divergência, quando a orientação do Tribunal se firmou no mesmo sentido da decisão recorrida'. Agravo regimental improvido." (AgRg no AREsp 64.258/MS, Rel. Ministro Humberto Martins, 2ª Turma, julgado em 25.9.2012, DJe 2.10.2012)

3.1. *Arguição da incompetência*

O novo Código de Processo Civil modificou a forma de arguição da incompetência relativa.

Com base no art. 64 do NCPC, a incompetência, absoluta ou relativa, deve ser alegada sempre *como questão preliminar de contestação*.

A incompetência absoluta guarda relação com questões de interesse público e, portanto, é indisponível e não pode ser submetida à vontade das partes. Por outra monta, justamente por referir-se a questões de ordem pública, pode e deve ser controlada pelo julgador da causa, independentemente de provocação.

Vale anotar, não há mais previsão de exceção de incompetência, mesmo sendo ela de natureza relativa.

Sendo assim, prorroga-se a competência relativa se o réu não alegar a incompetência em *preliminar de contestação*.

A incompetência absoluta pode ser alegada em qualquer tempo e grau de jurisdição e deve ser declarada de ofício.

Após manifestação da parte contrária, o juiz decidirá imediatamente a alegação de incompetência. Caso a alegação de incompetência seja acolhida, os autos serão remetidos ao juízo competente.

É importante destacar que, salvo decisão judicial em sentido contrário, conservar-se-ão os efeitos de decisão proferida pelo juízo incompetente até que outra seja proferida, se for o caso, pelo juízo competente.

A competência relativa será prorrogada se o réu não alegar a incompetência em preliminar de contestação. Saliente-se que não há prejuízo às partes da manutenção da competência originariamente concebida na propositura da ação; ao contrário, a regra prioriza a rápida tramitação do feito e evita incidentes desnecessários.

Importa aduzir que a incompetência relativa pode ser alegada pelo Ministério Público nas causas em que atuar.

3.2. Decisão proferida por juiz incompetente

Houve sensível mudança quanto aos efeitos das decisões proferidas pelo juiz incompetente.

O novo Código de Processo Civil, no art. 64, § 4º, passou a prever que, salvo decisão judicial em sentido contrário, conservar-se-ão os efeitos de decisão proferida pelo juízo incompetente até que outra seja proferida, se for o caso, pelo juízo competente.

O preceptivo em destaque não faz distinção entre incompetência absoluta e relativa. Logo, ela é aplicável a ambas as hipóteses. Consoante o Enunciado n. 238 do Fórum Permanente de Processualistas Civis, "o aproveitamento dos efeitos de decisão proferida por juízo incompetente aplica-se tanto à incompetência absoluta quanto à relativa".

Com isso, se o juiz competente não proferir decisão diversa, manter-se-á aquela proferida pelo juiz incompetente.

Apenas se o magistrado competente proferir outra decisão a respeito do tema é que a decisão anterior, proferida pelo magistrado incompetente, perderá o seu efeito.

Capítulo 4

Alterações Atinentes à Citação e Intimação

No passado, o Código Buzaid de 1973 definia a citação como "o ato pelo qual se chama a juízo o réu ou o interessado *a fim de se defender*" (art. 213).

De forma técnica e adequada, o novel CPC passa a rezar que a citação é o *ato pelo qual são convocados o réu, o executado ou o interessado para integrar a relação processual*.

Para a validade do processo é indispensável à citação do réu ou do executado, ressalvadas as hipóteses de indeferimento da petição inicial ou de improcedência liminar do pedido.

Destaque-se que o comparecimento espontâneo do réu ou do executado supre a falta ou a nulidade da citação, fluindo a partir desta data o prazo para apresentação de contestação ou de embargos à execução. Uma vez rejeitada a alegação de nulidade, tratando-se de processo: a) de conhecimento, o réu será considerado revel, e b) de execução, o feito terá seguimento.

A citação válida, ainda quando ordenada por juízo incompetente, induz litispendência, torna litigiosa a coisa e constitui em mora o devedor, ressalvado o disposto nos arts. 397 e 398 do Código Civil.

A interrupção da prescrição, operada pelo despacho que ordena a citação, ainda que proferido por juízo incompetente, retroagirá à data de propositura da ação.

Incumbe ao autor adotar, no prazo de 10 (dez) dias, as providências necessárias para viabilizar a citação, sob pena de não se aplicar o disposto no § 1º do art. 240 do NCPC.

A parte não será prejudicada pela demora imputável exclusivamente ao serviço judiciário.

O efeito retroativo a que se refere o § 1º do art. 240 do NCPC aplica-se à decadência e aos demais prazos extintivos previstos em lei.

Transitada em julgado a sentença de mérito proferida em favor do réu antes da citação, incumbe ao escrivão ou ao chefe de secretaria comunicar-lhe o resultado do julgamento.

A citação será pessoal, podendo, no entanto, ser feita na pessoa do representante legal ou do procurador do réu, do executado ou do interessado.

Na ausência do citando, a citação será feita na pessoa de seu mandatário, administrador, preposto ou gerente, quando a ação se originar de atos por eles praticados.

O locador que se ausentar do Brasil sem cientificar o locatário de que deixou, na localidade onde estiver situado o imóvel, procurador com poderes para receber citação será citado na pessoa do administrador do imóvel encarregado do recebimento dos aluguéis, que será considerado habilitado para representar o locador em juízo.

A citação da União, dos Estados, do Distrito Federal, dos Municípios e de suas respectivas autarquias e fundações de direito público será realizada perante o órgão de Advocacia Pública responsável por sua representação judicial.

A citação poderá ser feita em qualquer lugar em que se encontre o réu, o executado ou o interessado.

O militar em serviço ativo será citado na unidade em que estiver servindo, se não for conhecida sua residência ou nela não for encontrado.

Não se fará a citação, salvo para evitar o perecimento do direito, a) de quem estiver participando de ato de culto religioso; b) de cônjuge, de companheiro ou de qualquer parente do morto, consanguíneo ou afim, em linha reta ou na linha colateral em segundo grau, no dia do falecimento e nos 7 (sete) dias seguintes; c) de noivos, nos 3 (três) primeiros dias seguintes ao casamento; d) de doente, enquanto grave o seu estado.

Não se fará citação quando se verificar que o citando é mentalmente incapaz ou está impossibilitado de recebê-la.

O oficial de justiça descreverá e certificará minuciosamente a ocorrência.

Para examinar o citando, o juiz nomeará médico que deverá apresentar laudo no prazo de 5 (cinco) dias.

Dispensa-se a nomeação de médico perito se pessoa da família apresentar declaração do médico do citando que ateste a incapacidade deste.

Reconhecida a impossibilidade, o juiz nomeará curador ao citando, observando, quanto à sua escolha, a preferência estabelecida em lei e restringindo a nomeação à causa.

A citação será feita na pessoa do curador, a quem incumbirá a defesa dos interesses do citando.

As modalidades de citação, segundo o NCPC, são as seguintes: a) pelo correio; b) por intermédio de oficial de justiça; c) pelo escrivão ou chefe de secretaria, se o citando comparecer em cartório; d) por edital; e) por meio eletrônico, conforme regulado em lei.

Com exceção das microempresas e das empresas de pequeno porte, as empresas públicas e privadas são obrigadas a manter cadastro nos sistemas de processo em autos eletrônicos, para efeito de recebimento de citações e intimações, as quais serão efetuadas preferencialmente por esse meio. Tal determinação se aplica, também, à União, aos Estados, ao Distrito Federal, aos Municípios e às entidades da administração indireta.

Na ação de usucapião de imóvel, os confinantes serão citados pessoalmente, exceto quando tiver por objeto unidade autônoma de prédio em condomínio, caso em que tal citação é dispensada.

Aduza-se que a citação será feita pelo correio para qualquer comarca do país, exceto: a) nas ações de estado, observado o disposto no art. 695, § 3º, do NCPC; b) quando o citando for incapaz; c) quando o citando for pessoa de direito público; d) quando o citando residir em local não atendido pela entrega domiciliar de correspondência; e) quando o autor, justificadamente, a requerer de outra forma.

Uma vez deferida a citação pelo correio, o escrivão ou o chefe de secretaria remeterá ao citando cópias da petição inicial e do despacho do juiz e comunicará o prazo para resposta, o endereço do juízo e o respectivo cartório.

A carta será registrada para entrega ao citando, exigindo-lhe o carteiro, ao fazer a entrega, que assine o recibo.

Sendo o citando pessoa jurídica, será válida a entrega do mandado a pessoa com poderes de gerência geral ou de administração ou, ainda, a funcionário responsável pelo recebimento de correspondências.

Da carta de citação no processo de conhecimento constarão os requisitos do art. 250 do NCPC, quanto ao mandado citatório.

Nos condomínios edilícios ou nos loteamentos com controle de acesso, será válida a entrega do mandado a funcionário da portaria responsável pelo recebimento de correspondência, que, entretanto, poderá recusar o recebimento se declarar, por escrito, sob as penas da lei, que o destinatário da correspondência está ausente.

Importa dizer que a citação será feita por intermédio de oficial de justiça nas hipóteses previstas neste Código ou em lei, ou quando frustrada a citação pelo correio.

Destaque-se que o mandado que o oficial de justiça tiver de cumprir conterá: a) os nomes do autor e do citando e seus respectivos domicílios ou residências; b) a finalidade da citação, com todas as especificações constantes da petição inicial, bem como a menção do prazo para contestar, sob pena de revelia, ou para embargar a execução; c) a aplicação de sanção para o caso de descumprimento da ordem, se houver; d) se for o caso, a intimação do citando para comparecer, acompanhado de advogado ou de defensor público, à audiência de conciliação ou de mediação, com a menção do dia, da hora e do lugar do comparecimento; e) a cópia da petição inicial, do despacho ou da decisão que deferir tutela provisória; f) a assinatura do escrivão ou do chefe de secretaria e a declaração de que o subscreve por ordem do juiz.

Quanto à citação por hora certa, reza o NCPC que quando, por 2 (duas) vezes, o oficial de justiça houver procurado o citando em seu domicílio ou sua residência sem o encontrar, deverá, havendo suspeita de ocultação, intimar qualquer pessoa da família ou, em sua falta, qualquer vizinho de que, no dia útil imediato, voltará a fim de efetuar a citação na hora que designar.

Nos condomínios edilícios ou nos loteamentos com controle de acesso, será válida a intimação a que se refere o *caput* feita a funcionário da portaria responsável pelo recebimento de correspondência.

No dia e na hora designados, o oficial de justiça, independentemente de novo despacho, comparecerá ao domicílio ou à residência do citando a fim de realizar a diligência.

Se o citando não estiver presente, o oficial de justiça procurará informar-se das razões da ausência, dando por feita a citação, ainda que o citando se tenha ocultado em outra comarca, seção ou subseção judiciárias.

A citação com hora certa será efetivada mesmo que a pessoa da família ou o vizinho que houver sido intimado esteja ausente, ou se, embora presente, a pessoa da família ou o vizinho se recusar a receber o mandado.

Da certidão da ocorrência, o oficial de justiça deixará contrafé com qualquer pessoa da família ou vizinho, conforme o caso, declarando-lhe o nome.

O oficial de justiça fará constar do mandado a advertência de que será nomeado curador especial se houver revelia.

Feita a citação com hora certa, o escrivão ou chefe de secretaria enviará ao réu, executado ou interessado, no prazo de 10 (dez) dias, contado da data da juntada do mandado aos autos, carta, telegrama ou correspondência eletrônica, dando-lhe de tudo ciência.

Nas comarcas contíguas de fácil comunicação e nas que se situem na mesma região metropolitana, o oficial de justiça poderá efetuar, em qualquer delas, citações, intimações, notificações, penhoras e quaisquer outros atos executivos.

A citação por edital será feita: a) quando desconhecido ou incerto o citando, b) quando ignorado, incerto ou inacessível o lugar em que se encontrar o citando, e c) nos casos expressos em lei.

Considera-se inacessível, para efeito de citação por edital, o país que recusar o cumprimento de carta rogatória.

No caso de ser inacessível o lugar em que se encontrar o réu, a notícia de sua citação será divulgada também pelo rádio, se na comarca houver emissora de radiodifusão.

O réu será considerado em local ignorado ou incerto se infrutíferas as tentativas de sua localização, inclusive mediante requisição pelo juízo de informações sobre seu endereço nos cadastros de órgãos públicos ou de concessionárias de serviços públicos.

São requisitos da citação por edital: a) a afirmação do autor ou a certidão do oficial informando a presença das circunstâncias autorizadoras; b) a publicação do edital na rede mundial de computadores, no sítio do respectivo tribunal e na plataforma de editais do Conselho Nacional de Justiça, que deve ser certificada nos autos; c) a determinação, pelo juiz, do prazo, que variará entre 20 (vinte) e 60 (sessenta) dias, fluindo da data da publicação única ou, havendo mais de uma, da primeira; d) a advertência de que será nomeado curador especial em caso de revelia.

O juiz poderá determinar que a publicação do edital seja feita também em jornal local de ampla circulação ou por outros meios, considerando as peculiaridades da comarca, da seção ou da subseção judiciárias.

A parte que requerer a citação por edital, alegando dolosamente a ocorrência das circunstâncias autorizadoras para sua realização, incorrerá em multa de 5 (cinco) vezes o salário mínimo. A multa reverterá em benefício do citando.

Serão publicados editais: a) na ação de usucapião de imóvel; b) na ação de recuperação ou substituição de título ao portador; c) em qualquer ação em que seja necessária, por determinação legal, a provocação, para participação no processo, de interessados incertos ou desconhecidos.

4.1. Da intimação

Intimação é o ato pelo qual se dá ciência a alguém dos atos e dos termos do processo.

Copiando o modelo da *Common Law*, é facultado aos advogados promover a intimação do advogado da outra parte por meio do correio, juntando aos autos, a seguir, cópia do ofício de intimação e do aviso de recebimento.

O ofício de intimação deverá ser instruído com cópia do despacho, da decisão ou da sentença.

A intimação da União, dos Estados, do Distrito Federal, dos Municípios e de suas respectivas autarquias e fundações de direito público será realizada perante o órgão de Advocacia Pública responsável por sua representação judicial.

As intimações realizam-se, sempre que possível, por meio eletrônico, na forma da lei.

O Ministério Público, a Defensoria Pública e a Advocacia Pública são obrigados a manter cadastro nos sistemas de processo em autos eletrônicos, para efeito de recebimento de citações e intimações, as quais serão efetuadas preferencialmente por esse meio.

O juiz determinará de ofício as intimações em processos pendentes, salvo disposição em contrário.

Quando não realizadas por meio eletrônico, consideram-se feitas as intimações pela publicação dos atos no órgão oficial.

Os advogados poderão requerer que, na intimação a eles dirigida, figure apenas o nome da sociedade a que pertençam, desde que devidamente registrada na Ordem dos Advogados do Brasil.

Sob pena de nulidade, é indispensável que da publicação constem os nomes das partes e de seus advogados, com o respectivo número de inscrição na Ordem dos Advogados do Brasil, ou, se assim requerido, da sociedade de advogados.

A grafia dos nomes das partes não deve conter abreviaturas.

A grafia dos nomes dos advogados deve corresponder ao nome completo e ser a mesma que constar da procuração ou que estiver registrada na Ordem dos Advogados do Brasil.

Constando dos autos pedido expresso para que as comunicações dos atos processuais sejam feitas em nome dos advogados indicados, o seu desatendimento implicará nulidade.

A retirada dos autos do cartório ou da secretaria em carga pelo advogado, por pessoa credenciada a pedido do advogado ou da sociedade de advogados, pela Advocacia Pública, pela Defensoria Pública ou pelo Ministério Público implicará intimação de qualquer decisão contida no processo retirado, ainda que pendente de publicação.

O advogado e a sociedade de advogados deverão requerer o respectivo credenciamento para a retirada de autos por preposto.

A parte arguirá a nulidade da intimação em capítulo preliminar do próprio ato que lhe caiba praticar, o qual será tido por tempestivo se o vício for reconhecido.

Não sendo possível a prática imediata do ato diante da necessidade de acesso prévio aos autos, a parte limitar-se-á a arguir a nulidade da intimação, caso em que o prazo será contado da intimação da decisão que a reconheça.

Se inviável a intimação por meio eletrônico e não houver na localidade publicação em órgão oficial, incumbirá ao escrivão ou chefe de secretaria intimar de todos os atos do processo os advogados das partes: a) pessoalmente, se tiverem domicílio na sede do juízo; b) por carta registrada, com aviso de recebimento, quando forem domiciliados fora do juízo.

Não dispondo a lei de outro modo, as intimações serão feitas às partes, aos seus representantes legais, aos advogados e aos demais sujeitos do processo pelo correio ou, se presentes em cartório, diretamente pelo escrivão ou pelo chefe de secretaria.

Presumem-se válidas as intimações dirigidas ao endereço constante dos autos, ainda que não recebidas pessoalmente pelo interessado, se a modificação temporária ou definitiva não tiver sido devidamente comunicada ao juízo, fluindo os prazos a partir da juntada aos autos do comprovante de entrega da correspondência no primitivo endereço.

A intimação será feita por oficial de justiça quando frustrada a realização por meio eletrônico ou pelo correio.

A certidão de intimação deve conter a) a indicação do lugar e a descrição da pessoa intimada, mencionando, quando possível, o número de seu documento de identidade e o órgão que o expediu, b) a declaração de entrega da contrafé e c) a nota de ciente ou a certidão de que o interessado não a apôs no mandado.

Caso necessário, a intimação poderá ser efetuada com hora certa ou por edital.

4.2. Enunciados do fórum permanente de processualistas civis sobre citação e intimação

Enunciado n. 25: A inexistência de procedimento judicial especial para a ação de usucapião e regulamentação da usucapião extrajudicial não implicam vedação da ação, que remanesce no sistema legal, para qual devem ser observadas as peculiaridades que lhe são próprias, especialmente a necessidade de citação dos confinantes e a ciência da União, do Estado, do Distrito Federal e do Município.

Enunciado n. 46: A reconvenção pode veicular pedido de declaração de usucapião, ampliando subjetivamente o processo, desde que se observem os arts. 259, I, e 328, § 1º, II. Ampliação do Enunciado n. 237 da súmula do STF (revisão da redação) [art. 259, I, e 327, § 1º, I, do novo CPC]. (redação revista no IV FPPC-BH).

Enunciado n. 119: Em caso de relação jurídica plurilateral que envolva diversos titulares do mesmo direito, o juiz deve convocar, por edital, os litisconsortes unitários ativos incertos e indeterminados (art. 259, III), cabendo-lhe, na hipótese de dificuldade de formação do litisconsórcio, oficiar o Ministério Público, a Defensoria Pública ou outro legitimado para que possa requerer a conversão da ação individual em coletiva (art. 334) [art. 259, III, e art. 333 (vetado), do novo CPC, respectivamente].

Enunciado n. 136: A citação válida no processo judicial interrompe a prescrição, ainda que o processo seja extinto em decorrência do acolhimento da alegação de convenção de arbitragem.

Enunciado n. 273: Ao ser citado, o réu deverá ser advertido de que sua ausência injustificada à audiência de conciliação ou mediação configura ato atentatório à dignidade da justiça, punível com a multa do art. 335, § 8º, sob pena de sua inaplicabilidade.

Enunciado n. 275: Nos processos que tramitam eletronicamente, a regra do art. 277, § 1º, não se aplica aos prazos já iniciados no regime anterior.

Enunciado n. 274: Aplica-se a regra do § 6º do art. 272 ao prazo para contestar quando for dispensável a audiência de conciliação e houver poderes para receber citação.

Capítulo 5

Modificações Quanto ao Mandato

O representante não é parte no processo. Representação processual significa alguém que, em nome alheio, defende direito ou interesse alheio.

Representação processual não pode ser confundida com Legitimidade ordinária: alguém que, em nome próprio, defende direito ou interesse próprio. Nem com Legitimidade extraordinária: alguém que, em nome próprio, defende direito ou interesse alheio.

A parte será representada em juízo por advogado regularmente inscrito na Ordem dos Advogados do Brasil.

É lícito à parte postular em causa própria quando tiver habilitação legal.

Aduza-se que não pode o juiz exigir prova da validade da habilitação por meio da apresentação do pagamento da anuidade à OAB, muito menos regularidade administrativa do advogado dentro dos quadros dela.

No caso de a parte ter capacidade postulatória, poderá agir em causa própria, promovendo sua própria defesa. Entretanto, se não houver tal requisito e inexistir advogado no foro, bem como se houver recusa ou impedimento de todos os que houver, a atuação em causa própria independerá de habilitação técnica (Lei n. 8.906/1994, arts. 27 e seguintes).

O Estagiário de Direito pode receber procuração de parte que figure em processo. Porém, deve receber junto a um advogado e sob a responsabilidade deste. Também, e desde que esteja regularmente inscrito nos quadros da OAB, pode praticar isoladamente os seguintes atos, sob a responsabilidade do advogado: I — retirar e devolver autos em cartório, assinando a respectiva carga; II — obter junto aos escrivães e chefes de secretarias certidões de peças ou autos de processos em curso ou findos; III — assinar petições de juntada de documentos a processos judiciais ou administrativos (Regulamento Geral do Estatuto da Advocacia e da OAB, art. 29).

O advogado não será admitido a postular em juízo sem procuração, salvo para evitar preclusão, decadência ou prescrição, ou para praticar ato considerado urgente. Neste caso, o advogado deverá, independentemente de caução, exibir a procuração no prazo de 15 (quinze) dias prorrogável por igual período por despacho do juiz.

O ato não ratificado será considerado ineficaz relativamente àquele em cujo nome foi praticado, respondendo o advogado pelas despesas e por perdas e danos.

"São nulos de pleno direito os atos processuais, que, privativos de Advogado, venham a ser praticados por quem não dispõe de capacidade postulatória, assim considerado aquele cuja inscrição na OAB se acha suspensa (Lei n. 8.906/94, art. 4º, parágrafo único)." (STF. Tribunal Pleno. MS 28857 QO. Rel. Min. Celso de Mello. J. 14.9.2011)

"O advogado legalmente constituído, com poderes para receber e dar quitação, conferidos expressamente em procuração por instrumento particular, não pode ser impedido de levantar créditos judiciais do seu cliente." (STJ. 2ª T. RMS 9.149/DF. Rel. Min. Francisco Peçanha Martins. J. 4.5.1999)

A procuração geral para o foro, outorgada por instrumento público ou particular assinado pela parte, habilita o advogado a praticar todos os atos do processo, exceto receber citação, confessar, reconhecer a procedência do pedido, transigir, desistir, renunciar ao direito sobre o qual se funda a ação, receber, dar quitação, firmar compromisso e assinar declaração de hipossuficiência econômica, que devem constar de cláusula específica.

A procuração pode ser assinada digitalmente, na forma da lei.

A procuração deverá conter o nome do advogado, seu número de inscrição na Ordem dos Advogados do Brasil e endereço completo.

Se o outorgado integrar sociedade de advogados, a procuração também deverá conter o nome dessa, seu número de registro na Ordem dos Advogados do Brasil e endereço completo.

Salvo disposição expressa em sentido contrário constante do próprio instrumento, a procuração outorgada na fase de conhecimento é eficaz para todas as fases do processo, inclusive para o cumprimento de sentença.

O mandato outorgado a advogado passa a surtir os seus efeitos a partir do momento em que é lavrada e firmada a procuração respectiva. O mandato conferido ao advogado não se extingue pelo decurso do tempo, salvo às hipóteses legalmente previstas relacionadas à revogação ou renúncia, morte ou interdição de uma das partes, mudança de estado que inabilite o mandante a conferir os poderes, ou o mandatário para os exercer (Código de Ética e Disciplina da OAB, art. 16).

A procuração geral para o foro judicial não depende da especificação de poderes. A exceção está contida para praticar aqueles que exigem poderes específicos. Neste caso, eles deverão vir apontados clara e objetivamente.

A procuração, tanto para o foro em geral quanto para o foro com poderes especiais, pode ser firmada de modo público ou particular, inclusive com firma digital (MP n. 2.200-2/2001, art. 10, § 1º e Lei n. 11.419/2006, art. 1º, § 2º, inciso III, letra "a"). Pode, também, o instrumento ser firmado por pessoa incapaz. Na hipótese de incapacidade do outorgante, a procuração será firmada pelo representante legal dele. Em caso de ser relativa, o mandante será assistido por quem de direito.

O instrumento de mandato na forma pública só será exigido de quem for analfabeto ou não tiver condições de assinar o nome. Não prevalece, portanto, a regra do art. 654 do Código Civil, que atribui apenas às pessoas capazes a condição de dar procuração por instrumento particular. Também não há procuração particular assinada a rogo, nem mesmo com testemunhas que assinem juntamente com o que tenha assinado a rogo.

Quando o instrumento for usado nos autos do processo, não há necessidade do reconhecimento de firma da assinatura do mandante. A dispensa é absoluta. Vale tanto para o instrumento que contenha poderes gerais quanto para o que contenha os poderes especiais (CPC, art. 38). A simples assinatura goza de presunção de autenticidade. Quem a impugnar terá o ônus de provar a situação que contrarie tal característica.

Quando postular em causa própria, incumbe ao advogado: a) declarar, na petição inicial ou na contestação, o endereço, seu número de inscrição na Ordem dos Advogados do Brasil e o nome da sociedade de advogados da qual participa, para o recebimento de intimações, sob pena de o magistrado ordenar que se supra a omissão, no prazo de 5 (cinco) dias, antes de determinar a citação do réu, sob pena de indeferimento da petição; b) comunicar ao juízo qualquer mudança de endereço, sob pena de serem consideradas válidas as intimações enviadas por carta registrada ou meio eletrônico ao endereço constante dos autos.

> "Válida é a intimação no endereço indicado pelo advogado, de conformidade com o art. 39, I, do CPC, se o causídico tiver mudado o local de trabalho sem atender ao disposto no inciso II do mesmo dispositivo, que lhe impunha, obrigatoriamente, informar tal alteração ao escrivão do processo." (STJ. 4ª T. REsp 323.409/ES. Rel. Min. Aldir Passarinho Júnior. J. 6.8.2002)

O advogado tem direito a a) examinar, em cartório de fórum e secretaria de tribunal, mesmo sem procuração, autos de qualquer processo, independentemente da fase de tramitação, assegurados a obtenção de cópias e o registro de anotações, salvo na hipótese de segredo de justiça, nas quais apenas o advogado constituído terá acesso aos autos, b) requerer, como procurador, vista dos autos de qualquer processo, pelo prazo de 5 (cinco) dias e c) retirar os autos do cartório ou da secretaria, pelo prazo legal, sempre que neles lhe couber falar por determinação do juiz, nos casos previstos em lei.

Ao receber os autos, o advogado assinará carga em livro ou documento próprio.

Sendo o prazo comum às partes, os procuradores poderão retirar os autos somente em conjunto ou mediante prévio ajuste, por petição nos autos. Nesta hipótese, é lícito ao procurador retirar os autos para obtenção de cópias, pelo prazo de 2 (duas) a 6 (seis) horas, independentemente de ajuste e sem prejuízo da continuidade do prazo. O procurador perderá no mesmo processo o direito de retirada se não devolver os autos tempestivamente, salvo se o prazo for prorrogado pelo juiz.

> "A retirada dos autos do cartório por uma das partes, antes do início da fluência do prazo comum para recurso e sua devolução depois de esgotado esse tempo, constitui obstáculo à defesa da parte *ex adverso*, cerceamento que deve ser reparado com a devolução do prazo. Arts. 40, § 2º, e 180 do CPC." (STJ. 4ª T. REsp 319.357/MG. Rel. Min. Ruy Rosado de Aguiar. J. 18.10.2001)

> "Não acarreta a nulidade dos atos processuais a falta de reconhecimento de firma na procuração outorgada ao advogado, se a sucessão dos atos praticados ao longo do processo confirmam a existência do mandato." (STJ. 4ª T. REsp 100.888/BA. Rel. Min. Aldir Passarinho Junior. J. 14.12.2000)

> "A prática de atos por advogado suspenso é considerado nulidade relativa, passível de convalidação. À luz do sistema de invalidação dos atos processuais, a decretação de nulidade só é factível quando não se puder aproveitar o ato processual em virtude da efetiva ocorrência e demonstração do prejuízo (*pas de nullité sans grief*)." (STJ. 4ª T. REsp 1317835/RS. Rel. Min. Luis Felipe Salomão. J. 25.9.2012)

> "Embora o art. 4º do Estatuto da OAB disponha que são nulos os atos praticados por pessoa não inscrita na OAB ou por advogado impedido, suspenso, licenciado ou que

passar a exercer atividade incompatível com a advocacia; o defeito de representação processual não acarreta, de imediato, a nulidade absoluta do ato processual ou mesmo de todo o processo, porquanto tal defeito é sanável nos termos dos arts. 13 e 36 do CPC. Primeiro, porque isso não compromete o ordenamento jurídico; segundo, porque não prejudica nenhum interesse público, nem o interesse da outra parte; e, terceiro, porque o direito da parte representada não pode ser prejudicado por esse tipo de falha do seu advogado." (STJ. 3ª T. REsp 833.342/RS. Rel. Min. Nancy Andrighi. J. 25.9.2006)

"É admissível, em nosso Direito, que procuração contendo poderes gerais para o foro, outorgada à pessoa que não seja advogado, possa ser substabelecida a quem o seja." (TJPR. 16ª CC. AC 768960-5. Rel.: Shiroshi Yendo. J. 11.5.2011)

"O levantamento do depósito judicial somente pode ser feito pelo patrono da parte litigante quando da existência de poderes específicos para tal fim no instrumento de procuração, com fundamento nos arts. 38 do CPC e 5º do Estatuto do Advogado. Ainda, a interpretação de poderes especiais deve se dar de forma restritiva, já que interfere, consideravelmente, na esfera da autonomia privada do representado." (TJPR. 15ª CC. AI 481152-5. Rel.: Fábio Haick Dalla Vecchia. J. 7.5.2008)

"É admissível, nas hipóteses do art. 37 do CPC. Compete, todavia, ao advogado exibir o instrumento de mandato no prazo de quinze dias, ,independentemente de qualquer ato ou manifestação da autoridade judiciária'. Não o tendo exibido, nem requerido a prorrogação por outros quinze dias (aí sim, exige-se a manifestação do juiz)." (STJ — REsp 23.877-1/PR, 3ª T., Rel. Min. Nilson Naves, DJU 3.12.1992). (TJPR. 17ª CC. AC 501105-4. Rel.: Stewalt Camargo Filho. J. 15.10.2008)

"AUSÊNCIA DE PROVA DE INSCRIÇÃO NA ORDEM DOS ADVOGADOS DO BRASIL. AFRONTA AO ART. 36 DO CPC. NÃO CONHECIMENTO DO RECURSO. Não se admite no direito pátrio a interposição de recurso por pessoa desprovida de capacidade postulatória, vez que não inscrita na Ordem dos Advogados do Brasil." (TJPR. 3ª CC. AC 727.209-1. Rel. Des. Paulo Habith. Decisão monocrática 1º.2.2011)

"Não se constata irregularidade na representação processual pelo fato de a procuração outorgada ao seu advogado estar representada por mera fotocópia não autenticada, haja vista que a regra disposta nos artigos 38 do Código de Processo Civil e 5º, § 2º da Lei n. 8.906/94, não exige que a procuração do patrono seja original ou tenha firma reconhecida." (TJPR. 9ª CC. AC 0821983-0. Des. Rel. Rosana Amara Girardi Fachin. J. 19.1.2012)

"Há revogação tácita de mandato com a constituição de novo procurador sem ressalva do instrumento procuratório anterior. É inexistente o recurso ou a ação quando o advogado subscritor não tem procuração e/ou substabelecimento nos autos." (STJ. 2ª T. RMS 23.672/MG. Rel. Ministro Mauro Campbell Marques. J. 14.6.2011)

5.1. A representação dos entes públicos

Os entes públicos são representados em juízo por seus procuradores, os advogados públicos, conforme previsão dos arts. 131 e 132 da CRFB. A assessoria jurídica, judicial e consultiva da União é realizada pela Advocacia-Geral da União, regulada pela Lei Complementar n. 73/1993.

Nos Estados e no Distrito Federal, a prestação de serviços jurídicos é feita pela Procuradoria-Geral respectiva, que deve ser organizada em carreira, cujo ingresso depende de concurso de provas e títulos (CRFB, art. 132).

Os poderes de representação do ente público são estipulados em lei para aquele que exerce o cargo de procurador (estadual, distrital, federal, da Fazenda Nacional ou advogado da União). Portanto, não há necessidade de se juntar procuração nos autos para exercer plena e validamente a defesa dos interesses do ente público pelo procurador.

Devidamente aprovado no concurso público e empossado, a investidura no cargo de procurador outorga os poderes de representação, sem necessidade de apresentação do instrumento de mandato. Tampouco se precisa juntar substabelecimento ou delegação de poderes para atuação em Juízo.

Na esfera municipal, impende anotar, não há previsão constitucional para a criação obrigatória de Procuradorias-Gerais.

O inciso II do art. 12 do Código de Processo Civil de 1973 estabelece que a representação judicial dos municípios pode ser feita pelo prefeito ou por procurador. O tema será tratado no próximo capítulo, que se refere à comunicação de atos processuais, mas, desde já, deve-se ter claro que o prefeito não tem capacidade postulatória para defender em juízo o município, o que deve ser feito por procurador municipal ou por advogado contratado.

5.2. Advocacia-Geral da União e representação judicial do INSS

Historicamente, não havia uma carreira organizada e definida, voltada exclusivamente ao assessoramento jurídico da União. Esse papel era desempenhado pelo Ministério Público Federal. Com o advento da Constituição da República de 1988, o Ministério Público recebeu a função institucional de guardião da sociedade, da ordem jurídica e da democracia (art. 127). O assessoramento jurídico da União ficou a cargo da Advocacia-Geral da União (AGU). As carreiras, antes fundidas, foram separadas. Nesse período de transição, os procuradores da república puderam optar entre seguir no Ministério Público Federal ou integrar a Advocacia-Geral da União (ADCT, art. 29, § 3º).

De acordo com a previsão constitucional do art. 131, que traça suas diretrizes fundamentais, compete à AGU a representação judicial e extrajudicial da União, diretamente ou por meio de órgão vinculado, sendo responsável pela consultoria e pelo assessoramento do Poder Executivo. O advogado-geral da União, chefe da Instituição, não precisa pertencer aos quadros da carreira e pode ser escolhido livremente pelo presidente da República dentre cidadãos com mais de 35 anos de idade, notável saber jurídico e reputação ilibada (§ 1º). O ingresso na carreira se dá por meio de concurso público de provas e títulos (§ 2º). Por fim, o dispositivo constitucional determina que a cobrança da dívida ativa de natureza tributária compete à Procuradoria-Geral da Fazenda Nacional (PGFN), na forma da lei (§ 3º). Embora seja papel institucional da PGFN a cobrança da dívida ativa, não se trata de atribuição exclusiva da carreira, ou seja, nada impede que sua lei regulamentadora preveja hipóteses de delegação da cobrança.

No plano infraconstitucional, a Advocacia-Geral da União está regulada por sua lei orgânica, a Lei Complementar n. 73/1993. Esse diploma legislativo é bastante abrangente na disciplina da carreira, de modo que contém matérias pertinentes à Lei Complementar e outras típicas de lei ordinária — estas, sujeitas a posterior revogação por lei ordinária.

Ao seu lado, tem-se a Lei n. 10.480/02, que disciplina a Procuradoria-Geral Federal, responsável pelo assessoramento jurídico, judicial e extrajudicial, das autarquias e fundações públicas federais. Sua relação é de vinculação, e não subordinação à AGU. O Banco Central do Brasil (Bacen), embora seja autarquia federal, tem legislação específica (Lei n. 9.650/98), que prevê carreira própria de procuradores, distinta da Procuradoria-Geral Federal.

Outros diplomas legais são bastante relevantes para a atuação da Advocacia-Geral da União, como a Lei n. 9.469/97, que disciplina a realização de acordos e transações pelo Poder Público, bem como prevê a intervenção do ente público em demandas entre particulares.

É vedado ao membro da Advocacia-Geral da União o exercício da advocacia fora das atribuições institucionais (LC n. 73/93, art. 28, inc. I). Há, porém, orientação administrativa da AGU no sentido de permitir a advocacia em causa própria e a advocacia *pro bono*. Confira-se:

> "Orientação Normativa n. 27/2009. É vedado aos membros da Advocacia-Geral da União e de seus órgãos vinculados o exercício da advocacia privada e figurar como sócio em sociedade de advogados, mesmo durante o período de gozo de licença para tratar de interesses particulares, ou de licença incentivada sem remuneração, ou durante afastamento para o exercício de mandato eletivo, salvo o exercício da advocacia em causa própria e a advocacia *pro bono*."

A representação judicial do INSS incumbe aos procuradores federais, membros da AGU.

Quando se tratar de ação envolvendo custeio da previdência social, esta deverá ser direcionada contra a União e a defesa desta será feita pelo procurador da fazenda nacional.

Segundo o art. 182 do CPC de 2015, incumbe à Advocacia Pública, na forma da lei, defender e promover os interesses públicos da União, dos Estados, do Distrito Federal e dos Municípios, por meio da representação judicial, em todos os âmbitos federativos, das pessoas jurídicas de direito público que integram a administração direta e indireta.

A União, os Estados, o Distrito Federal, os Municípios e suas respectivas autarquias e fundações de direito público gozarão de prazo em dobro para todas as suas manifestações processuais, cuja contagem terá início a partir da intimação pessoal. A intimação pessoal far-se-á por carga, remessa ou meio eletrônico. Não se aplica o benefício da contagem em dobro quando a lei estabelece, de forma expressa, prazo próprio para o ente público.

O membro da Advocacia Pública será civil e regressivamente responsável quando agir com dolo ou fraude no exercício de suas funções.

Capítulo 6

Alterações Referentes ao Litisconsórcio

Destaque-se que o litisconsórcio ativo, tanto quanto o passivo, bem como o misto, são admissíveis nas ações previdenciárias.

O litisconsórcio é a cumulação subjetiva de ações. No litisconsórcio há a ampliação subjetiva de um ou dos dois polos da relação jurídico-processual, estando as partes ligadas por uma afinidade de interesses. Principalmente no litisconsórcio facultativo, a cumulação subjetiva visa à economia processual, evitando a proliferação de processos originados de um só acontecimento jurídico.

Quanto ao momento de sua formação, o litisconsórcio é inicial (desde o início da demanda) ou ulterior (ocorre incidentalmente à demanda); quanto à obrigatoriedade de sua formação, é necessário (obrigatório, indispensável) ou facultativo (a formação depende da vontade das partes); quanto ao polo da relação processual, o litisconsórcio será ativo (pluralidade de autores), passivo (pluralidade de réus) ou misto (pluralidade de autores e réus ao mesmo tempo); quanto à exigência ou não de uniformidade da sentença, o litisconsórcio é simples (quando a sentença puder ser diferente para os litisconsortes) e unitário (quando a sentença tiver que ser a mesma para todos os litisconsortes).

O litisconsórcio facultativo ativo deve ocorrer na petição inicial, no momento do ajuizamento da demanda. Proposta a ação, não é mais possível a formação do litisconsórcio ativo facultativo.

Se a pluralidade das partes torna difícil a resolução do conflito, é possível ao juiz desmembrar o processo. O desmembramento pode ocorrer por requerimento do réu ou de ofício, por determinação do magistrado. Os litisconsortes excluídos formam nova relação jurídico-processual, por meio da qual continuam postulando o direito material de que se acham titulares.

"TRIBUTÁRIO. AGRAVO LEGAL. PROCESSO ELETRÔNICO. LITISCONSÓRCIO FACULTATIVO. ART. 46 DO CPC. 1 — De acordo com o art. 46, parágrafo único, do CPC, 'o juiz poderá limitar o litisconsórcio facultativo quanto ao número de litigantes quando este comprometer a rápida solução do litígio ou dificultar a defesa (...)'. Ainda, de acordo com o art. 11 da Resolução n. 17, de 16 de março de 2010, do Egrégio Tribunal Regional Federal da 4ª Região, 'as ações no e-Proc preferencialmente, evitarão a formação de litisconsórcio facultativo (...)'. 2. Quando a análise de muitos documentos comprometer a celeridade processual, o magistrado pode, com base no art. 46, parágrafo único, do CPC, determinar a limitação do número de partes no litisconsórcio facultativo, evitando-o quando tratar-se de processo eletrônico." (TRF4, Agravo Legal em agravo de instrumento 5000189-55.2011.404.0000, 1ª Turma, Rel. Álvaro Eduardo Junqueira, Julg. 26.10.2011, Pub. 26.10.2011)

No litisconsórcio necessário, a relação jurídica impugnada é única e indivisível, estando todos os litisconsortes unidos por um liame fático-jurídico inseparável.

O provimento jurisdicional de mérito tem que regular de modo uniforme a situação jurídica dos litisconsortes, sendo apenas excepcionalmente aceito o julgamento diverso para os litisconsortes, como é o caso, por exemplo, do usucapião (em que o litisconsórcio passivo é necessário e a sentença proferida é simples).

Em resumo, os pressupostos para a caracterização da unitariedade são: a) os litisconsortes discutem uma única relação jurídica; b) essa relação jurídica é indivisível.

O litisconsórcio necessário significa a necessidade de participação de todas as partes no processo, como condição de sua existência. Já o litisconsórcio unitário exige que a sentença seja uniforme em relação aos litisconsortes.

É possível a ocorrência de litisconsórcio necessário tanto no polo ativo quanto no polo passivo da relação processual.

Consoante a Súmula n. 631 do STF, "Extingue-se o processo de mandado de segurança, se o impetrante não promove, no prazo assinado, a citação do litisconsorte passivo necessário".

"AGRAVO REGIMENTAL EM RECURSO ORDINÁRIO EM MANDADO DE SEGURANÇA. LITISCONSORTE NECESSÁRIO. CITAÇÃO. DESÍDIA DOS IMPETRANTES. EXTINÇÃO DO PROCESSO. 1. Reconhecida a existência de litisconsórcio necessário pela Corte de origem em decisão que não fora objeto de impugnação, e não providenciado o ato citatório pelos impetrantes, é de rigor a extinção do processo sem resolução de mérito com supedâneo no art. 47 do CPC. 2. (...)." (STJ, AgRg no RMS 39040/TO, 3ª Turma, Rel. Min. Paulo de Tarso Sanseverino, Julg. 11.12.2012, Pub. DJe 14.12.2012)

"PROCESSUAL CIVIL. LITISCONSÓRCIO FACULTATIVO SIMPLES. INTERPOSIÇÃO DE APELAÇÃO. ALCANCE. No litisconsórcio ativo facultativo simples, várias pessoas podem mover ação no mesmo processo, mas cada litisconsorte é independente e autônomo. Os atos praticados por uns não atingem os demais. A apelação interposta por um deles não aproveita aos demais. (...) Recurso improvido." (STJ, REsp 210.141/SC, 1ª Turma, Rel. Min. Garcia Vieira, Julg. 15.6.1999, Pub. DJ 16.8.1999)

"Havendo litisconsórcio, devem ser intimadas todas as pessoas que integram o polo ativo da ação." (TJ/MG, Apelação Cível 1.0245.03.033691-2/001, 10ª Câmara Cível, Rel. Des. Roberto Borges de Oliveira, Julg. 28.3.2006)

Vejamos como ficou a regulação do litisconsórcio no CPC de 2015.

Duas ou mais pessoas podem litigar, no mesmo processo, em conjunto, ativa ou passivamente, quando:

I — entre elas houver comunhão de direitos ou de obrigações relativamente à lide;

II — entre as causas houver conexão pelo pedido ou pela causa de pedir;

III — ocorrer afinidade de questões por ponto comum de fato ou de direito.

O juiz poderá limitar o litisconsórcio facultativo quanto ao número de litigantes na fase de conhecimento, na liquidação de sentença ou na execução, quando este comprometer a rápida solução do litígio ou dificultar a defesa ou o cumprimento da sentença.

O requerimento de limitação interrompe o prazo para manifestação ou resposta, que recomeçará da intimação da decisão que o solucionar.

O litisconsórcio será necessário por disposição de lei ou quando, pela natureza da relação jurídica controvertida, a eficácia da sentença depender da citação de todos que devam ser litisconsortes.

A sentença de mérito, quando proferida sem a integração do contraditório, será:

I — nula, se a decisão for uniforme em relação a todos que integrarem o processo;

II — ineficaz, nos outros casos, apenas para os que não foram citados.

Nos casos de litisconsórcio passivo necessário, o juiz determinará ao autor que requeira a citação de todos que devam ser litisconsortes, dentro do prazo que assinar, sob pena de extinção do processo.

O litisconsórcio será unitário quando, pela natureza da relação jurídica, o juiz tiver de decidir o mérito de modo uniforme para todos os litisconsortes.

Os litisconsortes serão considerados, em suas relações com a parte adversa, como litigantes distintos, exceto no litisconsórcio unitário, caso em que os atos e as omissões de um não prejudicarão os outros, mas os poderão beneficiar.

Cada litisconsorte tem o direito de promover o andamento do processo, e todos devem ser intimados dos respectivos atos.

Capítulo 7

Intervenção de Terceiros: Modalidades

No novo Código de Processo Civil, a intervenção de terceiros é gênero que tem por espécies a assistência, a denunciação da lide, o chamamento ao processo, o *amicus curiae* e a desconsideração da personalidade jurídica.

No novo CPC, a oposição passou a ser disciplinada no âmbito dos procedimentos especiais, dos arts. 682 *usque* 686.

Saliente-se que o Código de Processo Civil é expresso ao prever que cabe agravo de instrumento contra as decisões interlocutórias que versarem sobre admissão ou inadmissão de intervenção de terceiros (art. 1.015, inciso IX).

A disciplina da intervenção de terceiros foi alocada na parte geral do NCPC, o que dá a entender que a intervenção não se limita ao processo de conhecimento.

Dentre as novidades há a eliminação da nomeação à autoria, sendo possível a correção da ilegitimidade passiva à vista da arguição desta preliminar em contestação, nos termos dos arts. 338 e 339; e a inclusão de duas novas modalidades de intervenção: o incidente de desconsideração da personalidade jurídica e o *amicus curiae*.

7.1. Assistência simples e litisconsorcial

No Código de Processo Civil de 1973, a assistência era regulada no capítulo relativo ao litisconsórcio (arts. 50 a 55).

A assistência é modalidade por excelência de intervenção de terceiros, prevista no art. 50 do CPC de 1973. Para que se opere a intervenção do assistente é necessário ter interesse jurídico, não bastando o simples interesse econômico ou moral para ser assistente. Há de se partir da hipótese de vitória da parte *ex*-adversa para perquirir se dela lhe adviria prejuízo juridicamente relevante. Assim, se o terceiro puder ser reflexamente atingido pela decisão, admitir-se-á a assistência, que poderá ser simples (adesiva) ou litisconsorcial (qualificada). O novo Código de Processo Civil, de forma mais correta, regula a assistência como uma das modalidades de intervenção de terceiros.

Sob a óptica do CPC de 1973, o STJ decidiu que:

"Admite-se a assistência em todos os graus de jurisdição, inclusive no STJ, caso a lide nele se encontre para apreciação de recurso especial." (RSTJ 145/415)

Demais disso, o novo CPC estabeleceu regras gerais e específicas quanto à assistência simples e à assistência litisconsorcial.

Sobre assistência simples, sob a óptica do CPC de 1973, decidiu o STJ que:

"Na assistência simples, há conexão de direitos do assistente com o debatido no processo. Não se confunde com o litisconsórcio passivo. O assistente tem interesse no desfecho da ação porque a sentença, indiretamente, repercutirá em direito seu. Notório o interesse do Estado quando a ação é proposta face a Instituto de Previdência que integra o seu complexo administrativo." (STJ, REsp 159131, 6ª Turma, Rel. Min. Luiz Vicente Cernicchiaro, Julg. 22.9.1998)

O novo CPC tornou explícito que a eficácia da intervenção, no sentido da impossibilidade de rediscussão, salvo nas exceções legais, dos motivos da sentença (justiça da decisão), aplica-se apenas à assistência simples.

Efetivamente, segundo o art. 123 do CPC, inserido na disciplina da assistência simples, uma vez transitada em julgado a sentença na causa em que interveio o assistente, este não pode, em processo posterior, discutir a justiça da decisão, salvo se alegar e provar que, pelo estado em que recebeu o processo ou pelas declarações e pelos atos do assistido, foi impedido de produzir provas suscetíveis de influir na sentença; desconhecia a existência de alegações ou de provas das quais o assistido, por dolo ou culpa, não se valeu.

O assistente litisconsorcial é considerado, por lei, litisconsorte da parte principal, pois a sentença influi na relação jurídica entre ele e o adversário do assistido.

Na assistência litisconsorcial existe uma pretensão de direito material do assistente sobre o objeto material do processo. O assistente litisconsorcial tem relação jurídica com o adversário do assistido, e a eficácia da sentença produzirá efeitos tanto para o assistido como para o assistente litisconsorcial. O terceiro ingressa no processo para praticar atos de preservação do seu direito material, de modo que a sentença surte efeitos em relação à sua pessoa, produzindo coisa julgada material em relação aos litisconsortes. O assistente litisconsorcial assume a condição de parte, e sua atividade não está subordinada à do assistido, podendo, inclusive, discordar de atos realizados pelo assistido, como por exemplo discordar de renúncia feita por aquele.

Sendo assim, entende-se que a própria coisa julgada abrange o assistente litisconsorcial.

Veja-se, a propósito, julgado do TJPR:

"APELAÇÃO CÍVEL. AÇÃO MONITÓRIA. ERRO MATERIAL NA PROCURAÇÃO. VÍCIO DE REPRESENTAÇÃO SANÁVEL. AUSÊNCIA DE PREJUÍZO ÀS PARTES E À RESOLUÇÃO DA CAUSA. COMPANHEIRA DO *DE CUJUS*. DEFESA DA MEAÇÃO E HERANÇA. ASSISTENTE LITISCONSORCIAL. NULIDADE DA TRANSAÇÃO PROCESSUAL SEM A PARTICIPAÇÃO DO ASSISTENTE QUALIFICADO. CERCEAMENTO DE DEFESA. SENTENÇA HOMOLOGATÓRIA ANULADA.

1. (...). 2. A companheira do *de cujus* é parte legítima para ingressar no feito como assistente litisconsorcial, pois atua tanto na defesa de sua meação como de seus direitos hereditários. 3. (...)." (TJ/PR, Apelação Cível 935.899-4, 12ª Câmara Cível, Rel. Rosana Amara Girardi Fachin, Julg. 29.8.2012)

Ademais, nas hipóteses em que o ordenamento jurídico autoriza a substituição processual, ou seja, pleitear direito alheio, mas em nome próprio, o art. 18, parágrafo único, do novo CPC reconhece que o substituído pode intervir no processo como assistente litisconsorcial.

7.2. Denunciação da lide: modificações

A denunciação da lide é o ajuizamento de ação incidental, por uma das partes, perante terceiro, visando à condenação deste ao ressarcimento de prejuízos que o denunciante venha a sofrer.

Outrora, a denunciação da lide era obrigatória (apenas) na hipótese do art. 70, inciso I, do Código de Processo Civil de 1973, em razão do disposto no art. 456 do Código Civil de 2002, correspondente ao art. 1.116 do Código Civil de 1916. Nas demais hipóteses, a denunciação da lide, mesmo anteriormente, já era apenas uma faculdade, possibilitando ao denunciante a obtenção de título executivo contra o denunciado, no mesmo processo.[1]

O entendimento que predominava era de que a denunciação da lide é obrigatória nos casos de evicção (inciso I do art. 70, CPC/73), para o denunciante exercer o direito que a evicção lhe resulta (evicção é a perda da coisa sofrida pelo adquirente, em consequência de um anterior direito de outrem).

Assim:

"A denunciação da lide prevista nos casos do art. 70, III, do CPC, na linha da jurisprudência desta Corte, não se mostra obrigatória. Agravo regimental desprovido." (STJ, AgRg 655820/CE, 4ª Turma, Rel. Min. Fernando Gonçalves, j. 21.6.2005)

Entretanto o art. 456 do Código Civil de 2002 foi *revogado* pelo novo CPC, conforme o seu art. 1.072, inciso II.

Dessarte, a ausência de denunciação da lide não implica a perda material de indenização ou de regresso, que pode ser postulada por ação autônoma, impedindo apenas a formação, desde logo, do título executivo, e sujeitando o omisso aos riscos integrais de uma ação autônoma, em que poderá ser discutida amplamente toda matéria de fato de direito relacionada ao mérito, versada ou não na ação originária.[2]

Nesse diapasão, consoante o art. 125, § 1º, do novo CPC, o direito regressivo será exercido por ação autônoma quando a denunciação da lide for indeferida, deixar de ser promovida ou não for permitida.

O direito a denunciações sucessivas, que era ilimitado no CPC/1973, foi restrito a uma única denunciação sucessiva pelo § 2º, devendo o direito de regresso contra coobrigados anteriores, se existente, ser promovido por ação autônoma.

A denunciação da lide não cabe no Juizado Especial (art. 10, Lei n. 9.099/95).

Bom alinhavar os Enunciados do Fórum Permanente de Processualistas Civis sobre o tema denunciação da lide:

"Enunciado n. 120: A ausência de denunciação da lide gera apenas a preclusão do direito de promovê-la, sendo possível ação autônoma de regresso.

---

(1) Cf. CARNEIRO, Athos Gusmão. *Intervenção de terceiros*. 9. ed. São Paulo: Saraiva, 1997. p. 73-74.
(2) Cf. SANCHES, Sydney. *Denunciação da lide no direito processual civil brasileiro*. São Paulo: RT, 1984. p. 63.

Enunciado n. 121: O cumprimento da sentença diretamente contra o denunciado é admissível em qualquer hipótese de denunciação da lide fundada no inciso II do art. 125.

Enunciado n. 122: Vencido o denunciante na ação principal e não tendo havido resistência à denunciação à lide, não cabe a condenação do denunciado nas verbas de sucumbência."

7.3. *Amicus curiae*

Embora no Brasil o instituto do *amicus curiae* tenha ganhado destaque nos processos de controle concentrado de constitucionalidade, com fundamento nas alterações sofridas na redação do art. 482 do Código de Processo Civil trazidas pela Lei n. 9.868/99, sua intervenção já é prevista na legislação brasileira desde 1976, quando a Lei n. 6.385/76 criou a Comissão de Valores Imobiliários (CVM).

Inovando a respeito do tema, o art. 138 do novo Código de Processo Civil passa a dispor que o juiz ou o relator, considerando a relevância da matéria, a especificidade do tema objeto da demanda ou a repercussão social da controvérsia, pode, por decisão irrecorrível, de ofício ou a requerimento das partes ou de quem pretenda manifestar-se, solicitar ou admitir a manifestação de pessoa natural ou jurídica, órgão ou entidade especializada, com representatividade adequada, no prazo de quinze dias de sua intimação.

A introdução da figura do *amicus curiae* tem por objetivo dar mais uma ferramenta às partes e ao magistrado para esclarecer questões, contando com o auxílio de pessoa especializada que se manifestará acerca do tema objeto da controvérsia. Em busca de solucionar o processo da melhor forma possível, dando uma efetiva resposta à sociedade.

A figura do *amicus curiae* (amigo da corte) foi importada do direito americano e constitui-se em um instituto que permite que terceiros passem a integrar a demanda, para discutir objetivamente teses jurídicas que vão afetar a sociedade como um todo.

Com isso, o *amicus curiae* é admitido em todos os graus de jurisdição, inclusive na primeira instância, assim como no âmbito dos tribunais de justiça, dos tribunais regionais, do Superior Tribunal de Justiça, de outros tribunais superiores e, evidentemente, do Supremo Tribunal Federal.

A intervenção indicada não implica alteração de competência, nem autoriza a interposição de recursos, ressalvada a oposição de embargos de declaração.

Ademais, cabe ao juiz ou ao relator, na decisão que solicitar ou admitir a intervenção, definir os poderes do *amicus curiae*.

Frise-se que o *amicus curiae* pode recorrer da decisão que julgar o incidente de resolução de demandas repetitivas, previsto nos arts. 976 a 987 do novo CPC.

Vejamos Enunciados do Fórum Permanente de Processualistas Civis:

"Enunciado n. 127: A representatividade adequada exigida do *amicus curiae* não pressupõe a concordância unânime daqueles a quem representa.

Enunciado n. 128: No processo em que há intervenção do *amicus curiae*, a decisão deve enfrentar as alegações por ele apresentadas, nos termos do inciso IV do § 1º do art. 499 [art. 489, § 1º, IV, do novo CPC].

Enunciado n. 249: A intervenção do *amicus curiae* é cabível no mandado de segurança.

Enunciado n. 250: Admite-se a intervenção do *amicus curiae* nas causas trabalhistas, na forma do art. 138, sempre que o juiz ou o relator vislumbrar a relevância da matéria, a especificidade do tema objeto da demanda ou a repercussão geral da controvérsia, a fim de obter uma decisão respaldada na pluralidade do debate e, portanto, mais democrática."

7.4. Desconsideração da personalidade jurídica

Tendo os sócios se utilizado indevidamente da pessoa jurídica para prejudicar os credores, evidenciado pelo desvio da finalidade, seu patrimônio pessoal será alcançado pela execução, desconsiderando-se a personalidade jurídica (CC, art. 50 e nas relações de consumo CDC, art. 28).

"Para que seja aplicada a teoria da desconsideração da personalidade jurídica estabelecida no art. 50 do Código Civil necessária se faz a comprovação da confusão patrimonial ou do desvio de finalidade. 2. A ausência de bens suscetíveis de penhora não constitui motivo suficiente para sua aplicação ao caso concreto. Agravo de Instrumento não provido." (TJPR — 15ª C. Cível — AI — 1036971-8 — Foro Central da Comarca da Região Metropolitana de Curitiba — Rel.: Jucimar Novochadlo — Unânime — J. 19.6.2013)

Estipula o Novo CPC que o incidente de desconsideração da personalidade jurídica será instaurado a pedido da parte ou do Ministério Público, quando lhe couber intervir no processo.

O pedido de desconsideração da personalidade jurídica observará os pressupostos previstos em lei.

As disposições do NCPC quanto à *diregard doctrine* se aplicam à hipótese de desconsideração inversa da personalidade jurídica.

Frise-se que o incidente de desconsideração é cabível em todas as fases do processo de conhecimento, no cumprimento de sentença e na execução fundada em título executivo extrajudicial.

A instauração do incidente será imediatamente comunicada ao distribuidor para as anotações devidas. Mas se dispensa a instauração do incidente se a desconsideração da personalidade jurídica for requerida na petição inicial, hipótese em que será citado o sócio ou a pessoa jurídica.

A instauração do incidente suspenderá o processo, salvo na hipótese do § 2º do art. 134 do NCPC.

O requerimento deve demonstrar o preenchimento dos pressupostos legais específicos para desconsideração da personalidade jurídica.

Instaurado o incidente, o sócio ou a pessoa jurídica será citado para manifestar-se e requerer as provas cabíveis no prazo de 15 (quinze) dias. Concluída a instrução, se necessária, o incidente será resolvido por decisão interlocutória. Se a decisão for proferida pelo relator, cabe agravo interno.

Note-se que, uma vez acolhido o pedido de desconsideração, a alienação ou a oneração de bens, havida em fraude de execução, será ineficaz em relação ao requerente.

Bom ressaltar que este procedimento possibilita a citação do sócio para defender-se da acusação de mau uso da personalidade jurídica, fazendo incidir as garantias do contraditório e da ampla defesa antes de determinar que o sócio responda, em nome próprio, pelas obrigações da sociedade. Este procedimento também pode ser usado no caso de desconsideração inversa, quando a pessoa jurídica responde pelas obrigações pessoais do sócio em razão do indevido deslocamento do patrimônio deste para a sociedade.

Cabe agravo de instrumento contra as decisões interlocutórias que versarem sobre incidente de desconsideração da personalidade jurídica (art. 1.015, inciso IV).

Entretanto, se a decisão for proferida pelo relator, caberá agravo interno.

O uso deste incidente parece desnecessário na execução fiscal, em que o redirecionamento da execução à pessoa dos sócios segue regramento próprio, contido no Código Tributário.

Destaquem-se os seguintes Enunciados do Fórum Permanente de Processualistas Civis sobre o tema:

> "Enunciado n. 123: É desnecessária a intervenção do Ministério Público, com fiscal da ordem jurídica, no incidente de desconsideração da personalidade jurídica, salvo nos casos em que deva intervir obrigatoriamente, previstos no art. 179 [art. 178 do novo CPC].
>
> Enunciado n. 124: A desconsideração da personalidade jurídica no processo do trabalho dever ser processada na forma dos arts. 133 a 137, podendo o incidente ser resolvido em decisão interlocutória ou na sentença.
>
> Enunciado n. 125: Há litisconsórcio passivo facultativo quando requerida a desconsideração da personalidade jurídica, juntamente com outro pedido formulado na petição inicial ou incidentemente no processo em curso.
>
> Enunciado n. 126: No processo do trabalho, da decisão que resolve o incidente de desconsideração da personalidade jurídica na fase de execução cabe agravo de petição, dispensado o preparo.
>
> Enunciado n. 247: Aplica-se o incidente de desconsideração da personalidade jurídica no processo falimentar.
>
> Enunciado n. 248: Quando a desconsideração da personalidade jurídica for requerida na petição inicial, incumbe ao sócio ou a pessoa jurídica, na contestação, impugnar não somente a própria desconsideração, mas também os demais pontos da causa."

Capítulo 8

Efetividade e Celeridade da Tutela Jurisdicional

O NCPC arrola diversos poderes do juiz, com o objetivo de se alcançar a efetiva, célere e justa prestação jurisdicional.

Nesse contexto, merece ser destacado o seu art. 4º, ao prever que as partes têm direito de obter em prazo razoável a solução integral do mérito, incluída a atividade satisfativa. Este artigo também reforça a ideia de processo sincrético ao reconhecer que a atividade jurisdicional não se limita ao reconhecimento do direito, mas abrange também sua satisfação. Decorre do direito à prestação jurisdicional célere a sanabilidade dos atos processuais defeituosos.

Em outras palavras, o acesso à justiça deve ser integral, em tempo razoável, com a efetiva satisfação do direito material, incluindo, portanto, a execução ou o cumprimento da sentença.

Trata-se, destarte, de determinação em harmonia com o art. 5º, inciso LXXVIII, da Constituição da República, incluído pela Emenda Constitucional n. 45/2004, no sentido de que "a todos, no âmbito judicial e administrativo, são assegurados *a razoável duração do processo* e os meios que garantam a *celeridade de sua tramitação*".

De salientar o disposto no Código de Processo Civil de Portugal de 2013, no mesmo sentido que o NCPC:

"*ART. 2º GARANTIA DE ACESSO AOS TRIBUNAIS*

1 — A proteção jurídica por meio dos tribunais implica o direito de obter, em prazo razoável, uma decisão judicial que aprecie, com força de caso julgado, a pretensão regularmente deduzida em juízo, bem como a possibilidade de a fazer executar."

Ainda quanto ao tema, o art. 139 do novo CPC determina que o juiz deve dirigir o processo conforme as disposições desse diploma legal, incumbindo-lhe:

I — assegurar às partes igualdade de tratamento;

II — velar pela duração razoável do processo;

III — prevenir ou reprimir qualquer ato contrário à dignidade da justiça e indeferir postulações meramente protelatórias;

IV — determinar todas as medidas indutivas, coercitivas, mandamental ou sub-rogatórias necessárias para assegurar o cumprimento de ordem judicial, inclusive nas ações que tenham por objeto prestação pecuniária:

V — promover, a qualquer tempo, a autocomposição, preferencialmente com auxílio de conciliadores e mediadores judiciais;

VI — dilatar os prazos processuais e alterar a ordem de produção dos meios de prova, adequando-os às necessidades do conflito de modo a conferir maior efetividade à tutela do direito;

VII — exercer o poder de polícia, requisitando, quando necessário, força policial, além da segurança interna dos fóruns e tribunais;

VIII — determinar, a qualquer tempo, o comparecimento pessoal das partes, para inquiri-las sobre os fatos da causa, hipótese em que não incidirá a pena de confesso;

IX — determinar o suprimento de pressupostos processuais e o saneamento de outros vícios processuais;

X — quando se deparar com diversas demandas individuais repetitivas, oficiar o Ministério Público, a Defensoria Pública e, na medida do possível, outros legitimados a que se referem os arts. 5º da Lei n. 7.347, de 24 de julho de 1985, e 82 da Lei n. 8.078, de 11 de setembro de 1990, para, se for o caso, promover a propositura da ação coletiva respectiva.

Neste dispositivo destacam-se: o inciso V, que destaca o papel dos conciliadores e mediadores judiciais na obtenção da autocomposição; o inciso VI, que trata da possibilidade da adequação do procedimento em função das peculiaridades do direito material discutido; o inciso IX, que evidencia preocupação com a instrumentalidade do processo.

Esclareça-se que a dilação de prazo (art. 139, inciso VI, acima apontado) somente pode ser determinada antes do encerramento do prazo regular.

De outro turno, é importante alinhavar o comando do art. 8º do novo CPC, no sentido de que, ao aplicar o ordenamento jurídico, o juiz deve atender aos fins sociais e às exigências do bem comum (como já previa o art. 5º da Lei de Introdução às Normas do Direito Brasileiro), resguardando e promovendo a dignidade da pessoa humana e observando a proporcionalidade, a razoabilidade, a legalidade, a publicidade e a eficiência. Há, em verdade, um aprimoramento da redação dos arts. 4º e 5º da Lei de Introdução às Normas de Direito Brasileiro.

Destaque-se que, nada obstante imparcial, o juiz não pode restar alheio às situações processuais, sendo-lhe *mister* garantir os valores do devido processo legal às partes. Nessa perspectiva constitucional, o juiz não pode ser mero espectador no processo; ao contrário, deve ser sujeito com participação ativa, voltada à consecução dos valores constitucionais — processuais. O juiz atua de forma paritária e em colaboração com as partes, delas se distanciando no momento de decidir a causa.

Interessante aqui apontar os dizeres do Código de Processo Civil de Portugal de 2013:

"ART. 6º DEVER DE GESTÃO PROCESSUAL

1 — Cumpre ao juiz, sem prejuízo do ônus de impulso especialmente imposto pela lei às partes, dirigir ativamente o processo e providenciar pelo seu andamento célere, promovendo oficiosamente as diligências necessárias ao normal prosseguimento da ação, recusando o que for impertinente ou meramente dilatório e, ouvidas as partes, adotando mecanismos de simplificação e agilização processual que garantam a justa composição do litígio em prazo razoável.

2 — O juiz providencia oficiosamente pelo suprimento da falta de pressupostos processuais suscetíveis de sanação, determinando a realização dos atos necessários à regularização da instância ou, quando a sanação dependa de ato que deva ser praticado pelas partes, convidando estas a praticá-lo.

ART. 7º PRINCÍPIO DA COOPERAÇÃO

1 — Na condução e intervenção no processo, devem os magistrados, os mandatários judiciais e as próprias partes cooperar entre si, concorrendo para se obter, com brevidade e eficácia, a justa composição do litígio.

2 — O juiz pode, em qualquer altura do processo, ouvir as partes, seus representantes ou mandatários judiciais, convidando-os a fornecer os esclarecimentos sobre a matéria de facto ou de direito que se afigurem pertinentes e dando-se conhecimento à outra parte dos resultados da diligência."

Capítulo 9

A Ética no Processo

As partes devem atuar na relação processual com *lealdade*, respeitando os preceitos da *ética* e da *boa-fé*.

Assim, as partes, bem como todos aqueles que de qualquer forma participam do processo, têm o dever de proceder com lealdade e boa-fé. Ou seja, há a necessidade de que o processo civil se desenvolva pautado na observância da probidade em todas as suas fases, bem como em todos os seus atos.

De acordo com o art. 5º do novo Código de Processo Civil, aquele que de qualquer *forma* participa do processo deve comportar-se de acordo com a boa-fé.

Importa destacar os dizeres do Código de Processo Civil de Portugal de 2013, o qual estabelece que:

"ART. 8º DEVER DE BOA-FÉ PROCESSUAL

As partes devem agir de boa-fé e observar os deveres de cooperação resultantes do preceituado no artigo anterior.

ART. 9º DEVER DE RECÍPROCA CORREÇÃO

1 — Todos os intervenientes no processo devem agir em conformidade com um dever de recíproca correção, pautando-se as relações entre advogados e magistrados por um especial dever de urbanidade.

2 — Nenhuma das partes deve usar, nos seus escritos ou alegações orais, expressões desnecessária ou injustificadamente ofensivas da honra ou do bom nome da outra, ou do respeito devido às instituições."

Aduza-se que os desvios de comportamento no curso do processo são sancionados como forma de prevenir e punir a litigância de má-fé.

Já decidiu o STF que:

"O ordenamento jurídico brasileiro repele práticas incompatíveis com o postulado ético-jurídico da lealdade processual. O processo não pode ser manipulado para viabilizar o abuso de direito, pois essa é uma ideia que se revela frontalmente contrária ao dever de probidade que se impõe à observância das partes.

O litigante de má-fé — trate-se de parte pública ou de parte privada — deve ter a sua conduta sumariamente repelida pela atuação jurisdicional dos juízes e dos tribunais, que não podem tolerar o abuso processual como prática descaracterizadora da essência ética do processo." (STF. 2ª T. AI 802783 ED-ED-AgR. Rel. Min. Celso de Mello. J. 19.4.2011)

"A mera interposição de recurso não basta, só por si, para autorizar a formulação, contra a parte recorrente, de um juízo de transgressão ao postulado da lealdade processual. Não se presume o caráter malicioso, procrastinatório ou fraudulento da conduta processual da parte que recorre, salvo se se demonstrar, quanto a ela, de modo inequívoco, que houve abuso do direito de recorrer. Comprovação inexistente na espécie." (STF. 2ª T. AI 467843 AgR. Rel. Min. Celso de Mello. J. 21.2.2006)

Dessarte, são deveres das partes, de seus procuradores e de quem de qualquer forma participe do processo, nos precisos termos do art. 77 do NCPC:

I — expor os fatos em juízo conforme a verdade;

II — não formular pretensão ou de apresentar defesa quando cientes de que são destituídas de fundamento;

III — não produzir provas e não praticar atos inúteis ou desnecessários à declaração ou à defesa do direito;

IV — cumprir com exatidão as decisões jurisdicionais, de natureza provisória ou final, e não criar embaraços à sua efetivação;

V — declinar, no primeiro momento que lhes couber falar nos autos o endereço, residencial ou profissional onde receberão intimações, atualizando essa informação sempre que ocorrer qualquer modificação temporária ou definitiva;

VI — não praticar inovação ilegal no estado de fato de bem ou direito litigioso.

O preceptivo disciplina, assim, *a probidade e a lealdade processuais*, as quais podem ser consideradas verdadeiros pré-requisitos para a prestação jurisdicional de forma satisfatória.

Nas hipóteses dos incisos IV e VI *supra*, cabe ao juiz advertir qualquer das pessoas mencionadas no *caput* do art. 77 do CPC de que sua conduta pode ser punida como ato atentatório à dignidade da justiça (art. 77, § 1º, do CPC).

Interessante registrar o que o Código de Processo Civil do Uruguai dispõe sobre boa-fé processual:

"Artículo 5º.

Buena Fe y lealtad procesal. Las partes, sus representantes o asistentes y, en general, todos los partícipes del proceso, ajustarán su conducta a la dignidad de la Justicia, al respecto que se deben los litigantes y a la lealtad y buena fe.

El tribunal deberá impedir el fraude procesal, la colusión y cualquier otra conducta ilícita o dilatoria."

O Código de Processo civil do Peru, por sua vez, estabelece o seguinte sobre boa-fé processual:

"Artículo 109. Deberes de las partes, Abogados y apoderados.

Son deberes de las partes, Abogados y apoderados:

1. Proceder con veracidad, probidad, lealtad y buena fe en todos sus actos e intervenciones em el proceso;

2. No actuar temerariamente en el ejercicio de sus derechos procesales;

3. Abstenerse de usar expresiones descomedidas o agraviantes en sus intervenciones;

4. Guardar el debido respeto al Juez, a las partes y a los auxiliares de justicia;

5. Concurrir ante el Juez cuando este los cite y acatar sus órdenes en las actuaciones judiciales; y

6. Prestar al Juez su diligente colaboración para las actuaciones procesales, bajo apercibimiento de ser sancionados por inconducta con una multa no menor de tres ni mayor de cinco Unidades de Referencia Procesal.

Artículo 110. Responsabilidad patrimonial de las partes, sus Abogados, sus apoderados y los terceros legitimados.

Las partes, sus Abogados, sus apoderados y los terceros legitimados responden por los perjuicios que causen con sus actuaciones procesales temerarias o de mala fe. Cuando en el proceso aparezca la prueba de tal conducta, el Juez, independientemente de las costas que correspondan, impondrá una multa no menor de cinco ni mayor de veinte Unidades de Referencia Procesal.

Cuando no se pueda identificar al causante de los perjuicios, la responsabilidad será solidaria.

Artículo 111.- Responsabilidad de los Abogados.

Además de lo dispuesto en el artículo 110, cuando el Juez considere que el Abogado actúa o ha actuado con temeridad o mala fe, remitirá copia de las actuaciones respectivas a la Presidencia de la Corte Superior, al Ministerio Público y al Colegio de Abogados correspondiente, para las sanciones a que pudiera haber lugar.

Artículo 112. Temeridad o mala fe.

Se considera que ha existido temeridad o mala fe en los siguientes casos:

1. Cuando sea manifiesta la carencia de fundamento jurídico de la demanda, contestación o medio impugnatorio;

2. Cuando a sabiendas se aleguen hechos contrarios a la realidad;

3. Cuando se sustrae, mutile o inutilice alguna parte del expediente;

4. Cuando se utilice el proceso o acto procesal para fines claramente ilegales o con propósitos dolosos o fraudulentos;

5. Cuando se obstruya la actuación de medios probatorios; y

6. Cuando por cualquier medio se entorpezca reiteradamente el desarrollo normal del proceso.

7. Cuando por razones injustificadas las partes no asisten a la audiencia generando dilación."

Por sua vez, o Código de Processo Civil de Honduras reza sobre boa-fé processual:

"Artículo 6. BUENA FE, CONDUCTA Y EJERCICIO DE LA VÍA PROCESAL

ADECUADA.

1. Las partes, los profesionales del derecho que les asistan y representen procesalmente y, en general, todos los partícipes en el proceso adecuarán su conducta a la veracidad, probidad, lealtad y buena fe procesales.

2. El órgano jurisdiccional hará uso de su poder para prevenir o sancionar cualquier acción u omisión contrarias al orden o a los principios del proceso. Rechazará cualquier solicitud, petición o acto que implique una dilación manifiesta o impertinente del litigio, o cuando cualquiera de las partes o ambas se sirvan del proceso para realizar un acto simulado o para perseguir un fin contrario a la ley.

3. El abuso de los derechos de acción y defensa, se sancionará, además de la condena en costas, con el resarcimiento de los daños y perjuicios que hubiera causado el infractor."

O ultraje ao disposto nos incisos IV e VI do art. 77 do NCPC constitui *ato atentatório à dignidade da justiça,* devendo o magistrado, sem prejuízo das sanções criminais, civis e processuais cabíveis, aplicar ao responsável multa de até vinte por cento do valor da causa, de acordo com a gravidade da conduta (art. 77, § 2º, do CPC).

Trata-se da figura denominada *contempt of court* (ato atentatório à dignidade da justiça) no mesmo sentido do que também estabelece o art. 792 do CPC, representando desrespeito ao próprio poder jurisdicional, exercido pelo Estado-Juiz, e não somente à parte adversa.

Segundo o STJ:

"A multa processual prevista no *caput* do art. 14 do CPC difere da multa cominatória prevista no art. 461, § 4º e 5º, vez que a primeira tem natureza punitiva, enquanto a segunda tem natureza coercitiva a fim de compelir o devedor a realizar a prestação determinada pela ordem judicial. Os valores da multa cominatória não revertem para a Fazenda Pública, mas para o credor, que faz jus independente do recebimento das perdas e danos." (STJ. 1ª T. REsp 770.753. Min. Luiz Fux. j. 27.2.2007)

Note-se que o instituto do *contempt of court* tutela o exercício da atividade jurisdicional, nos países da *common law*, e existe desde os tempos da lei da terra. Cumpre advertir que a expressão *common law*, ou direito comum à toda comunidade, não merece tratamento uniforme na América e no Reino Unido. E isso porque a América se organizou na forma de Federação, competindo aos Estados legislar sobre direito material e processual. Conquanto subordinado esse direito estadual à Constituição, a rigor inexiste uma "lei comum" na América. Como quer que seja, o poder de *contempt of court*, reconhecido aos órgãos judiciários, nesses países, consiste no meio de coagir à cooperação, ainda que de modo indireto, por meio da aplicação de sanções às pessoas sujeitas à jurisdição.

Registre-se, por oportuno, que *Contempt of court* consiste no comportamento de alguém ignorar a autoridade do órgão judiciário. É ofensa à corte de justiça ou à pessoa que recebeu a delegação do poder soberano de julgar. É desobediência à corte, por meio de franca oposição ou de desdenho à autoridade, ou dignidade, ou de justiça da corte. Frequentemente, consiste em uma das partes fazer o que entender mais conveniente para si, ou em não fazer o que lhe foi ordenado, comandado ou requerido por meio de um decreto, uma ordem ou um processo. É a ofensa ao órgão judiciário ou à pessoa do juiz, que recebeu o poder de julgar do povo, comportando-se a parte conforme suas conveniências, sem respeitar a ordem emanada da autoridade judicial.

Demais disso, diante da sua extrema gravidade, fica o magistrado investido do poder de "aplicar ao responsável multa de até vinte por cento do valor da causa". De lembrar que essa multa pode ser fixada de modo periódico também. A multa pode ser, por exemplo, de valor diário de até 20% do valor da causa atualizado.

Aduza-se que, nos termos do art. 139, inciso III, do novo CPC, o juiz deve dirigir o processo conforme as disposições do Código de Processo Civil, incumbindo-lhe prevenir ou reprimir qualquer ato contrário à dignidade da justiça e indeferir postulações meramente protelatórias.

O art. 334 do NCPC prevê que, se a petição inicial preencher os requisitos essenciais e não for o caso de improcedência liminar do pedido, o juiz deverá designar *audiência de conciliação ou de mediação* com antecedência mínima de trinta dias, devendo ser citado o réu com pelo menos vinte dias de antecedência.

O não comparecimento injustificado do autor ou do réu à audiência de conciliação é considerado *ato atentatório à dignidade da justiça* e deve ser sancionado com multa de até dois por cento da vantagem econômica pretendida ou do valor da causa, revertida em favor da União ou do Estado (art. 334, § 8º, do NCPC).

Na execução, o magistrado pode, em qualquer momento do feito: a) ordenar o comparecimento das partes; b) advertir o executado de que seu procedimento constitui *ato atentatório à dignidade da justiça;* c) determinar que sujeitos indicados pelo exequente forneçam informações em geral relacionadas ao objeto da execução, tais como documentos e dados que tenham em seu poder, assinando-lhes prazo razoável (art. 772, III, do CPC).

Ainda na execução, nos termos do art. 774 do CPC, considera-se atent*atória à dignidade da justiça* a conduta comissiva ou omissiva do executado que: a) frauda a execução; b) opõe-se maliciosamente à execução, empregando ardis e meios artificiosos; c) dificulta ou embaraça a realização da penhora; d) resiste injustificadamente às ordens judiciais; e) intimado, não indica ao juiz quais são e onde estão os bens sujeitos à penhora e seus respectivos valores, não exibe prova de sua propriedade e, se for o caso, certidão negativa de ônus.

Nas hipóteses descritas anteriormente, o magistrado deve fixar multa ao executado em montante não superior a vinte por cento do valor atualizado do débito em execução, a qual será revertida em proveito do exequente, exigível na própria execução, sem prejuízo de outras sanções de natureza processual ou material.

Cabe esclarecer que a cobrança de multa ou de indenizações decorrentes de *litigância de má-fé* ou de prática de *ato atentatório à dignidade da justiça* deve ser promovida no próprio processo (ou fase) de execução, nos dizeres precisos do art. 777 do CPC.

Frise-se que se considera *ato atentatório à dignidade da justiça* a suscitação infundada de vício com o objetivo de ensejar a desistência do arrematante, que será condenado, sem prejuízo da responsabilidade por perdas e danos, ao pagamento de multa, a ser fixada pelo juiz e devida ao exequente, em montante não superior a vinte por cento do valor atualizado do bem.

Igualmente, considera-se *conduta atentatória à dignidade da justiça* o oferecimento de embargos à execução manifestamente protelatórios.

Não sendo paga no prazo fixado pelo juiz, a multa prevista no art. 77, § 2º, do CPC deve ser inscrita como dívida ativa da União ou do Estado após o trânsito em julgado da decisão que a fixou, e sua execução observará o procedimento da execução fiscal, revertendo-se ao fundo previsto no art. 97 do NCPC.[3]

A dita multa (art. 77, § 2º, do CPC) pode ser fixada independentemente da incidência das previstas nos arts. 523, § 1º[4], e 536[5] do CPC.

Quando o valor da causa for irrisório ou inestimável, a multa estampada acima (art. 77, § 2º, do CPC) pode ser fixada em até dez vezes o valor do salário mínimo (art. 77, § 5º, do CPC).

Aos advogados públicos ou privados e aos membros da Defensoria Pública e do Ministério Público não se aplica o disposto nos §§ 2º a 5º do art. 77 do CPC, antes indicados, devendo eventual responsabilidade disciplinar ser apurada pelo respectivo órgão de classe ou corregedoria, ao qual o juiz deve oficiar (art. 77, § 6º, do CPC).

Reconhecida violação ao disposto no inciso VI do art. 77 do Código de Processo Civil (não praticar inovação ilegal no estado de fato de bem ou direito litigioso), o magistrado deve determinar o restabelecimento do estado anterior, podendo, ainda, proibir a parte de falar nos autos até a purgação do atentado, sem prejuízo da aplicação do § 2º do art. 77 do CPC, supramencionado.

Cabe apontar que o representante judicial da parte (ou seja, o seu advogado ou procurador) não pode ser compelido a cumprir decisão em sua substituição (art. 77, § 8º, do CPC).

Além dos deveres enumerados no art. 77 do novo CPC, já analisados, nos termos do art. 379 do mesmo diploma legal, preservado o direito de não produzir prova contra si própria, incumbe à parte: a) comparecer em juízo, respondendo ao que lhe for interrogado; b) colaborar com o juízo na realização de inspeção judicial que for considerada necessária; c) praticar o ato que lhe for determinado.

---

(3) "Art. 97. A União e os Estados podem criar fundos de modernização do Poder Judiciário, aos quais serão revertidos os valores das sanções pecuniárias processuais destinadas à União e aos Estados, e outras verbas previstas em lei."

(4) "Art. 523. No caso de condenação em quantia certa, ou já fixada em liquidação, e no caso de decisão sobre parcela incontroversa, o cumprimento definitivo da sentença far-se-á a requerimento do exequente, sendo o executado intimado para pagar o débito, no prazo de quinze dias, acrescido de custas, se houver. § 1º Não ocorrendo pagamento voluntário no prazo do *caput*, o débito será acrescido de multa de dez por cento e, também, de honorários de advogado de dez por cento."

(5) "Art. 536. No cumprimento da sentença que reconheça a exigibilidade de obrigação de fazer ou de não fazer, o juiz poderá, de ofício ou a requerimento, para a efetivação da tutela específica ou a obtenção de tutela pelo resultado prático equivalente, determinar as medidas necessárias à satisfação do exequente.

§ 1º Para atender ao disposto no *caput*, o juiz poderá determinar, entre outras medidas, a imposição de multa, a busca e apreensão, a remoção de pessoas e coisas, o desfazimento de obras e o impedimento de atividade nociva, podendo, caso necessário, requisitar o auxílio de força policial."

Incumbe ao terceiro, por sua vez, em relação a qualquer causa (art. 380 do CPC): a) informar ao juiz os fatos e as circunstâncias de que tenha conhecimento e b) exibir coisa ou documento que esteja em seu poder.

O magistrado pode, em caso de descumprimento dos deveres anteriormente indicados, do terceiro, determinar, além da imposição de multa, outras medidas coercitivas ou sub-rogatórias.

Ademais, é proibido às partes, a seus procuradores, aos juízes, aos membros do Ministério Público e da Defensoria Pública e a qualquer pessoa que participe do processo empregar expressões ofensivas nos escritos apresentados (art. 78 do CPC).

Já decidiu o STF que:

"A providência prevista no art. 15 do CPC prescinde do contraditório, ainda que ocorra mediante provocação de uma das partes. Partes, representantes processuais, membros do Ministério Público e magistrados devem-se respeito mútuo. A referência a expressões injuriosas contidas no art. 15 do CPC compreende o uso de todo e qualquer vocábulo que discrepe dos padrões costumeiros, atingindo as raias da ofensa." (STF. Pleno. ADI n. 1.231 AgR, Rel. Min. Marco Aurélio. J. 28.3.1996)

Quando expressões ou condutas ofensivas forem manifestadas oral ou presencialmente, o juiz deve advertir o ofensor de que não as deve usar ou repetir, sob pena de lhe ser cassada a palavra.

De ofício ou a requerimento do ofendido, o juiz deve determinar que as expressões ofensivas sejam riscadas e, a requerimento do ofendido, deve determinar a expedição de certidão com inteiro teor das expressões ofensivas e a colocar à disposição da parte interessada.

Ainda quanto ao tema, responde por perdas e danos aquele que *litigar de má-fé* como autor, réu ou interveniente (art. 79 do novo CPC).

Como se pode divisar, a responsabilidade pela litigância de má-fé não se restringe ao autor e ao réu, mas também alcança o interveniente no processo, como nas hipóteses de intervenção de terceiros.

Outrossim, essa responsabilidade, de acordo com a previsão legal, é da parte (ou do interveniente), e não do advogado propriamente. O que pode ocorrer é eventual direito de regresso da parte, exercido em face do advogado que agiu com dolo ou culpa (Lei n. 8.906/1994, art. 32, *caput*), dando causa à responsabilidade daquela.

Na realidade, consoante a Lei n. 8.906/1994, art. 32, parágrafo único, especificamente em "caso de *lide temerária*, o advogado será solidariamente responsável com seu cliente, desde que coligado com este para lesar a parte contrária, o que será apurado em ação própria". Logo, essa responsabilidade solidária deve ser objeto de ação diversa, e não na mesma ação em que houve a condenação da parte na litigância de má-fé.

Considera-se *litigante de má-fé* aquele que: a) deduzir pretensão ou defesa contra texto expresso de lei ou fato incontroverso; b) alterar a verdade dos fatos; c) usar do processo para conseguir objetivo ilegal; d) opuser resistência injustificada ao andamento do processo; e) proceder de modo temerário em qualquer incidente ou ato do processo; f) provocar incidente manifestamente infundado; g) interpuser recurso com intuito manifestamente protelatório.

Nas situações relacionadas, de ofício ou a requerimento, o juiz deve condenar o litigante de má-fé a pagar multa, que deve ser superior a um por cento e inferior a dez por cento do valor corrigido da causa, e a indenizar a parte contrária pelos prejuízos que esta sofreu, além de honorários advocatícios e de todas as despesas que efetuou (art. 81 do CPC).

Quando forem dois ou mais os litigantes de má-fé, o magistrado deve condenar cada um na proporção de seu respectivo interesse na causa ou solidariamente aqueles que se coligaram para lesar a parte contrária.

O valor da indenização deve ser fixado pelo juiz, ou, caso não seja possível mensurá-la, liquidado por arbitramento ou pelo procedimento comum, nos próprios autos.

Quando o valor da causa for irrisório ou inestimável, a multa poderá ser fixada em até dez vezes o valor do salário mínimo.

Cabe às partes respeitar os deveres previstos em lei, atuando com ética e boa-fé, e ao juiz, nas hipóteses de litigância de má-fé, aplicar, inclusive de ofício, as penalidades dela decorrentes, com finalidade sancionatória e também pedagógica, servindo como exemplo para evitar a repetição de condutas semelhantes, mesmo em outros feitos.

Mesmo se a parte tiver direito à justiça gratuita, se praticar atos atentatórios à dignidade da justiça, ou agir em litigância de má-fé, as respectivas sanções deverão ser aplicadas, pois o benefício da gratuidade processual, evidentemente, não afasta a necessidade de observância das mencionadas determinações processuais, nem isenta do pagamento das penalidades decorrentes.

Nesse sentido, nos termos do art. 98, § 4º, do novo CPC, a concessão da gratuidade não afasta o dever de o beneficiário pagar, ao final, as multas processuais que lhe sejam impostas.

Mais recentemente, também se reconhece o *assédio processual*, entendido como a prática reiterada de atos reprováveis no curso do processo, com o fim de prejudicar, desestabilizar, desestimular, pressionar, intimidar a outra parte, acarretando desgaste, protelação e tumulto processual, o que acaba gerando violação à dignidade da parte prejudicada.

O assédio processual, portanto, não se confunde com a litigância de má-fé ou com o ato atentatório à dignidade da justiça, as quais são disciplinadas expressamente na lei processual, com sanções próprias específicas. O assédio processual, diversamente, pode causar danos morais à parte atingida, gerando direito à respectiva indenização, a qual pode ser fixada nos próprios autos, pelo juiz, conforme as peculiaridades do caso concreto.

Capítulo 10

Algumas Palavras sobre Cooperação Judicial

O novo Código de Processo Civil regula a cooperação judicial nacional e a cooperação jurídica internacional.

Procura-se, com isso, a celeridade na prática de atos processuais, no caso, por outros órgãos judiciais, distintos daquele que conduz o feito, uma vez que necessários ao regular andamento processual e à solução jurisdicional do conflito, alcançando-se, assim, a efetividade na prestação jurisdicional.

10.1. Cooperação nacional

Acerca da *cooperação nacional,* ou seja, dentro do território brasileiro, o art. 67 do NCPC preceitua que aos órgãos do Poder Judiciário, estadual ou federal, especializado ou comum, em todas as instâncias e graus de jurisdição, inclusive aos tribunais superiores, incumbe o *dever de recíproca cooperação,* por meio de seus magistrados e servidores.

Segundo o art. 68 do novel CPC, os juízos podem formular, entre si, pedido de cooperação para prática de qualquer ato processual.

Frise-se que o pedido de cooperação jurisdicional deve ser prontamente atendido, prescinde de forma específica e pode ser executado como: a) auxílio direto; b) reunião ou apensamento de processos; c) prestação de informações; d) atos concertados entre os juízes cooperantes.

As cartas de ordem, precatória e arbitral devem seguir o regime previsto no Código de Processo Civil (arts. 260 a 268).

Os *atos concertados entre os juízes cooperantes* podem consistir, além de outros, no estabelecimento de procedimento para: a) a prática de citação, intimação ou notificação de ato; b) a obtenção e apresentação de provas e a coleta de depoimentos; c) a efetivação de tutela provisória; d) a efetivação de medidas e providências para recuperação e preservação de empresas; e) facilitar a habilitação de créditos na falência e na recuperação judicial; f) a centralização de processos repetitivos; g) a execução de decisão jurisdicional.

O pedido de cooperação judiciária também pode ser realizado entre órgãos jurisdicionais de diferentes ramos do Poder Judiciário.

Enunciados do Fórum Permanente de Processualistas Civis destacam que:

"Enunciado n. 4: A carta arbitral tramitará e será processada no Poder Judiciário de acordo com o regime previsto no Código de Processo Civil, respeitada a legislação aplicável.

Enunciado n. 5: O pedido de cooperação jurisdicional poderá ser realizado também entre o árbitro e o Poder Judiciário."

10.2. *Cooperação internacional*

A necessidade de cooperação jurídica entre os Estados se faz oportuna, uma vez que, mesmo com um conjunto de normas jurídicas internas, ainda assim estas se mostram insuficientes para a solução de uma controvérsia. Em razão disto, recorre-se a outros Estados por meio de sua jurisdição com o intuito de buscar ajuda mútua no âmbito internacional.

A Cooperação Jurídica Internacional pressupõe cooperação entre os Estados, uma vez que estes são obrigados, às vezes, a abdicar de sua soberania, de sua individualidade, em favor da coletividade. Tal dispositivo baseia-se nos princípios da solidariedade e da dignidade da pessoa humana, além do entendimento da cooperação entre os povos.

Hodiernamente, com o aumento do número de pessoas, da mídia, da internet e dos bens de consumo, torna-se de extrema importância a cooperação jurídica mútua entre os Estados. Desta forma, é inevitável que se crie uma série de políticas públicas que não poderiam ser efetivamente implementadas sem o envolvimento de outros países e que, consequentemente, para a solução dos conflitos entre os Estados, passam a enfrentar situações nas quais necessitam de maior cooperação para o exercício regular da prestação jurisdicional.

A Cooperação Jurídica Internacional pode ser classificada nas modalidades ativa e passiva, de acordo com a posição de cada um dos Estados cooperantes. A cooperação será ativa quando um Estado (requerente) formular a outro (requerido) um pedido de assistência jurídica; a cooperação, por outro lado, será passiva quando um Estado (requerido) receber do outro (requerente) um pedido de cooperação.

Ainda no tocante à classificação, a cooperação jurídica internacional pode ocorrer em matéria penal ou em matéria civil, a depender da natureza do processo ou procedimento em trâmite no Estado requerente.

Importante distinguir a cooperação jurídica da jurisdicional. E esta ocorre quando um ato de natureza jurisdicional é reclamado do Estado cooperante, ao passo que naquela a cooperação demandada não envolve necessariamente a intervenção do Poder Judiciário, requerendo somente atividade administrativa.

Demais disso, o novo Código de Processo Civil, no art. 26, dispõe que a cooperação jurídica internacional deve ser regida por tratado do qual o Brasil seja parte e observar: a) o respeito às garantias do devido processo legal no Estado requerente; b) a igualdade de tratamento entre nacionais e estrangeiros, residentes ou não no Brasil, em relação ao acesso à justiça e à tramitação dos processos, assegurando-se assistência judiciária aos necessitados; c) a publicidade processual, exceto nas hipóteses de sigilo previstas na legislação brasileira ou na do Estado requerente; d) a existência de autoridade central para recepção e transmissão dos pedidos de cooperação; e) a espontaneidade na transmissão de informações a autoridades estrangeiras.

Na ausência de tratado, a cooperação jurídica internacional pode ser realizada com base em reciprocidade, manifestada por via diplomática.

Contudo, não se exige essa reciprocidade para a homologação de sentença estrangeira.

Na cooperação jurídica internacional não é admitida a prática de atos que contrariem ou que produzam resultados incompatíveis com as normas fundamentais que regem o Estado brasileiro.

O Ministério da Justiça exerce as funções de autoridade central na ausência de designação específica.

Anote-se que a cooperação jurídica internacional pode ter por objeto: a) citação, intimação e notificação judicial e extrajudicial; b) colheita de provas e obtenção de informações; c) homologação e cumprimento de decisão; d) concessão de medida judicial de urgência; e) assistência jurídica internacional; f) qualquer outra medida judicial ou extrajudicial não proibida pela lei brasileira.

Estipula o art. 28 do novo CPC que é cabível auxílio direto quando a medida não decorrer diretamente de decisão de autoridade jurisdicional estrangeira a ser submetida a juízo de deliberação no Brasil.

A solicitação de auxílio direto deve ser encaminhada pelo órgão estrangeiro interessado à autoridade central, na forma estabelecida em tratado, cabendo ao Estado requerente assegurar a autenticidade e a clareza do pedido.

Além dos casos previstos em tratados de que o Brasil seja parte, o auxílio direto pode ter os seguintes objetos: a) obtenção e prestação de informações sobre o ordenamento jurídico e sobre processos administrativos ou jurisdicionais findos ou em curso; b) colheita de provas, salvo se a medida for adotada em processo, em curso no estrangeiro, de competência exclusiva de autoridade judiciária brasileira; c) qualquer outra medida judicial ou extrajudicial não proibida pela lei brasileira.

A autoridade central brasileira deve se comunicar diretamente com as suas congêneres e, se necessário, com outros órgãos estrangeiros responsáveis pela tramitação e pela execução de pedidos de cooperação enviados e recebidos pelo Estado brasileiro, respeitadas as disposições específicas constantes de tratado.

No caso de auxílio direto para a prática de atos que, segundo a lei brasileira, não necessitem de prestação jurisdicional, a autoridade central deve adotar as providências necessárias para seu cumprimento.

Recebido o pedido de auxílio direto passivo, a autoridade central deve encaminhá-lo à Advocacia-Geral da União, que requererá em juízo a medida solicitada.

O Ministério Público deve requerer em juízo a medida solicitada quando for autoridade central.

Compete ao juízo federal (do lugar em que deva ser executada a medida) apreciar pedido de *auxílio direto passivo* que demande prestação de atividade jurisdicional.

De todo modo, quanto à temática, o art. 237, inciso II, do novo CPC reza expressamente que deve ser expedida *carta rogatória* para que o "órgão jurisdicional estrangeiro pratique ato de cooperação jurídica internacional, relativo a processo em curso perante órgão jurisdicional brasileiro".

A Constituição da República, no art. 105, inciso I, *i*, prevê que compete ao Superior Tribunal de Justiça processar e julgar, originariamente, a homologação de sentenças estrangeiras e a concessão de *exequatur* às cartas rogatórias.

O procedimento da carta rogatória perante o Superior Tribunal de Justiça é *de jurisdição contenciosa* e deve assegurar às partes as garantias do devido processo legal (art. 36 do CPC).

A defesa deve se restringir à discussão quanto ao atendimento dos requisitos para que o pronunciamento judicial estrangeiro produza efeitos no Brasil.

Em qualquer hipótese, é vedada a revisão do mérito do pronunciamento judicial estrangeiro pela autoridade judiciária brasileira.

O pedido de cooperação jurídica internacional que seja *oriundo de autoridade brasileira competente* deve ser encaminhado à autoridade central para posterior envio ao Estado requerido para lhe dar andamento.

O pedido de cooperação oriundo de autoridade brasileira competente e os documentos anexos que o instruem devem ser encaminhados à autoridade central, acompanhados de tradução para a língua oficial do Estado requerido.

Cumpre explicitar que o *pedido passivo de cooperação jurídica internacional* deve ser recusado se configurar manifesta ofensa à ordem pública.

Conforme o art. 40 do novo CPC, a cooperação jurídica internacional para execução de decisão estrangeira deve se dar por meio *de carta rogatória* ou de *ação de homologação de sentença estrangeira*, de acordo com o art. 960 do CPC.

Considera-se autêntico o documento que instruir pedido de cooperação jurídica internacional, inclusive tradução para a língua portuguesa, quando encaminhado ao Estado brasileiro por meio de autoridade central ou por via diplomática, *dispensando-se ajuramentação, autenticação ou qualquer procedimento de legalização*.

Entretanto, o contido *supra* não impede, quando necessária, a aplicação pelo Estado brasileiro do princípio da reciprocidade de tratamento.

Capítulo 11
Impedimento e Suspeição

A *imparcialidade do juiz*, embora não se confunda com neutralidade, é considerada pressuposto processual de natureza subjetiva, sendo essencial para a concretização da ordem jurídica.

A imparcialidade do magistrado exige a ausência das hipóteses de impedimento e de suspeição.

O *impedimento* envolve situações objetivas de maior gravidade, acarretando a imparcialidade absoluta do juiz.

Isso é afirmado pelo art. 966, inciso II, do novel CPC, o qual prevê o cabimento da ação rescisória no caso de decisão de mérito, transitada em julgado, "proferida por juiz impedido ou por juízo absolutamente incompetente".

Dessa forma, o impedimento gera a nulidade absoluta, estando o juiz proibido de atuar no feito.

Isso revela que o impedimento do juiz, por envolver questão de ordem pública, pode ser alegado a qualquer momento, não incidindo, a seu respeito, a preclusão.

Consoante o art. 144 do novo Código de Processo Civil, há *impedimento do juiz*, sendo-lhe vedado exercer suas funções no processo:

> I — em que interveio como mandatário da parte, oficiou como perito, funcionou como membro do Ministério Público ou prestou depoimento como testemunha;
>
> II — de que conheceu em outro grau de jurisdição, tendo-lhe proferido qualquer decisão;
>
> III — quando nele estiver postulando, como defensor público, advogado ou membro do Ministério Público, seu cônjuge ou companheiro, ou qualquer parente, consanguíneo ou afim, em linha reta ou colateral, até o terceiro grau, inclusive;
>
> IV — quando for parte no processo ele próprio, seu cônjuge ou companheiro, ou parente, consanguíneo ou afim, em linha reta ou colateral, até o terceiro grau, inclusive;

V — quando for sócio ou membro de direção ou de administração de pessoa jurídica parte no processo;

VI — quando for herdeiro presuntivo, donatário ou empregador de qualquer das partes;

VII — em que figure como parte instituição de ensino com a qual tenha relação de emprego ou decorrente de contrato de prestação de serviços;

VIII — em que figure como parte cliente do escritório de advocacia de seu cônjuge, companheiro ou parente, consanguíneo ou afim, em linha reta ou colateral, até o terceiro grau, inclusive, mesmo que patrocinado por advogado de outro escritório;

IX — quando promover ação contra a parte ou seu advogado.

Na hipótese do inciso III, o impedimento só se verifica quando o advogado, defensor público ou membro do Ministério Público já integrava a causa antes do início da atividade judicante do juiz.

É proibida a criação de fato superveniente a fim de caracterizar impedimento do juiz.

O impedimento previsto no inciso III também se verifica no caso de mandato conferido a membro de escritório de advocacia que tenha em seus quadros advogado que individualmente ostente a condição nele prevista, mesmo que não intervenha diretamente no processo.

De acordo com art. 144, inciso VIII, do novo CPC, há impedimento quando alguma das partes é cliente do escritório de advocacia do cônjuge, companheiro ou parente do juiz, até terceiro grau.

Ademais, tendo em vista o trecho final do mencionado dispositivo, mesmo que a referida parte seja representada, no processo em questão, por advogado de outro escritório, o impedimento do juiz se mantém.

Com isso, ainda que, no processo em andamento, o advogado da parte seja de escritório distinto, se essa parte for cliente, em outro caso, do escritório de advocacia de cônjuge, companheiro ou parente do juiz naquele feito, incide a proibição de sua atuação.

A *suspeição*, por seu turno, indica a existência de dúvida quanto à imparcialidade do juiz.

A suspeição é igualmente fundada no princípio do juiz natural, segundo o qual não basta o julgamento por órgão competente, impende haver a imparcialidade. A imparcialidade resulta da própria manifestação do princípio constitucional do Estado Democrático de Direito, imparcialidade da jurisdição, que sequer pode ser arranhada.

Já se decidiu, com base no CPC/73, que:

"Exceção de Suspeição Cível. Arguição de Parcialidade do Juiz. Alegação de que o juiz excepto é devedor em ações de execução propostas pelo banco excipiente. Preliminar. Intempestividade. Improcedência. Mérito. Arguição de Suspeição Configurada. Art. 135, II, do Código de Processo Civil. Exceção conhecida e acolhida. O magistrado se revela suspeito para o julgamento de demandas quando ele próprio figurar como autor em ação dotada dos mesmos fundamentos daquelas postas a sua apreciação e julgamento..." (TJPR. Acórdão 1042469-0. 13ª Câmara Cível. Relator: Desembargador Luís Carlos Xavier. Julgado em 29.5.2013. DJ: 1119, 13.6.2013)

Se a suspeição não for arguida na época própria, ocorrerá a preclusão.

Não é cabível ação rescisória, como ocorre no caso de impedimento. Por isso, a suspeição do juiz acarreta a nulidade relativa do processo, sendo ônus da parte argui-la no processo[6].

---

(6) Cf. GRECO FILHO, Vicente. *Direito processual civil brasileiro*, cit., v. 1, p. 247; GRECO FILHO, Vicente. *Direito processual civil brasileiro*. 20. ed. São Paulo: Saraiva, 2009. v. 2, p. 134-135.

Conforme o art. 145 do novo Código de Processo Civil, haverá *suspeição do juiz:*

I — amigo íntimo ou inimigo de qualquer das partes ou de seus advogados;

II — que receber presentes de pessoas que tiverem interesse na causa antes ou depois de iniciado o processo, que aconselhar alguma das partes acerca do objeto da causa ou que subministrar meios para atender às despesas do litígio;

III — quando qualquer das partes for sua credora ou devedora, de seu cônjuge ou companheiro ou de parentes destes, em linha reta até o terceiro grau, inclusive;

IV — interessado no julgamento do processo em favor de qualquer das partes.

O magistrado pode se declarar suspeito por motivo de foro íntimo, *sem necessidade de declarar suas razões.*

É ilegítima a alegação de suspeição quando: houver sido provocada por quem a alega; a parte que a alega houver praticado ato que signifique manifesta aceitação do arguido.

Não foi prevista como hipótese de suspeição do Magistrado, o desafeto ou amizade entre juiz e advogado de uma das partes. Ora, sabe-se que também entre advogados e juízes existem relações próximas (inclusive, com maior frequência do que relação entre parte-magistrado), que certamente afetam a condição de imparcialidade necessária ao julgador, motivo pelo qual manifestamos crítica ao dispositivo.

11.1. Forma de arguição do impedimento e da suspeição

O novo Código de Processo Civil não prevê mais a apresentação de exceção de impedimento ou de suspeição.

Efetivamente, nos termos do art. 146 do novo CPC, no prazo de quinze dias, a contar do conhecimento do fato, a parte deve alegar o impedimento ou a suspeição, *em petição específica dirigida ao juiz da causa,* na qual deve indicar o fundamento da recusa, podendo instruí-la com documentos em que se fundar a alegação e com rol de testemunhas.

Se reconhecer o impedimento ou a suspeição ao receber a petição, caberá ao magistrado determinar imediatamente a remessa dos autos a seu substituto legal.

Do contrário, deve determinar a autuação em apartado da petição e, no prazo de quinze dias, apresentar as suas razões, acompanhadas de documentos e de rol de testemunhas, se houver, ordenando a remessa do incidente ao tribunal.

Distribuído o incidente, o relator deve declarar os efeitos em que é recebido.

Se o incidente for recebido *sem efeito suspensivo,* o processo deverá voltar a correr.

Se o incidente for recebido *com efeito suspensivo, o* processo deverá permanecer suspenso até o julgamento do incidente.

Nesse diapasão, consoante o art. 313, inciso III, do CPC, suspende-se o processo pela *arguição de impedimento ou suspeição.*

Enquanto não for declarado o efeito em que é recebido o incidente, ou quando este for recebido com efeito suspensivo, a tutela de urgência deve ser requerida ao substituto legal.

Verificando que a alegação de impedimento ou de suspeição é improcedente, o tribunal deve rejeitá-la.

Acolhida a alegação, tratando-se de impedimento ou de manifesta suspeição, deve condenar o juiz nas custas e remeter os autos ao seu substituto legal. Nessa hipótese, o magistrado pode recorrer da decisão.

Reconhecido o impedimento ou a suspeição, o tribunal deve fixar o momento a partir do qual o magistrado não poderia ter atuado.

O tribunal deve decretar a nulidade dos atos do juiz, se praticados quando já presente o motivo de impedimento ou de suspeição. Esclareça-se que, quando dois ou mais magistrados são parentes, consanguíneos ou afins, em linha reta ou colateral, até o terceiro grau, o primeiro que conhece da causa impede que o outro atue no processo, caso em que o segundo deve se escusar, remetendo os autos ao seu substituto legal.

11.2. Impedimento e suspeição dos demais sujeitos parciais do processo

Também se aplicam os motivos de impedimento e de suspeição ao *membro do Ministério Público*, aos *auxiliares da justiça* e aos *demais sujeitos imparciais do processo*.

Nesses casos, a parte interessada deve arguir o impedimento ou a suspeição, em petição fundamentada e devidamente instruída, na primeira oportunidade em que lhe couber falar nos autos.

Cabe ao juiz mandar processar o incidente *em separado e sem suspensão do processo*, ouvindo o arguido no prazo de quinze dias e facultando a produção de prova, quando necessária.

Nos tribunais, a mencionada arguição deve ser disciplinada pelo regimento interno.

O estipulado anteriormente, entretanto, não se aplica à arguição de impedimento ou de suspeição de testemunha.

Capítulo 12

O que Mudou Quanto aos Honorários Advocatícios?

Os honorários incluídos na condenação, por arbitramento ou sucumbência, pertencem ao advogado, tendo este direito autônomo para executar a sentença nesta parte. Pode, inclusive, requerer que o precatório, quando necessário, seja expedido em seu favor. A condenação em honorários em ação judicial independe de pedido prévio explícito.

Existem vária Súmulas do STJ e do STF sobre a temática honorários advocatícios, como podemos ver abaixo:

Súmula n. 234 do STF: "São devidos honorários de advogado em ação de acidente do trabalho julgada procedente".

Súmula n. 256 do STF: "É dispensável pedido expresso para condenação do réu em honorários, com fundamento nos arts. 63 ou 64 do Código de Processo Civil".

Súmula n. 450 do STF: "São devidos honorários de advogado sempre que vencedor o beneficiário de justiça gratuita".

Súmula n. 512 do STF: "Não cabe condenação em honorários de advogado na ação de mandado de segurança".

Súmula n. 616 do STF: "É permitida a cumulação da multa contratual com os honorários de advogado, após o advento do código de processo civil vigente".

Súmula n. 14 do STJ: "Arbitrados os honorários advocatícios em percentual sobre o valor da causa, a correção monetária incide a partir do respectivo ajuizamento".

Súmula n. 105 do STJ: "Na ação de mandado de segurança não se admite condenação em honorários advocatícios".

Súmula n. 110 do STJ: "Isenção do pagamento de honorários advocatícios, nas ações acidentárias e restritas ao segurado".

Súmula n. 111 do STJ: "Os honorários advocatícios, nas ações previdenciárias, não incidem sobre as prestações vencidas após a sentença".

Súmula n. 153 do STJ: "A desistência da execução fiscal, após o oferecimento dos embargos, não exime o exequente dos encargos da sucumbência".

Súmula n. 201 do STJ: "Os honorários advocatícios não podem ser fixados em salários mínimos".

Súmula n. 306 do STJ: "Os honorários advocatícios devem ser compensados quando houver sucumbência recíproca, assegurado o direito autônomo do advogado à execução do saldo sem excluir a legitimidade da própria parte".

Súmula n. 325 do STJ: "A remessa oficial devolve ao Tribunal o reexame de todas as parcelas da condenação suportadas pela Fazenda Pública, inclusive dos honorários de advogado".

Súmula n. 345 do STJ: "São devidos honorários advocatícios pela Fazenda Pública nas execuções individuais de sentença proferida em ações coletivas, ainda que não embargadas".

Súmula n. 421 do STJ: "Os honorários advocatícios não são devidos à Defensoria Pública quando ela atua contra a pessoa jurídica de direito público à qual pertença".

Súmula n. 453 do STJ: "Os honorários sucumbenciais, quando omitidos em decisão transitada em julgado, não podem ser cobrados em execução ou em ação própria".

Súmula n. 488 do STJ: "O § 2º do art. 6º da Lei n. 9.469/1997, que obriga à repartição dos honorários advocatícios, é inaplicável a acordos ou transações celebrados em data anterior à sua vigência".

Segundo o novo CPC de 2015, a sentença condenará o vencido a pagar honorários ao advogado do vencedor.

> "Não seria razoável conferir direitos sobre os honorários de sucumbência a advogado que somente ingressa no processo para se insurgir contra direito do antigo procurador sobre os mesmos e que representa o autor em recurso de apelação tão somente para pleitear sua participação em mencionados honorários. Não se olvide que o art. 22 da Lei n. 8.906/1994 estipula expressamente que os honorários de sucumbência pertencem ao advogado que prestou o serviço profissional e não àquele que apenas ingressa no processo, sem atuação significante para o deslinde do feito." (TJPR. 11ª CC. AC 932129-5. Rel.: Gamaliel Seme Scaff. J. 21.11.2012)

> "Os honorários advocatícios devem ser fixados em montante razoável de modo a não penalizar severamente o vencido, bem como não menosprezar o trabalho desenvolvido pelo profissional que obteve êxito na causa." (TJPR. 7ª CC. AC 714489-4. Rel.: Luiz Osório Moraes Panza. J. 22.2.2011)

São devidos honorários advocatícios na reconvenção, no cumprimento de sentença, provisório ou definitivo, na execução, resistida ou não, e nos recursos interpostos, cumulativamente.

Os honorários advocatícios pertencem ao advogado. E ele tem o direito autônomo para executar a sentença nesta parte, podendo requerer que o precatório, quando necessário, seja expedido em seu favor exclusivamente. É nula qualquer disposição, cláusula, regulamento ou convenção individual ou coletiva que retire do advogado o direito ao recebimento dos honorários de sucumbência (Lei n. 8.906/1994, art. 23 e 24, § 3º).

Os honorários de sucumbência dos advogados empregados constituem fundo comum, cuja destinação é decidida pelos profissionais integrantes do serviço jurídico da empresa ou por seus representantes. Salvo acordo contrário, feito especificamente sobre isso (Regulamento da Lei n. 8.906/1994, art. 14, parágrafo único).

"A fixação de verba honorária não deve provocar enriquecimento desproporcional tampouco pode aviltar a atividade advocatícia." (STJ. 2ª T. REsp 1349013/DF. Rel. Min. Castro Meira. J. 2.5.2013)

"Havendo mais de um advogado nos autos, sucessivamente e sem vínculo entre si, cada um receberá seus honorários de forma proporcional aos serviços efetivamente realizados." (STJ. 3ª T. AgRg no REsp 1255041/MS. Rel. Min. Paulo de Tarso Sanseverino. J. 11.6.2013)

Súmula n. 306 do STJ: "Os honorários advocatícios devem ser compensados quando houver sucumbência recíproca, assegurado o direito autônomo do advogado à execução do saldo sem excluir a legitimidade da própria parte".

Consoante a Súmula n. 326 do STJ: "Na ação de indenização por dano moral, a condenação em montante inferior ao postulado na inicial não implica sucumbência recíproca".

Segundo o novo CPC, os honorários serão fixados entre o mínimo de dez e o máximo de vinte por cento sobre o valor da condenação, do proveito econômico obtido ou, não sendo possível mensurá-lo, sobre o valor atualizado da causa, atendidos:

I — o grau de zelo do profissional;

II — o lugar de prestação do serviço;

III — a natureza e a importância da causa;

IV — o trabalho realizado pelo advogado e o tempo exigido para o seu serviço.

"Na fixação dos honorários, quando vencida a Fazenda Pública, pode ser adotado como base de cálculo o valor dado à causa ou à condenação, nos termos do art. 20, § 4º, do CPC." (STJ. 2ª T. AgRg no AREsp 177.642/SP. Rel. Min. Mauro Campbell Marques. J. 11.12.2012)

Nas causas em que a Fazenda Pública (aqui, incluído o INSS) for parte, a fixação dos honorários observará os critérios descritos acima e os seguintes percentuais:

I — mínimo de dez e máximo de vinte por cento sobre o valor da condenação ou do proveito econômico obtido até 200 (duzentos) salários mínimos;

II — mínimo de oito e máximo de dez por cento sobre o valor da condenação ou do proveito econômico obtido acima de 200 (duzentos) salários mínimos até 2.000 (dois mil) salários mínimos;

III — mínimo de cinco e máximo de oito por cento sobre o valor da condenação ou do proveito econômico obtido acima de 2.000 (dois mil) salários mínimos até 20.000 (vinte mil) salários mínimos;

IV — mínimo de três e máximo de cinco por cento sobre o valor da condenação ou do proveito econômico obtido acima de 20.000 (vinte mil) salários mínimos até 100.000 (cem mil) salários mínimos;

V — mínimo de um e máximo de três por cento sobre o valor da condenação ou do proveito econômico obtido acima de 100.000 (cem mil) salários mínimos.

Em qualquer das hipóteses do § 3º do art. 85 do CPC:

I — os percentuais previstos nos incisos I a V devem ser aplicados desde logo, quando for líquida a sentença;

II — não sendo líquida a sentença, a definição do percentual, nos termos previstos nos incisos I a V, somente ocorrerá quando liquidado o julgado;

III — não havendo condenação principal ou não sendo possível mensurar o proveito econômico obtido, a condenação em honorários dar-se-á sobre o valor atualizado da causa;

IV — será considerado o salário mínimo vigente quando prolatada sentença líquida ou o que estiver em vigor na data da decisão de liquidação.

Quando, conforme o caso, a condenação contra a Fazenda Pública ou o benefício econômico obtido pelo vencedor ou o valor da causa for superior ao valor previsto no inciso I do § 3º do art. 85 do CPC de 2015, a fixação do percentual de honorários deve observar a faixa inicial e, naquilo que a exceder, a faixa subsequente, e assim sucessivamente.

Os limites e critérios previstos nos §§ 2º e 3º do art. 85 do CPC de 2015 aplicam-se independentemente de qual seja o conteúdo da decisão, inclusive aos casos de improcedência ou de sentença sem resolução de mérito.

Não serão devidos honorários no cumprimento de sentença contra a Fazenda Pública (aqui, incluído o INSS) que enseje expedição de precatório, desde que não tenha sido impugnada.

"O fato de o precatório ter sido expedido em nome da parte não repercute na disponibilidade do crédito referente aos honorários advocatícios sucumbenciais, tendo o advogado o direito de executá-lo ou cedê-lo a terceiro, se: (a) comprovada a validade do ato de cessão dos honorários advocatícios sucumbenciais, realizado por escritura pública; e (b) discriminado no precatório o valor devido a título da respectiva verba advocatícia." (STJ. 5ª T. AgRg no REsp 1103947/RS. Rel. Min. Campos Marques (desembargador convocado do TJ/PR, j. 11.6.2013)

Nas causas em que for inestimável ou irrisório o proveito econômico ou, ainda, quando o valor da causa for muito baixo, o juiz fixará o valor dos honorários por apreciação equitativa, observando o disposto nos incisos do § 2º do art. 85 do CPC de 2015.

"É possível proceder-se à compensação dos honorários advocatícios fixados na ação de conhecimento com aqueles arbitrados em sede de embargos à execução em favor do INSS." (STJ. 2ª T. REsp 1369353/PR. Rel. Min. Eliana Calmon. J. 4.4.2013)

Na ação de indenização por ato ilícito contra pessoa, o percentual de honorários incidirá sobre a soma das prestações vencidas acrescida de 12 (doze) prestações vincendas.

Nos casos de perda do objeto, os honorários serão devidos por quem deu causa ao processo.

O tribunal, ao julgar recurso, majorará os honorários fixados anteriormente levando em conta o trabalho adicional realizado em grau recursal. Será vedado ao tribunal, no cômputo geral da fixação de honorários devidos ao advogado do vencedor, ultrapassar os limites estabelecidos nos §§ 2º e 3º do art. 85 do CPC de 2015 para a fase de conhecimento.

Os honorários sucumbenciais recursais são cumuláveis com multas e outras sanções processuais, inclusive as previstas no art. 77 do CPC de 2015.

As verbas de sucumbência arbitradas em embargos à execução rejeitados ou julgados improcedentes e em fase de cumprimento de sentença serão acrescidas no valor do débito principal, para todos os efeitos legais.

Os honorários constituem direito do advogado e têm natureza alimentar, com os mesmos privilégios dos créditos oriundos da legislação do trabalho, sendo vedada a compensação em caso de sucumbência parcial.

O advogado pode requerer que o pagamento dos honorários que lhe caibam seja efetuado em favor da sociedade de advogados que integra na qualidade de sócio.

Quando os honorários forem fixados em quantia certa, os juros moratórios incidirão a partir da data do trânsito em julgado da decisão.

Os honorários serão devidos quando o advogado atuar em causa própria.

Caso a decisão transitada em julgado seja omissa quanto ao direito aos honorários ou ao seu valor, é cabível ação autônoma para sua definição e cobrança.

Os advogados públicos perceberão honorários de sucumbência, nos termos da lei.

Se cada litigante for, em parte, vencedor e vencido, serão proporcionalmente distribuídas entre eles as despesas. Se um litigante sucumbir em parte mínima do pedido, o outro responderá, por inteiro, pelas despesas e pelos honorários.

"Quando há sucumbência em parte mínima do pedido, incide a regra do art. 21, parágrafo único, do Código de Processo Civil, incumbindo ao derrotado na lide suportar a integralidade dos ônus sucumbenciais. O art. 20, § 4º, do Código de Processo Civil menciona a sua aplicação às causas de pequeno valor, não se confundindo com pequena condenação." (TJPR. 12ª CC. AC 893677-6. Rel.: Ângela Maria Machado Costa. J. 28.11.2012)

Concorrendo diversos autores ou diversos réus, os vencidos respondem proporcionalmente pelas despesas e pelos honorários.

Nas hipóteses de litisconsórcio e em havendo sucumbência, nesse caso não há solidariedade entre eles em relação às custas e aos honorários. Cada qual responde por sua parte na medida da participação na causa. O mesmo vale para condenação parcial, quando, daí, o resultado da conta também deverá observar tal condição. Cada qual responderá na proporção do seu respectivo interesse na causa ou da sua derrota nela.

"O Código de Processo Civil só prevê expressamente responsabilidade solidária pelo pagamento da condenação em honorários e despesas aos litisconsortes que se coligarem para lesar a parte contrária, nos termos do § 1º do art. 18. No mais, rege-se a matéria pelo princípio da proporcionalidade e não pelo da solidariedade, conforme dispõe o art. 23." (STJ. 4ª T. REsp 129045/MG. Rel. Min. Sálvio de Figueiredo Teixeira. J. 19.2.1998)

A sentença deverá distribuir entre os litisconsortes, de forma expressa, a responsabilidade proporcional pelo pagamento das verbas honorárias.

"Os vencidos respondem pelos honorários na proporção do interesse de cada um na causa, ou do direito nela decidido, de modo que pode ser desigual a cota de cada um." (STJ-4ª T., REsp 481.331-RJ, rel. Min. Castro Filho, j. 1º.3.2005)

Capítulo 13

Gratuidade de Justiça

O NCPC passa a disciplinar a concessão de gratuidade da justiça, substituindo a disciplina da Lei n. 1.060/1950, cujos arts. 2º, 3º, 4º, 6º, 7º, 11, 12 e 17 são revogados (art. 1.072, III, NCPC).

Uma novidade é a possibilidade de concessão parcial da gratuidade, com relação a apenas alguns atos, redução percentual das despesas ou possibilidade de parcelamento destas (§§ 5º e 6º do art. 98).

O fato de o interessado estar representado por advogado particular não impede a concessão da gratuidade, mas nesse caso o recurso que versar exclusivamente sobre o valor da verba honorária estará sujeito a preparo, salvo se o advogado comprovar também fazer jus ao benefício da gratuidade (§§ 4º e 5º do art. 99).

Ademais, cumpre dizer que, nos termos do art. 5º, inciso LXXIV, da Constituição da República de 1988, o Estado deve prestar "assistência jurídica integral e gratuita aos que comprovarem insuficiência de recursos".

Trata-se de direito fundamental, merecendo salientar que a assistência jurídica é mais ampla do que a de natureza estritamente judiciária.

A Lei n. 1.060/1950 estabelece normas para a concessão de assistência judiciária aos necessitados, mas diversos dos seus dispositivos foram revogados pelo art. 1.072, inciso III, do novo Código de Processo Civil.

> "Para a concessão do benefício da assistência judiciária (...) não se faz *mister* qualquer prova de impossibilidade do referido pagamento, bastando, para tanto, a (...) declaração de que não pode arcar com as custas e despesas processuais, sem que estas prejudiquem o sustento próprio e familiar." (TJPR. AI n. 1.057.369-8. Rel. Des. J. J. Guimarães da Costa. Decisão monocrática. J. 17.5.2013)

A pessoa natural ou jurídica, brasileira ou estrangeira, com insuficiência de recursos para pagar as custas, as despesas processuais e os honorários advocatícios tem direito à gratuidade da justiça, na forma da lei.

Segundo a Súmula n. 481 do STJ: "Faz jus ao benefício da justiça gratuita a pessoa jurídica com ou sem fins lucrativos que demonstrar sua impossibilidade de arcar com os encargos processuais".

A gratuidade da justiça compreende:

I — as taxas ou as custas judiciais;

II — os selos postais;

III — as despesas com publicação na imprensa oficial, dispensando-se a publicação em outros meios;

IV — a indenização devida à testemunha que, quando empregada, receberá do empregador salário integral, como se em serviço estivesse;

V — as despesas com a realização de exame de código genético — DNA e de outros exames considerados essenciais;

VI — os honorários do advogado e do perito e a remuneração do intérprete ou do tradutor nomeado para apresentação de versão em português de documento redigido em língua estrangeira;

VII — o custo com a elaboração de memória de cálculo, quando exigida para instauração da execução;

VIII — os depósitos previstos em lei para interposição de recurso, para propositura de ação e para a prática de outros atos processuais inerentes ao exercício da ampla defesa e do contraditório;

IX — os emolumentos devidos a notários ou registradores em decorrência da prática de registro, averbação ou qualquer outro ato notarial necessário à efetivação de decisão judicial ou à continuidade de processo judicial no qual o benefício tenha sido concedido.

Note-se que "O beneficiário da justiça gratuita, nos termos do art. 3º, inciso V, da Lei n. 1.060/50, não está obrigado a arcar com as despesas relativas aos honorários periciais, ainda que a prova técnica tenha sido por ele requerida, consoante a exceção à regra prevista na primeira parte do art. 19 do CPC" (STJ. 1ª T. REsp 1.116.139/MG. Rel. Min. Luiz Fux. J. 3.9.2009).

"O benefício da assistência judiciária gratuita e a inversão do ônus da prova não são incompatíveis. A simples inversão do ônus da prova, no sistema do Código de Defesa do Consumidor, não gera a obrigação de custear as despesas com a perícia, embora sofra a parte ré as consequências decorrentes de sua não produção. O deferimento da inversão do ônus da prova e da assistência judiciária, pelo princípio da ponderação, impõe que seja beneficiado o consumidor, com o que não cabe a orientação jurisprudencial sobre o custeio da prova pericial nos termos da Lei n. 1.060/50." (STJ. 2ª Seção. REsp 639534/MT. Rel. Min. Carlos Alberto Menezes Direito. J. 9.11.2005)

Frise-se que a concessão de gratuidade não afasta a responsabilidade do beneficiário pelas despesas processuais e pelos honorários advocatícios decorrentes de sua sucumbência.

Vencido o beneficiário, as obrigações decorrentes de sua sucumbência ficarão sob condição suspensiva de exigibilidade e somente poderão ser executadas se, nos 5 (cinco) anos subsequentes ao trânsito em julgado da decisão que as certificou, o credor demonstrar que deixou de existir a situação de insuficiência de recursos que justificou a concessão de gratuidade, extinguindo-se, passado esse prazo, tais obrigações do beneficiário.

Sob a óptica do Código Buzaid, se decidiu que:

> "[...] 1. Sendo sucumbente a parte beneficiária da assistência judiciária gratuita, há condenação ao pagamento de honorários advocatícios, cuja exigibilidade, todavia, permanece suspensa, até cinco anos, enquanto durar a condição de necessidade, incumbindo ao exequente a demonstração da modificação patrimonial daquela. Precedentes do Superior Tribunal de Justiça. [...]." (TRF4, AC 2003.71.05.005894-5, 3ª Turma, Relator Francisco Donizete Gomes, DJ 27.10.2004)

Bom registrar que a concessão de gratuidade não afasta o dever de o beneficiário pagar, ao final, as multas processuais que lhe sejam impostas.

A gratuidade poderá ser concedida em relação a algum ou a todos os atos processuais, ou consistir na redução percentual de despesas processuais que o beneficiário tiver de adiantar no curso do procedimento.

Note-se que, conforme o caso, o juiz poderá conceder direito ao parcelamento de despesas processuais que o beneficiário tiver de adiantar no curso do procedimento.

O pedido de gratuidade da justiça pode ser formulado na petição inicial, na contestação, na petição para ingresso de terceiro no processo ou em recurso. Se superveniente à primeira manifestação da parte na instância, o pedido poderá ser formulado por petição simples, nos autos do próprio processo, e não suspenderá seu curso.

O magistrado somente poderá indeferir o pedido se houver nos autos elementos que evidenciem a falta dos pressupostos legais para a concessão de gratuidade, devendo, antes de indeferir o pedido, determinar à parte a comprovação do preenchimento dos referidos pressupostos.

É presumida verdadeira a alegação de insuficiência deduzida exclusivamente por pessoa natural.

A assistência do requerente por advogado particular não impede a concessão de gratuidade da justiça. Nesta hipótese, o recurso que verse exclusivamente sobre valor de honorários de sucumbência fixados em favor do advogado de beneficiário estará sujeito a preparo, salvo se o próprio advogado demonstrar que tem direito à gratuidade.

O direito à gratuidade da justiça é pessoal, não se estendendo a litisconsorte ou a sucessor do beneficiário, salvo requerimento e deferimento expressos.

Requerida a concessão de gratuidade da justiça em recurso, o recorrente estará dispensado de comprovar o recolhimento do preparo, incumbindo ao relator, neste caso, apreciar o requerimento e, se indeferi-lo, fixar prazo para realização do recolhimento.

Deferido o pedido, a parte contrária poderá oferecer impugnação na contestação, na réplica, nas contrarrazões de recurso ou, nos casos de pedido superveniente ou formulado por terceiro, por meio de petição simples, a ser apresentada no prazo de 15 (quinze) dias, nos autos do próprio processo, sem suspensão de seu curso.

Revogado o benefício da gratuidade, a parte arcará com as despesas processuais que tiver deixado de adiantar e pagará, em caso de má-fé, até o décuplo de seu valor a título de multa, que será revertida em benefício da Fazenda Pública estadual ou federal e poderá ser inscrita em dívida ativa.

Contra a decisão que indeferir a gratuidade ou a que acolher pedido de sua revogação caberá agravo de instrumento, exceto quando a questão for resolvida na sentença, contra a qual caberá apelação.

Destaque-se que o recorrente estará dispensado do recolhimento de custas até decisão do relator sobre a questão, preliminarmente ao julgamento do recurso.

Confirmada a denegação ou a revogação da gratuidade, o relator ou o órgão colegiado determinará ao recorrente o recolhimento das custas processuais, no prazo de 5 (cinco) dias, sob pena de não conhecimento do recurso.

Sobrevindo o trânsito em julgado de decisão que revoga a gratuidade, a parte deverá efetuar o recolhimento de todas as despesas de cujo adiantamento foi dispensada, inclusive as relativas ao recurso interposto, se houver, no prazo fixado pelo juiz, sem prejuízo de aplicação das sanções previstas em lei.

Não efetuado o recolhimento, o processo será extinto sem resolução de mérito, tratando-se do autor, e, nos demais casos, não poderá ser deferida a realização de nenhum ato ou alguma diligência requerida pela parte enquanto não efetuado o depósito.

Capítulo 14

Disposições sobre Defensoria Pública

Consoante o art. 134 da Constituição Federal de 1988, com redação dada pela Emenda Constitucional n. 80/2014, a "Defensoria Pública é instituição permanente, essencial à função jurisdicional do Estado, incumbindo-lhe, como expressão e instrumento do regime democrático, fundamentalmente, a orientação jurídica, a promoção dos direitos humanos e a defesa, em todos os graus, judicial e extrajudicial, dos direitos individuais e coletivos, de forma integral e gratuita, aos necessitados, na forma do inciso LXXIV do art. 5º desta Constituição Federal".

Cabe à Lei Complementar organizar a Defensoria Pública da União e do Distrito Federal e dos Territórios, prescrevendo normas gerais para sua organização nos Estados, em cargos de carreira, providos, na classe inicial, mediante concurso público de provas e títulos, sendo assegurada a seus integrantes a garantia da inamovibilidade e vedado o exercício da advocacia fora das atribuições institucionais.

A Defensoria Pública exerce a orientação jurídica, a promoção dos direitos humanos e a defesa dos direitos individuais e coletivos dos necessitados, em todos os graus, de forma integral e gratuita.

Nesse diapasão, a Lei Complementar n. 80/1994, alterada pela Lei Complementar n. 132/2009, organiza a Defensoria Pública da União, do Distrito Federal e dos Territórios, prescreve normas gerais para sua organização nos Estados e dá outras providências.

Cabe à Defensoria Pública da União atuar nos Estados, no Distrito Federal e nos Territórios, junto às Justiças Federal, do Trabalho, Eleitoral, Militar, dos Tribunais Superiores e das Instâncias Administrativas da União (art. 14 da Lei Complementar n. 80/1994). A Defensoria Pública da União deve firmar convênios com as Defensorias Públicas dos Estados e do Distrito Federal, para que estas, em seu nome, atuem junto aos órgãos de primeiro e segundo graus de jurisdição já referidos, no desempenho das funções que lhe são cometidas pela Lei Complementar n. 80/1994 (art. 14, § 1º, incluído pela Lei Complementar n. 98/1999).

Não havendo na unidade federada Defensoria Pública constituída nos moldes da Lei Complementar n. 80/1994, é autorizado o convênio com a entidade pública que desempenhar essa função, até que seja criado o órgão próprio (art. 14, § 2º, incluído pela Lei Complementar n. 98/1999).

Nosso Código Processual Civil de 1973 era omisso quanto às disposições institucionais da Defensoria, alheio ao art. 134 da Constituição Federal, à Lei Complementar n. 80/94 com as alterações da Lei Complementar n. 132/2009 e eventuais leis extravagantes, como é o caso da ação civil pública.

É cediço que a Defensoria Pública tem origem no próprio direito de defesa, mas também e principalmente decorre do exercício da cidadania viabilizada pelo acesso à justiça proporcionada pela instituição essencial à função jurisdicional do Estado.

As despesas dos atos processuais praticados a requerimento da Defensoria Pública serão pagas ao final pelo vencido.

As perícias requeridas pela Defensoria Pública poderão ser realizadas por entidade pública ou, havendo previsão orçamentária, ter os valores adiantados por aquele que requerer a prova.

Não havendo previsão orçamentária no exercício financeiro para adiantamento dos honorários periciais, eles serão pagos no exercício seguinte ou ao final, pelo vencido, caso o processo se encerre antes do adiantamento a ser feito pelo ente público.

A Defensoria Pública gozará de prazo em dobro para todas as suas manifestações processuais. O prazo tem início com a intimação pessoal do defensor público, nos termos do art. 183, § 1º, do NCPC.

A requerimento da Defensoria Pública, o juiz determinará a intimação pessoal da parte patrocinada quando o ato processual depender de providência ou informação que somente por ela possa ser realizada ou prestada.

O prazo dobrado aplica-se aos escritórios de prática jurídica das faculdades de Direito reconhecidas na forma da lei e às entidades que prestam assistência jurídica gratuita em razão de convênios firmados com a Defensoria Pública.

Não se aplica o benefício da contagem em dobro quando a lei estabelecer, de forma expressa, prazo próprio para a Defensoria Pública.

CAPÍTULO 15

MUDANÇAS QUANTO À PETIÇÃO INICIAL

A petição inicial é a peça em que o autor, exercendo o direito de ação, provoca a jurisdição, que é inicialmente inerte, e instaura o processo. Nela é delimitado o objeto da demanda. Somente a lei pode exigir requisitos formais da petição inicial. Por isso, são inconstitucionais os atos normativos, mesmo regimentos internos ou resoluções de tribunais que prevejam outros. Trata-se de matéria de ordem pública e, portanto, deve ser examinada de ofício pelo juiz ou tribunal.

Bom anotar que o acesso à Justiça não pode ser obstado se o autor ignorar algum dado do réu, cuja omissão, neste caso, não implica o indeferimento da petição inicial. Há casos, como o de reintegração de posse em imóvel ocupado por muitas pessoas, em que é impossível a identificação de todos os ocupantes. Nesta hipótese o autor pode requerer a citação, por oficial de justiça, dos que forem encontrados no imóvel.

Na vigência do Código de 1973 se decidiu que:

> "Reintegração de posse. Imóvel invadido por terceiros. Impossibilidade de identificação dos ocupantes. Indeferimento da inicial. Inadmissibilidade. Citação pessoal dos ocupantes requerida pela autora, os quais, identificados, passarão a figurar no polo passivo da lide. Medida a ser adotada previamente no caso. Há possibilidade de haver réus desconhecidos e incertos na causa, a serem citados por edital (art. 231, I, do CPC)." (STJ, 4ª T., REsp 362.365, Rel. Min. Barros Monteiro, j. 3.2.2005, DJU 28.3.2005)

Demais disso, em razão de sua importância, certos requisitos devem ser observados pelo autor, ao formular a petição inicial, uma vez que ela contém o pedido ou a pretensão, a ser objeto de decisão pelo juiz.

15.1. Requisitos da petição inicial

O novo Código de Processo Civil, no art. 319, ao estabelecer os *requisitos da petição inicial*, dispõe que esta deve indicar:

I — o juízo a que é dirigida;

II — os nomes, os prenomes, o estado civil, a existência de união estável, a profissão, o número no cadastro de pessoas físicas ou no cadastro nacional de pessoas jurídicas, o endereço eletrônico, o domicílio e a residência do autor e do réu;

III — o fato e os fundamentos jurídicos do pedido;

IV — o pedido com as suas especificações;

V — o valor da causa;

VI — as provas com que o autor pretende demonstrar a verdade dos fatos alegados;

VII — a opção do autor pela realização ou não de audiência de conciliação ou de mediação, prevista no art. 334 do novo CPC.

Caso o autor não disponha das informações previstas no inciso II, ele pode, na petição inicial, requerer ao juiz diligências necessárias a sua obtenção.

Tendo em vista o *princípio da instrumentalidade das formas*, a petição inicial não deve ser indeferida se, a despeito da falta de informações a que se refere o inciso II, for possível a citação do réu.

A petição inicial também não deve ser indeferida, pelo não atendimento ao disposto no inciso II, se a obtenção de tais informações tornar impossível ou excessivamente oneroso o acesso à justiça.

Destaque-se o que já se decidiu sobre petição sob a óptica do CPC de 1973:

"Deve o autor, em sua petição inicial, entre outras coisas, expor o fato jurídico concreto que sirva de fundamento ao efeito jurídico pretendido e que, à luz da ordem normativa, desencadeia consequências jurídicas, gerando o direito por ele invocado." (STJ, 5ª T., REsp 767.845, Rel. Min. Arnaldo Esteves Lima, j. 3.4.2007, DJU 7.5.2007)

"Não se confunde 'fundamento jurídico' com 'fundamento legal', sendo aquele imprescindível e este dispensável, em respeito ao princípio *jura novit curia* (o juiz conhece o direito)." (STJ, 1ª T., REsp 477.415, Rel. Min. José Delgado, j. 8.4.2003, DJU 9.6.2003)

"Evidenciando-se a necessidade de produção de provas, pelas quais, aliás, protestou o autor, ainda que genericamente, constitui cerceamento de defesa o julgamento antecipado da lide, fundado exatamente na falta de prova do alegado na inicial." (STJ, 3ª T., REsp 7.267, Rel. Min. Eduardo Ribeiro, j. 20.3.1991, DJU 8.4.1991)

"A circunstância de não se ter requerido a citação não haverá de conduzir à nulidade do processo se aquela foi feita e atendida pelo réu, não se podendo colocar em dúvida que se postulava prestação jurisdicional." (STJ, 3ª T., REsp 32.171-6, Rel. Min. Eduardo Ribeiro, j. 8.2.1994, DJU 28.2.1994).

A petição inicial deve ser instruída com os documentos indispensáveis à propositura da ação.

Somente são indispensáveis à propositura da ação os documentos substanciais, ou seja, aqueles que segundo o direito material integram a substância do ato jurídico. É que, nestes casos, "nenhuma outra prova, por mais especial que seja, pode suprir-lhe a falta". Todos os demais documentos, chamados de probatórios, não são indispensáveis à propositura da ação, pois sua falta pode ser suprida por outras provas. Ao autor não se impõe o ônus de provar, já com a inicial, os fatos que fundamentam seu alegado direito. Esta norma trata de requisito de admissibilidade da petição inicial, e não de mérito. Se, por exemplo, o autor alega que a dívida foi paga, a falta do respectivo recibo não conduz ao indeferimento da petição inicial, pois a existência ou não do pagamento integra o mérito. Se o pagamento não for provado o pedido deverá ser julgado improcedente. No entanto parte da doutrina e da jurisprudência entende que também são indispensáveis à propositura da ação documentos comprobatórios (não substanciais), ditos "fundamentais" por estarem relacionados com a prova das alegações da causa de pedir.

"I — Somente os documentos considerados 'indispensáveis' devem obrigatoriamente ser apresentados com a inicial e com a contestação. II — A extinção do feito sem julgamento do mérito, em razão da ausência de documentos indispensáveis à propositura da ação, deve ser precedida da devida oportunidade para suprimento da falha, por meio da diligência prevista ao art. 284, CPC, em obséquio à função instrumental do processo. III — Por documentos 'indispensáveis', aos quais se refere o art. 283, CPC, entendem-se: a) os substanciais, a saber, os exigidos por lei; b) os fundamentais, a saber, os que constituem o fundamento da causa de pedir." (STJ, 4ª T., REsp 114.052, Rel. Min. Sálvio de Figueiredo Teixeira, j. 15.10.1998, DJU 14.12.1998)

"Em sede de repetição de indébito, os documentos indispensáveis à propositura da ação são aqueles hábeis a comprovar a realização do pagamento indevido e a legitimidade ativa *ad causam* do contribuinte que arcou com o referido recolhimento." (STJ, 2ª T., REsp 923.150, Rel. Min. Eliana Calmon, j. 16.8.2007, DJU 29.8.2007)

"São documentos indispensáveis à propositura da demanda somente aqueles sem os quais o mérito da causa não possa ser julgado (DINAMARCO, Cândido Rangel. *Instituições de direito processual civil*. 5. ed. São Paulo: Malheiros, 2005. n. III, p. 381-382)." (STJ, 1ª T., REsp 919.447, Rel. Min. Denise Arruda, j. 3.5.2007, DJU 4.6.2007)

O art. 287, *caput*, do novo CPC também prevê que a petição deve vir acompanhada de procuração, que conterá os endereços do advogado, eletrônico e não eletrônico.

Consoante o novel CPC:

"Art. 292. O valor da causa constará da petição inicial ou da reconvenção e será:

I — na ação de cobrança de dívida, a soma monetariamente corrigida do principal, dos juros de mora vencidos e de outras penalidades, se houver, até a data de propositura da ação;

II — na ação que tiver por objeto a existência, a validade, o cumprimento, a modificação, a resolução, a resilição ou a rescisão de ato jurídico, o valor do ato ou o de sua parte controvertida;

III — na ação de alimentos, a soma de 12 (doze) prestações mensais pedidas pelo autor;

IV — na ação de divisão, de demarcação e de reivindicação, o valor de avaliação da área ou do bem objeto do pedido;

V — na ação indenizatória, inclusive a fundada em dano moral, o valor pretendido;

VI — na ação em que há cumulação de pedidos, a quantia correspondente à soma dos valores de todos eles;

VII — na ação em que os pedidos são alternativos, o de maior valor;

VIII — na ação em que houver pedido subsidiário, o valor do pedido principal.

§ 1º Quando se pedirem prestações vencidas e vincendas, considerar-se-á o valor de umas e outras.

§ 2º O valor das prestações vincendas será igual a uma prestação anual, se a obrigação for por tempo indeterminado ou por tempo superior a 1 (um) ano, e, se por tempo inferior, será igual à soma das prestações.

§ 3º O juiz corrigirá, de ofício e por arbitramento, o valor da causa quando verificar que não corresponde ao conteúdo patrimonial em discussão ou ao proveito econômico perseguido pelo autor, caso em que se procederá ao recolhimento das custas correspondentes."

15.2. Indeferimento da petição inicial

Há casos em que a petição inicial deve ser indeferida pelo juiz, acarretando a extinção do processo sem resolução do mérito (art. 485, inciso I, do novo CPC).

Nesse sentido, conforme o art. 330 do novo Código de Processo Civil, a petição inicial deve ser *indeferida* quando:

— for inepta;

— a parte for manifestamente ilegítima;

— o autor carecer de interesse processual;

— não forem atendidas as prescrições dos arts. 106 e 321 do CPC.

O art. 106 do Código de Processo Civil prevê que, quando postular em causa própria, incumbe ao advogado:

I — declarar, na petição inicial ou na contestação, o endereço, seu número de inscrição na Ordem dos Advogados do Brasil e o nome da sociedade de advogados da qual participa, para o recebimento de intimações;

II — comunicar ao juízo qualquer mudança de endereço.

Se o advogado descumprir o disposto no inciso I, o juiz deve determinar que se *supra* a omissão, no prazo de cinco dias, antes de determinar a citação do réu, *sob pena de indeferimento da petição* (art. 106, § 1º, do novo CPC).

Caso o advogado infrinja o contido no inciso II, consideram-se válidas as intimações enviadas por carta registrada ou meio eletrônico ao endereço constante dos autos (art. 106, § 2º, do novo CPC).

Da mesma forma, cabe esclarecer que, se a parte tem advogado constituído, nos termos do art. 77, inciso V, do CPC, é dever dela e de seus procuradores "declinar, no primeiro momento que lhes couber falar nos autos, o endereço residencial ou profissional onde receberão intimações, atualizando essa informação sempre que ocorrer qualquer modificação temporária ou definitiva".

Como visto anteriormente, a petição inicial deve vir acompanhada de procuração, que deverá conter os *endereços do advogado,* eletrônico e não eletrônico (art. 287, *caput,* do novo CPC).

Nesse sentido, a procuração deve conter o nome do advogado, seu número de inscrição na Ordem dos Advogados do Brasil e seu *endereço completo.* Se o outorgado integrar sociedade de advogados, a procuração também deve conter o nome desta, seu número de registro na Ordem dos Advogados do Brasil e endereço completo.

Ademais, presumem-se válidas as intimações dirigidas ao endereço constante dos autos, ainda que não recebidas pessoalmente pelo interessado, *se a modificação temporária ou definitiva não tiver sido devidamente comunicada ao juízo,* fluindo os prazos a partir da juntada aos autos do comprovante de entrega da correspondência no primitivo endereço.

Nos termos do art. 321 do CPC, se o juiz verificar que a petição inicial não preenche os requisitos dos arts. 319 e 320 do mesmo diploma legal, ou que apresenta defeitos e irregularidades capazes de dificultar o julgamento de mérito, deve determinar que o autor, no prazo de quinze dias, *a emende ou a complete, indicando com precisão o que deve ser corrigido ou completado.*

Se o autor não cumprir a diligência em questão, o magistrado deve *indeferir a petição inicial.*

Bom anotar que, se houver *inépcia da peça exordial,* esta também deve ser indeferida.

Desse modo, nos termos do art. 330, § 1º, do novo CPC, considera-se inepta a petição inicial quando:

— faltar-lhe pedido ou causa de pedir;

— o pedido for indeterminado, ressalvadas as hipóteses legais em que se permite o pedido genérico;

— da narração dos fatos não decorrer logicamente a conclusão;

— contiver pedidos incompatíveis entre si.

Nas ações que tenham por objeto a revisão de obrigação decorrente de empréstimo, financiamento ou alienação de bens, cabe ao autor, sob pena de inépcia, discriminar na petição inicial, entre as obrigações contratuais, aquelas que pretende controverter, além de quantificar o valor incontroverso do débito. Nessa hipótese, o valor incontroverso deve continuar a ser pago no tempo e no modo contratados.

Se a exordial for indeferida, o autor poderá apelar, facultado ao juiz, no prazo de cinco dias, retratar-se (art. 331 do novo CPC).

É cabível, portanto, *o juízo de retração* quanto ao indeferimento da petição inicial.

Se não houver retratação, o magistrado mandará *citar o réu* para responder ao recurso.

Havendo retratação, o juiz deve prosseguir com o trâmite da causa. Logo, nessa hipótese, em regra, o réu deverá ser citado.

Efetivamente, segundo o art. 239 do novo Código de Processo Civil, para a validade do processo é indispensável a citação do réu ou do executado, *ressalvadas as hipóteses de indeferimento da petição inicial ou de improcedência liminar do pedido.*

Se a sentença for reformada pelo tribunal, o prazo para a contestação deverá começar a contar da intimação do retorno dos autos.

Se a apelação não for interposta, o réu deve ser intimado do trânsito em julgado da sentença.

Nos termos do art. 241 do novo CPC, uma vez transitada em julgado a sentença de mérito proferida em favor do réu *antes da citação*, incumbe ao escrivão ou ao chefe de secretaria comunicar-lhe o resultado do julgamento.

15.3. Pedido

O *pedido* pode ser classificado em *imediato*, ou seja, o provimento jurisdicional (condenação, declaração, constituição ou desconstituição de redação jurídica), e *mediato*, isto é, o bem jurídico postulado (valor a ser pago, bem a ser entregue, conduta a ser tomada).[7]

Pode-se dizer que o *objeto do processo é* o pedido.

O *mérito*, na atualidade, é entendido justamente como o pedido ou a pretensão formulada pelo autor, por meio da petição inicial.

O pedido deve ser certo e, em regra, determinado (arts. 322 e 324 do novo Código de Processo Civil).

Assim, tanto a *certeza* como a *determinação* são exigidas quanto ao pedido.[8]

O pedido *certo* é aquele explícito.

Evita-se, com isso, o julgamento *ultra petita* (além do pedido) e *extra petita* (fora do pedido).

Isso é confirmado pelo art. 141 do CPC, ao prever que o juiz deve decidir "o mérito nos limites propostos pelas partes, sendo-lhe vedado conhecer de questões não suscitadas a cujo respeito a lei exige iniciativa da parte".

Trata-se de desdobramento do chamado princípio da demanda ou da inércia da jurisdição.

Ainda assim, consideram-se incluídos no pedido principal, por exemplo, os juros e a correção monetária (por ser mera atualização de valor), o que está em consonância com o princípio da economia processual.

Nesse sentido, conforme o art. 322, § 1º, do CPC, compreendem-se no principal os *juros legais*, a *correção monetária* e as *verbas de sucumbência*, inclusive os honorários advocatícios.

A interpretação do pedido deve considerar, portanto, o conjunto da postulação e observar o *princípio da boa-fé* (art. 322, § 2º, do CPC).

Na ação que tiver por objeto cumprimento de obrigação *em prestações sucessivas*, estas devem ser consideradas incluídas no pedido, independentemente de declaração expressa do autor.

Se o devedor, no curso do processo, deixar de pagar ou de consignar as prestações sucessivas, elas devem ser incluídas na condenação, enquanto durar a obrigação (art. 323 do CPC).

O pedido também dever ser *determinado*, isto é, definido no que se refere à quantidade e qualidade.

O pedido delimitado, assim, é aquele com liquidez, que se contrapõe ao pedido genérico.

---

(7) Cf. GRECO FILHO, Vicente. *Direito processual civil brasileiro*, cit., v. 2, p. 107.
(8) Idem.

Em conformidade com o art. 324 do CPC, o pedido deve ser determinado, sendo lícito, porém, formular pedido genérico quando: nas ações universais, se o autor não puder individuar os bens demandados; não for possível determinar, desde logo, as consequências do ato ou do fato; quando a determinação do objeto ou do valor da condenação depender de ato que deva ser praticado pelo réu.

O disposto no art. 324 também se aplica à reconvenção.

O pedido pode ser classificado em *simples* (quando contém apenas um item) e *complexo*.

O pedido complexo, por sua vez, se subdivide em pedido cumulativo, alternativo, sucessivo e subsidiário.[9]

É lícita a cumulação, num único processo, contra o mesmo réu, de vários pedidos, ainda que entre eles não haja conexão (art. 327 do CPC).

Para a admissibilidade da *cumulação de pedidos* (art. 327, § 1º, do novo CPC), exige-se que:

— os pedidos sejam compatíveis entre si;

— seja competente para conhecer deles o mesmo juízo;

— seja adequado para todos os pedidos o tipo de procedimento.

Quando, para cada pedido, corresponder tipo diverso de procedimento, deve ser admitida a cumulação se o autor empregar o procedimento comum, sem prejuízo do emprego das técnicas processuais diferenciadas previstas nos procedimentos especiais a que se sujeitam um ou mais pedidos cumulados, que não forem incompatíveis com as disposições sobre o procedimento comum (art. 327, § 2º, do novo CPC).

O pedido é *alternativo* quando, pela natureza da obrigação, o devedor puder cumprir a prestação de mais de um modo (art. 325 do CPC).

Quando, pela lei ou pelo contrato, a escolha couber ao devedor, o juiz deve lhe assegurar o direito de cumprir a prestação de um ou de outro modo, ainda que o autor não tenha formulado pedido alternativo (art. 325, parágrafo único, do CPC).

Ademais, também se admite formular mais de um pedido, *alternativamente*, para que o juiz acolha um deles (art. 326, parágrafo único, do CPC).

É lícito formular mais de um pedido *em ordem subsidiária*, a fim de que o juiz conheça do posterior, não podendo acolher o anterior (art. 326, *caput*, do CPC).

Trata-se do *pedido subsidiário*, o qual se verifica quando o autor formula pedido principal e, caso este não seja acolhido pelo juiz, pedido subsidiário.

Nos termos do art. 327, § 3º, do CPC, a necessidade de compatibilidade dos pedidos (prevista no inciso I do § 1º do art. 327 do CPC) não se aplica à cumulação de pedidos em ordem subsidiária, nem à formulação de mais de um pedido, alternativamente, para que o juiz acolha um deles, conforme art. 326 do CPC.

O *pedido sucessivo*, por sua vez, a rigor, "é feito cumulativamente com um primeiro, e que só pode ser concedido se este o for".[10]

---

(9) Cf. GRECO FILHO, Vicente. *Direito processual civil brasileiro*, cit., v. 2, p. 112-114.
(10) *Ibidem*, p. 113.

Por fim, esclareça-se que, na obrigação indivisível com pluralidade de credores, aquele que não participou do processo deve receber sua parte, deduzidas as despesas na proporção de seu crédito (art. 328 do CPC).

Destaque-se a Súmula n. 170 do STJ: "Compete ao juízo onde for intentada a ação de acumulação de pedidos, trabalhistas e estatutários, decidi-la nos limites da sua jurisdição, sem prejuízo do ajuizamento de nova causa, com pedido remanescente, no juízo próprio".

15.4. Modificação do pedido e da causa de pedir

O *aditamento* e a *alteração do pedido ou da causa de pedir* não se confundem com a emenda da petição inicial, prevista no art. 321 do Código de Processo Civil, anteriormente estudado.

As referidas modificações são admitidas até certo momento, tendo em vista a necessidade de estabilização da relação jurídica processual.

Nesse sentido, conforme o art. 329 do novo CPC, o autor pode:

— **até a citação**, aditar ou alterar o pedido ou a causa de pedir, independentemente do consentimento do réu;

— **até o saneamento do processo**, aditar ou alterar o pedido e a causa de pedir, com o consentimento do réu, assegurado o contraditório mediante a possibilidade de manifestação deste no prazo mínimo de quinze dias, facultado o requerimento de prova suplementar.

O disposto *supra* também é aplicado à reconvenção e à respectiva causa de pedir, justamente por ter natureza de ação.

CAPÍTULO 16

ALTERAÇÕES ATINENTES À IMPROCEDÊNCIA LIMINAR DO PEDIDO

Com base nos *princípios da economia e da celeridade processual*, consoante o art. 332 do novo Código de Processo Civil, nas causas que dispensem a fase instrutória, o juiz, independentemente da citação do réu, *deve julgar liminarmente improcedente o pedido* que contrariar:

— enunciado de súmula do Supremo Tribunal Federal ou do Superior Tribunal de Justiça;

— acórdão proferido pelo Supremo Tribunal Federal ou pelo Superior Tribunal de Justiça em julgamento de recursos repetitivos (arts. 1.036 a 1.041 do CPC);

— entendimento firmado em incidente de resolução de demandas repetitivas (arts. 976 a 987 do CPC) ou de assunção de competência (art. 947 do CPC);

— enunciado de súmula de tribunal de justiça sobre direito local.

No CPC de 1973, existia o art. 285-A. Tal artigo era incidente em todos os tipos de processo (conhecimento, execução e cautelar) e em todos os tipos de procedimento (ordinário, sumário e especiais). Esse mesmo artigo tem sua constitucionalidade questionada perante o STF (ADI n. 3.695/DF), mas, por não ter sido liminarmente suspenso, vem sendo regularmente aplicado. Seu objetivo era a economia processual, mediante racionalização do serviço jurisdicional, bem como assegurar a isonomia.

"A sucumbência da parte autora da demanda em apelação interposta contra sentença liminar de improcedência (art. 285-A do CPC) enseja a condenação em honorários, nos termos do art. 20 do CPC, tendo em vista a prévia citação do réu para oferecer contrarrazões, ocasião em que houve a angularização da relação jurídico-processual. Precedentes." (STJ, 2ª T., REsp 1301049, Rel. Min. Mauro Campbell Marques, j. 4.12.2012, DJe 10.12.1012)

O magistrado também pode julgar liminarmente improcedente o pedido se verificar, desde logo, a ocorrência de *decadência* ou de *prescrição* (art. 332, § 1º, do CPC).

Não interposta a apelação, o réu deve ser intimado do trânsito em julgado da sentença, nos termos do art. 241 do CPC, ao dispor que, transitada em julgado a sentença de mérito proferida em favor do réu *antes da citação*, incumbe ao escrivão ou ao chefe de secretaria comunicar-lhe o resultado do julgamento.

Esse preceptivo tem como objetivo alcançar maior celeridade no julgamento das ações, quando a pretensão contrariar as disposições já arroladas, autorizando o julgamento liminar de improcedência total do pedido.

Nesse contexto, há nítida semelhança entre o art. 332 do novo CPC, ao estabelecer o *julgamento liminar de improcedência do pedido*, nas causas que dispensem a fase instrutória (tratando, em regra, apenas de questões de direito), independentemente da citação do réu, com o *indeferimento da petição inicial*, com fundamento no art. 330 do mesmo diploma legal.

Tanto é verdade que, consoante o art. 239 do CPC, para a validade do processo é indispensável a citação do réu ou do executado, ressalvadas as hipóteses de indeferimento da petição inicial ou de improcedência liminar do pedido.

Em ambas as hipóteses, *a sentença é proferida de plano*, antes mesmo de ser citado o réu.

Enquanto no indeferimento da petição inicial a sentença é *terminativa*, isto é, põe fim ao processo sem resolução do mérito (conforme o art. 485, inciso I, do CPC), no caso do art. 332 do CPC a sentença é *definitiva*, dado que o pedido é julgado com resolução do mérito, em consonância com o art. 487, incisos I e II, do CPC.

Interposta a apelação, *o magistrado pode se retratar* em cinco dias (art. 332, § 3º, do CPC).

Se houver retratação, o juiz deve determinar o prosseguimento do processo, com a citação do réu.

Se não houver retratação, o juiz deve determinar a citação do réu para apresentar contrarrazões, no prazo de quinze dias.

Com isso, não há qualquer restrição ilegítima a direitos das partes, nem mesmo às garantias constitucionais do contraditório e da ampla defesa, pois a causa dispensa a fase instrutória (o que normalmente ocorre quando a matéria é exclusivamente de direito), e as alegações e argumentações, do autor e do réu, podem ser feitas, respectivamente, nas razões e nas contrarrazões da apelação.

Frise-se que a citação do réu não é realizada para apresentar defesa, mas sim com a finalidade de apresentar contrarrazões, momento em que, certamente, poderá fazer suas alegações defensivas.

Como a causa dispensa a fase instrutória, sendo a matéria, assim, em regra, unicamente de direito (e não de fato), a ausência de apresentação da resposta ao recurso, pelo réu, não acarreta qualquer confissão ou os efeitos da revelia (art. 344 do CPC). Pode-se dizer que não ocorre nem mesmo a revelia em si, justamente porque as contrarrazões do recurso não se confundem com a contestação. A mera ausência de apresentação de resposta ao recurso não tem como acarretar essa consequência processual ao recorrido.

Se mantida a sentença recorrida, tendo em vista a previsão de citação do réu, para apresentar contrarrazões ao recurso, evita-se eventual prejuízo, a respeito do parágrafo único do art. 296 do CPC de 1973, na redação determinada pela Lei n. 8.952/1994, quanto à "desconsideração do direito do réu de saber que é réu e de que a sua causa está na iminência de ser julgada já em segunda instância, julgamento que, neste caso, corresponde, na verdade, à terceira manifestação judicial decisória".

Se o tribunal der provimento à apelação, tem-se a reforma da sentença, e não a sua cassação ou anulação. Nesse caso, o acórdão passa a acolher o pedido, total ou parcialmente, abrindo às partes a possibilidade de interposição de novos recursos.

Não ocorre, na situação mencionada, "supressão de instância", pois, no caso, o juízo de primeiro grau já apreciou o mérito na sentença, ao julgar, de forma liminar, improcedente o pedido, a qual apenas foi reformada pelo juízo *ad quem*.

Também não se observa, na hipótese mencionada, prejuízo ao réu, decorrente de aplicação do art. 332 do novo CPC, uma vez que a hipótese é de simples reforma da sentença de improcedência (rejeição) do pedido, pelo tribunal, frisando-se que o demandado teve a oportunidade de fazer todas as suas considerações sobre a matéria debatida na resposta do apelo.

Não se vislumbra, ainda, qualquer tumulto processual na situação retratada; comparando-se com o procedimento tradicional, a única distinção, no caso, é que o tribunal deu provimento ao recurso do autor, e o réu, em vez de ter apresentado defesa, só precisou juntar as contrarrazões do apelo.

Entendendo o tribunal, ao apreciar o recurso, que o caso não preenche os requisitos do art. 332 do novo CPC, pode-se defender a tese de que, por ser disposição de ordem pública, relacionada às garantias do devido processo legal, o juízo *ad quem* deve, mesmo de ofício, anular a sentença, determinando o retorno dos autos à primeira instância para o normal processamento da ação.

Seria evidentemente ilegal (e em desacordo com as garantias constitucionais do processo) que o tribunal, ao julgar a apelação contra sentença de improcedência liminar do pedido, reformasse-a, passando a acolher a pretensão, sob o inusitado fundamento de que o réu não se desincumbiu de seu ônus da prova. Isso seria inaceitável, justamente por não se ter possibilitado às partes a produção de provas.

Pode-se dizer que o preceito é válido, não se observando supressão de instância ou violação do contraditório e da ampla defesa.

A técnica processual do julgamento, de plano, da demanda, antes mesmo da citação do réu, já é conhecida em nosso sistema processual, como se observa nos arts. 295 e 267, inciso I, do CPC de 1973 (arts. 330 e 485, inciso I, do novo CPC), os quais *não* são considerados em desacordo com as garantias e normas constitucionais.

O art. 332 do CPC apenas ampliou essa técnica para alcançar hipóteses em que a improcedência do pedido é patente, o que justifica o julgamento de forma liminar. Os princípios da economia processual e da celeridade justificam, em situações específicas, o julgamento de forma liminar do pedido, como prevê o dispositivo em questão.

Justamente por se tratar de causas que dispensem a fase instrutória, não há provas a serem produzidas. Além disso, se o pedido contraria os preceitos arrolados no art. 332 do CPC, fica evidente a improcedência, a qual pode ser objeto de julgamento liminar. Por isso, a citação do réu, com posterior apresentação de defesa, em tese, pode não trazer qualquer utilidade, mas, apenas, onerar e alongar ainda mais o processo.

Entende-se como causa que dispense a fase instrutória justamente aquela cuja decisão depende, apenas, de aplicação e interpretação de normas jurídicas, ou seja, sem envolver questões de fato, sujeitas à produção de provas.

Pode-se argumentar que o réu teria a possibilidade de apresentar, em sua defesa, novos argumentos, não vislumbrados pelo juízo nos feitos anteriores, bem como preliminares e alegações peculiares ao caso em debate. No entanto o que o art. 332 do CPC autoriza é justamente a sentença que rejeita totalmente o pedido do autor, nas hipóteses previstas nos seus incisos. Assim, não há qualquer prejuízo ao réu, que não poderia obter provimento jurisdicional mais benéfico do que a improcedência total e liminar. Ademais, há até mesmo situação mais benéfica, ao tornar desnecessárias eventuais despesas, por exemplo, com advogado, com preparação de defesa e com locomoção.

Quanto ao autor, cabe reiterar que o art. 332 do novo CPC só pode ser aplicado quando a causa dispensar a fase instrutória, hipótese em que, em regra, não há provas a serem produzidas, nem outras alegações a serem feitas, além daquelas já constantes na petição inicial. O demandante não teria como ser beneficiado com a citação e a apresentação de defesa pelo réu; se isso tivesse ocorrido, a situação daquele apenas poderia, em tese, se dificultar, com outras despesas e eventual acréscimo de condenação em despesas processuais. Além disso, se a sentença, de qualquer forma, for de rejeição (isto é, improcedência) total do pedido, tendo em vista que o pedido contraria algum dos preceitos arrolados no art. 332 do CPC, de nada adiantará a delonga processual, com citação e apresentação de resposta pelo demandado.

Outrossim, segundo o *caput* do art. 332 do Código de Processo Civil, essa disposição, a rigor, seria imperativa, devendo o juiz, quando presentes os requisitos legais, proferir o julgamento de forma liminar de improcedência.

Entretanto, ainda assim, quando o pedido não contrariar súmula vinculante do Supremo Tribunal Federal, nem acórdão proferido pelo STF ou pelo STJ em julgamento de recursos repetitivos, nem entendimento firmado em incidente de resolução de demandas repetitivas (art. 332 do novo CPC) ou de assunção de competência (art. 947, § 3º, do CPC), por não haver, no caso, força vinculante, deve-se reconhecer que não há como obrigar o juiz a julgar liminarmente improcedente o pedido.

Capítulo 17

Alterações Quanto ao Valor da Causa

O art. 319, inciso V, do novo Código de Processo Civil exige que a petição inicial indique o *valor da causa*.

O art. 291 do mesmo diploma legal reitera que a toda causa deve ser "atribuído valor certo, ainda que não tenha conteúdo econômico imediatamente aferível".

Regra geral, o valor deverá corresponder ao conteúdo econômico da demanda ou do benefício econômico pretendido.

> [...] 1. A jurisprudência do Superior Tribunal de Justiça é firme no sentido de que o valor da causa, ainda que se cuide de ação declaratória, deve corresponder ao do seu conteúdo econômico, assim considerado aquele referente ao benefício que se pretende obter com a demanda, conforme os ditames dos arts. 258 e 259, inciso I, do Código de Processo Civil. [...] (STJ — 6ª T. — AgRg no REsp 1104536/CE, Rel. Ministro O. G. Fernandes, julgado em 5.2.2013, DJe 18.2.2013)

> A falta de indicação do valor da causa não ofende os arts. 258 e 282, inciso V, do Código de Processo Civil, ante a ausência de prejuízo às partes, sobressaindo o caráter da instrumentalidade do processo; [...] (AR 4.187/SC, Rel. Ministro Massami Uyeda, 2ª Seção, julgado em 12.9.2012, DJe 25.9.2012)

> [...] 4. O valor da causa deve, a princípio, corresponder ao benefício econômico pretendido. Embora não haja necessária correspondência entre o valor da causa na Demanda Cautelar e na Ação Civil Pública, os elementos dos autos também não permitem a) identificar com objetividade o benefício decorrente da providência acautelatória almejada; nem mesmo, b) reputar como exorbitante a estimativa feita na petição inicial. Refutar tais considerações com base em outros elementos demanda revaloração da prova, que, se não inútil, é vedada pela Súmula n. 7/STJ. 5. A exorbitância do valor da causa a partir do cotejo de estimativas não representa divergência de interpretação sobre o conteúdo do art. 258 do CPC. (STJ — 2ª T. — AgRg no AREsp 95.311/MT, Rel. Ministro Herman Benjamin, julgado em 6.9.2012, DJe 24.9.2012)

O novo Código de Processo Civil, no art. 293, dispõe que o réu pode impugnar, *em preliminar da contestação*, o valor atribuído à causa pelo autor, sob pena de preclusão.

Nesse caso, o juiz deve decidir a respeito, "impondo, se for o caso, a complementação das custas".

De acordo com os parâmetros do art. 292 do CPC, o valor da causa, constante da petição inicial ou da reconvenção, deve ser:

— na ação de cobrança de dívida, a soma monetariamente corrigida do principal, dos juros de mora vencidos e de outras penalidades, se houver, até a data da propositura da ação;

— na ação que tiver por objeto a existência, a validade, o cumprimento, a modificação, a resolução, a resilição ou a rescisão de ato jurídico, o valor do ato ou o de sua parte controvertida;

— na ação de alimentos, a soma de 12 (doze) prestações mensais pedidas pelo autor;

— na ação de divisão, de demarcação e de reivindicação, o valor de avaliação da área ou do bem objeto do pedido;

— na ação indenizatória, inclusive a fundada em dano moral, o valor pretendido;

— na ação em que há cumulação de pedidos, a quantia correspondente à soma dos valores de todos eles;

— na ação em que os pedidos são alternativos, o de maior valor;

— na ação em que houver pedido subsidiário, o valor do pedido principal.

Consoante visão do STJ, sob a óptica do CPC de 1973:

[...] 1. O valor da causa diz respeito à matéria de ordem pública, sendo, portanto, lícito ao magistrado, de ofício, determinar a emenda da inicial quando houver discrepância entre o valor atribuído à causa e o proveito econômico pretendido. Precedentes. 2. Na ação de usucapião de natureza extraordinária, tendo por objeto terreno adquirido sem edificações, o conteúdo econômico corresponde à nua-propriedade e o valor da causa será de acordo com a estimativa oficial para lançamento do imposto (art. 259, VII, do CPC), todavia, excluindo-se as eventuais benfeitorias posteriores à aquisição do terreno. [...]. (STJ — 3ª T. — REsp 1133495/SP, Rel. Ministro Massami Uyeda, julgado em 6.11.2012, DJe 13.11.2012)

Quando se pedirem prestações vencidas e vincendas, deve-se levar em consideração o valor de umas e outras.

O valor das prestações vincendas deve ser igual a uma prestação anual se a obrigação for por tempo indeterminado ou por tempo superior a um ano.

O valor das prestações vincendas, se a obrigação for por tempo inferior, deve ser igual à soma das prestações.

A propósito, veja-se julgado do STJ sobre a matéria:

"[...] 1. O art. 260 do Código de Processo Civil dispõe que, quando se pedirem prestações vencidas e vincendas, tomar-se-á em consideração o valor de umas e outras. O valor das prestações vincendas será igual a uma prestação anual, se a obrigação for por tempo indeterminado, ou por tempo superior a 1 (um) ano; se, por tempo inferior, será igual à soma das prestações. [...]." (STJ — 4ª T. — REsp 981.415/RJ, Rel. Ministro Luis Felipe Salomão, julgado em 16.10.2012, DJe 31.10.2012)

Como já observado, o valor da causa deve ser correspondente à pretensão do autor, formulada na petição inicial.

O valor da causa, portanto, não deve ser livremente fixado, de forma aleatória.

Defende-se que cabe ao juiz, mesmo de ofício, coibir abusos a esse respeito, corrigindo o valor da causa, por exemplo, se houve a fixação de valor muito reduzido pelo autor, objetivando a redução ilegal das custas, em caso de rejeição do pedido.

A respeito do tema, o art. 292, § 3º, do novo CPC é expresso ao determinar que o juiz deve corrigir, de ofício e por arbitramento, o valor da causa quando verificar que não corresponde ao conteúdo patrimonial em discussão ou ao proveito econômico perseguido pelo autor, caso em que se procederá ao recolhimento das custas correspondentes.

O juiz pode, de ofício, alterar o valor da causa que não observe o preceito do CPC ou que esteja em evidente discrepância com o benefício econômico pretendido.

"[...] É possível adequar o valor da causa, de ofício, quando constatada discrepância entre o benefício econômico pretendido pelo autor e o montante atribuído à causa. Precedentes do STJ. [...]." (STJ — 2ª T. — AgRg no Ag 1.415.022/RJ, Rel. Ministro Herman Benjamin, julgado em 21.8.2012, DJe 27.8.2012)

"[...] É cabível a modificação *ex officio* do valor atribuído à causa na hipótese em que o magistrado visualiza manifesta discrepância em comparação com o real valor econômico da demanda. Precedentes desta Corte. [...]." (REsp 1.234.002/RJ, Rel. Ministro Castro Meira, 2ª Turma, julgado em 1º.3.2011, DJe 17.3.2011)

Essa decisão, por ter natureza interlocutória, é impugnável por agravo de instrumento.

CAPÍTULO 18

TUTELA PROVISÓRIA NO NCPC

O NCPC unificou a disciplina atual da tutela antecipada e do processo cautelar no livro referente à tutela provisória, que regulamenta a concessão, antecedente ou incidental, de medidas aptas a acautelar ou satisfazer o direito controvertido.

A tutela provisória pode ser: i) de urgência, que pressupõe a probabilidade do direito e o perigo de dano ou risco ao resultado útil do processo, ou de evidência, que pressupõe abuso de direito, manifesto propósito protelatório do réu ou prova documental do direito controvertido; ii) cautelar, quando visa a conservar o direito controvertido, ou antecipada, quando tem natureza satisfativa; iii) antecedente, quando for requerida antes de deduzido o pedido principal, ou incidental, quando pleiteada no curso do processo.

A tutela (provisória) de urgência pode ser cautelar ou antecipada.

A tutela (de urgência) cautelar tem como objetivo assegurar o resultado útil do processo principal. Tem, portanto, natureza essencialmente instrumental, pois, a rigor, visa a tutelar o processo, e não a satisfazer o direito material.

A tutela (de urgência) antecipada, por sua vez, tem natureza satisfativa, visando a assegurar, de forma imediata, concreta e efetiva, o bem jurídico pretendido.

Trata-se de requerimento formulado pelo autor, normalmente na petição inicial, embora possa ocorrer posteriormente.

A tutela antecipada não se confunde com o "julgamento antecipado do mérito", nem com o "julgamento antecipado parcial do mérito", previstos nos arts. 355 e 356 do CPC.

Desde o advento da Lei n. 8.952/94, que deu nova redação ao art. 273 do Código de 1973, parte da doutrina, como Ovídio Baptista, tentou diferenciar da tutela cautelar o instituto da antecipação de tutela. No mesmo sentido, Marinoni e Arenhart expõem que a antecipação de tutela e a cautelar têm natureza diversa, tendo requisitos próprios. A antecipação de tutela visaria a conferir o bem da vida pretendido pela parte antes do provimento final do processo, exigindo-se verossimilhança e lesão de difícil reparação, enquanto a tutela cautelar visa a proteger o resultado útil do processo, necessitando-se de *periculum in mora e fumus boni iuris*.

No entanto parte da doutrina, como Bedaque, sustenta que, embora a antecipação de tutela e a cautelar tenham diferenças, pertencem ao mesmo gênero.

Por outro lado, Tesheiner refere que "litisregulação é regulação provisória da lide". É provisória porque supõe um processo principal, que definitize a relação intersubjetiva. Melhor explicando, a litisregulação regula provisoriamente a situação fática, objeto do litígio.

Diz ainda Tesheiner que em qualquer processo há litisregulação, concedendo ou não a tutela provisória. Por isso, é uma realidade de duas faces. Em suma, "quando, para determinado caso, a lei prevê o sequestro, há regulação provisória da lide; mas também há regulação provisória da lide se a lei nega o sequestro".

Nessa óptica, a antecipação de tutela e a cautelar teriam por objetivo impedir que o tempo comprometa a efetividade do instrumento processual. Ou seja, são técnicas processuais oferecidas pelo legislador tendentes a minimizar os efeitos danosos causados pelo tempo do trâmite processual.

Demais disso, a tutela (provisória) de urgência pode ser concedida em caráter antecedente ou incidental (art. 294, parágrafo único, do novo CPC).

Em termos esquemáticos, portanto, têm-se:

— tutela provisória de urgência;

— tutela provisória da evidência.

A tutela provisória de urgência, conforme visto anteriormente, pode ser cautelar ou antecipada.

Ainda de forma esquemática:

— tutela provisória de urgência cautelar;

— tutela provisória de urgência antecipada.

Além disso, a tutela provisória de urgência (cautelar ou antecipada) pode ser concedida em caráter antecedente ou incidental, ou seja, antes do ajuizamento da ação ou no curso dela, respectivamente.

Sendo assim, para melhor compreensão, observam-se as seguintes modalidades de tutela provisória:

— tutela provisória de urgência cautelar antecedente;

— tutela provisória de urgência cautelar incidente;

— tutela provisória de urgência antecipada antecedente;

— tutela provisória de urgência antecipada incidente;

— tutela provisória da evidência.

18.1. Disposições gerais

Passemos a ver as disposições gerais relativas à tutela provisória, que pode ser classificada na forma acima exposta.

Em razão da urgência ou da evidência, a tutela provisória se caracteriza pela cognição menos aprofundada e sumária, realizada pelo juiz.

Por isso, a tutela provisória pode, a qualquer tempo, ser revogada ou modificada.

Essa modificação e essa revogação podem ser adotadas até mesmo de ofício pelo juiz, mas sempre por meio de decisão fundamentada.

Como nem sempre o juiz tem condições de analisar, de forma mais aprofundada e exauriente, o requerimento de tutela provisória, principalmente nos casos de urgência, se deferida, ela pode ser modificada ou revogada posteriormente, por exemplo, após a citação e a manifestação do réu a respeito, ou mesmo depois da apresentação da contestação.

Mesmo na tutela provisória da evidência (art. 311 do CPC), de igual modo, a ausência do direito pode ficar demonstrada após a manifestação do réu, justificando a posterior modificação ou revogação da tutela antecipada.

A tutela provisória requerida em caráter incidental independe do pagamento de custas (art. 295 do novo CPC).

A tutela provisória, em sentido amplo, conserva a sua eficácia na pendência do processo, mas pode, a qualquer tempo, ser revogada ou modificada (art. 296 do novo CPC).

Trata-se, portanto, de medida que se caracteriza pela provisoriedade, justamente em razão da ausência de profundidade na cognição, distinguindo-se da tutela jurisdicional definitiva, proferida ao final do procedimento.

A revogação e a modificação da tutela provisória podem ser adotadas de ofício pelo juiz, pois a sua concessão ocorre por meio de exame não definitivo e normalmente não aprofundado.

De todo modo, salvo decisão judicial em contrário, a tutela provisória conserva a eficácia durante o período de suspensão do processo.

O magistrado pode determinar as medidas que considerar adequadas para efetivação da tutela provisória.

Essa efetivação da tutela provisória (de urgência ou de evidência) deve observar as normas referentes ao cumprimento provisório da sentença (ou seja, à execução provisória), no que couber.

O art. 519 do CPC dispõe, ainda, que se aplicam as disposições relativas ao cumprimento da sentença (isto é, à execução de título judicial), provisório ou definitivo, e à liquidação, no que couber, às decisões que concederem tutela provisória.

Portanto a decisão de tutela provisória deve ser cumprida e efetivada no mesmo processo de conhecimento, independentemente de instauração de execução autônoma.

Dessarte, na decisão de tutela provisória, além da tradicional eficácia condenatória, observa-se a eficácia de natureza executiva *lato sensu*, permitindo a concretização e a satisfação do direito no mesmo processo.

Deve-se salientar que o art. 139, inciso IV, do CPC determina que o juiz deve dirigir o processo conforme as disposições legais, incumbindo-lhe "determinar todas as medidas indutivas, coercitivas, mandamentais ou sub-rogatórias necessárias para assegurar o cumprimento de ordem judicial, inclusive nas ações que tenham por objeto prestação pecuniária".

Em se tratando de tutela provisória de urgência antecipada (de natureza satisfativa) em ações relativas a obrigações de fazer, de não fazer e de entregar coisa (arts. 536 a 538 do CPC), há preferência pela execução da tutela específica, por meio de medidas com natureza mandamental e executiva *lato sensu*. Cuida-se de sistemática própria, afastando a necessidade de processo de execução forçada nos moldes tradicionais.

Nos casos de tutela mandamental e executiva *lato sensu*, o seu cumprimento ocorre por meio de ordem judicial (mandado), imposição de astreintes e outras providências visando à satisfação do direito (execução *lato sensu*).

Busca-se, assim, a concretização dos objetivos de efetivo acesso à justiça e de máxima eficácia da tutela jurisdicional, no caso, de natureza antecipada.

Na decisão que conceder, negar, modificar ou revogar a tutela provisória, o juiz motivará seu convencimento de modo claro e preciso (art. do CPC).

Cabe agravo de instrumento contra as decisões interlocutórias que versarem sobre tutelas provisórias (art. 1.015, inciso I, do novo CPC).

O mais comum é que a decisão sobre a tutela provisória seja proferida no curso do processo, tendo, assim, natureza interlocutória.

Conforme a situação em concreto, a tutela provisória pode ser concedida pelo juiz antes mesmo da citação, o que não significa violação ao princípio do contraditório, mas apenas a sua concretização em momento posterior (contraditório diferido).

A tutela provisória deve ser requerida ao juízo da causa e, quando antecedente, ao juízo competente para conhecer do pedido principal (art. 299 do CPC).

Logo, na tutela provisória (de urgência, antecipada ou cautelar, ou de evidência), se antecedente, deve-se verificar o juízo competente para conhecer, processar e julgar o pedido a ser formulado na ação principal.

Na tutela provisória (de urgência, antecipada ou cautelar, ou de evidência), se incidente, a competência é do próprio juízo da causa.

Ressalvada disposição especial, na ação de competência originária de tribunal e nos recursos a tutela provisória deve ser requerida ao órgão jurisdicional competente para apreciar o mérito (art. 299, parágrafo único, do CPC).

O órgão jurisdicional competente para apreciar o mérito, nos casos de competência originária de tribunal e nos recursos, pode ser, conforme o caso, o relator ou o órgão colegiado (turma, sessão, órgão especial, pleno).

No caso específico de recurso extraordinário, segundo a Súmula n. 634 do STF: "Não compete ao Supremo Tribunal Federal conceder medida cautelar para dar efeito suspensivo a recurso extraordinário que ainda não foi objeto de juízo de admissibilidade na origem".

Na hipótese mencionada, segundo explicita a Súmula n. 635 do STF: "Cabe ao presidente do tribunal de origem decidir o pedido de medida cautelar em recurso extraordinário ainda pendente do seu juízo de admissibilidade".

Havendo urgência excepcional para a obtenção da tutela provisória de urgência cautelar, antecedente, parte da doutrina defende a possibilidade de ser requerida mesmo a juízo incompetente relativamente, para que o direito material, a ser tutelado por meio da tutela definitiva e principal, seja preservado. Entretanto, nesses casos excepcionais, ainda que admitidos, não ocorre a prorrogação da competência do juízo para a ação (tutela) principal, a qual deve ser ajuizada perante o juízo competente em razão do lugar.

Como se nota do art. 299 do CPC, exige-se requerimento da parte para que o juiz possa conceder a tutela antecipada.

O autor da ação e o réu reconvinte (no caso de reconvenção) têm legitimidade para requerer a tutela antecipada.

Bom salientar que o processo começa por iniciativa da parte e se desenvolve por impulso oficial, salvo as exceções previstas em lei.

Ainda assim, cabe examinar se, especificamente quanto à tutela antecipada de natureza cautelar, o juiz pode concedê-la de ofício.

A primeira corrente entende que essa tutela cautelar deve ser requerida pela parte, sendo vedado que o juiz a conceda de ofício. Nesse sentido, tendo em vista o princípio da inércia da jurisdição, aplica-se o art. 2º do CPC, suprarreferido. O art. 141 do CPC também determina que o juiz deve decidir o mérito "nos limites propostos pelas partes, sendo-lhe vedado conhecer de questões não suscitadas a cujo respeito a lei exige iniciativa da parte".

A corrente oposta defende a possibilidade da concessão de tutela cautelar de ofício pelo juiz, conforme a urgência do caso concreto e do direito envolvido.

Argumenta-se que há casos, excepcionais, em que o juiz pode deferir a tutela provisória de urgência, de natureza cautelar, até mesmo sem requerimento do autor.

Nesse contexto, a própria Lei n. 10.259/2001, que institui os Juizados Especiais Federais, no art. 4º, autoriza a concessão de medida cautelar de ofício, ao assim prever: "O Juiz poderá, de ofício ou a requerimento das partes, deferir medidas cautelares no curso do processo, para evitar dano de difícil reparação".

18.2. Tutela de urgência

As tutelas de urgência são aplicáveis, como o nome indica, nas situações específicas, em que se exige providência jurisdicional imediata, isto é, em que o tempo pode acarretar prejuízos ao processo ou a bem jurídico.

A tutela antecipada de urgência deve ser concedida quando houver elementos que evidenciem a probabilidade do direito e o perigo de dano ou o risco ao resultado útil do processo (art. 300 do CPC).

Na verdade, são requisitos para a tutela antecipada de urgência:

— probabilidade do direito; e

— perigo de dano ou risco ao resultado útil do processo.

Especificamente para a tutela de urgência, de natureza antecipada, por ter caráter satisfativo, além dos requisitos citados, também se exige a ausência de perigo de irreversibilidade dos efeitos da decisão (art. 300, § 3º, do novo CPC).

A probabilidade do direito refere-se ao tradicional *fumus boni juris* das tutelas de urgência.

O perigo de dano ou o risco ao resultado útil do processo remonta ao tradicional *periculum in mora* das tutelas de urgência (antecipada e cautelar).

Todos os requisitos devem estar presentes, de forma cumulativa, para a concessão da tutela de urgência.

Para que a tutela provisória de urgência seja concedida, a parte deve demonstrar o perigo na demora e fumaça do bom direito.

O perigo na demora (*periculum in mora*) significa que, se a parte requerente for aguardar o provimento jurisdicional final, ou a sua execução ou efetivação, certamente será muito tarde, em razão do dano que pode sofrer, ou porque o direito material corre risco de não mais existir até lá, tornando a prestação jurisdicional principal inútil em razão do tempo transcorrido, acarretando a perda de seu objeto.

A fumaça do bom direito (*fumus boni juris*) significa a provável existência do direito material, postulado de forma principal.

Como já mencionado, a tutela (provisória) de urgência pode ter natureza antecipada (satisfativa) ou cautelar.

A tutela cautelar, assim, é uma modalidade de tutela provisória de urgência.

A tutela (provisória) de urgência pode ser antecedente (requerida antes do ajuizamento da ação) ou incidente (requerida no curso da ação).

Para a concessão da tutela de urgência, o juiz pode, conforme o caso, exigir caução real ou fidejussória idônea para ressarcir os danos que a outra parte possa vir a sofrer.

Entretanto a caução pode ser dispensada se parte economicamente hipossuficiente não puder oferecê-la.

Registre-se que a tutela provisória de urgência pode ser concedida liminarmente ou após justificação prévia.

Como se pode notar, antes da concessão da tutela de urgência, o juiz pode realizar a justificação prévia, ouvindo o autor a respeito do requerimento, para a formação de seu convencimento.

No caso, mesmo sendo a tutela provisória de urgência concedida antes da citação do réu, não há violação ao contraditório, o qual fica diferido (isto é postergado), sendo realizado em momento processual posterior.

Mesmo porque, como já mencionado, a tutela provisória, por se caracterizar pela provisoriedade, pode ser revogada ou modificada a qualquer tempo (art. 296 do CPC).

Ademais, também é possível que a tutela provisória seja concedida somente após a citação do réu.

A tutela urgente de natureza cautelar (ou seja, a tutela provisória de urgência, de natureza cautelar, antecedente ou incidente) pode ser efetivada mediante arresto, sequestro, arrolamento de bens, registro de protesto contra alienação de bem e qualquer outra medida idônea para asseguração do direito.

O arresto tem como objetivo a apreensão judicial de bens, em razão de perigo de dano, visando à futura execução por quantia certa.

O sequestro tem como objetivo a apreensão judicial de coisa litigiosa, em razão de perigo de dano, visando à futura execução para a entrega de coisa.

Enquanto o sequestro incide sobre os bens que são o objeto de disputa, para evitar o desaparecimento ou o perecimento da coisa litigiosa, o arresto recai sobre quaisquer bens do devedor, visando à futura satisfação ou à execução da dívida.

A efetivação da tutela provisória de urgência, de natureza cautelar, portanto, pode ser efetivada por meio das medidas exemplificadas no art. 301 do novo CPC.

Nesse sentido, além do arresto, do sequestro, do arrolamento de bens, do registro de protesto contra alienação de bens, são admitidas outras medidas idôneas para assegurar o direito.

É possível exemplificar com a busca e apreensão, que pode incidir sobre bem ou pessoa.

Pode-se dizer que as medidas para a efetivação da tutela (urgente) cautelar podem ser típicas (ou nominadas) e atípicas (inominadas).

As medidas típicas ou nominadas são aquelas indicadas de forma expressa e específica na lei processual (arresto, sequestro, arrolamento de bens, registro de protesto contra alienação de bem).

As medidas atípicas ou inominadas decorrem do chamado poder geral de cautela do juiz, que tem fundamento no art. 297, parte final, do novo Código de Processo Civil.

Portanto, mesmo não havendo previsão expressa de medida para a efetivação da tutela cautelar antecipada, concedida com fundamento na urgência, é possível postular, e o juiz conceder, medida inominada (atípica), conforme a situação de fato em concreto, que seja idônea (ou seja, adequada) para assegurar o direito material.

Essas diferentes medidas, exemplificativamente previstas em lei, devem ser aplicadas conforme a necessidade de cada situação em concreto, como forma de se assegurar a eficácia do provimento jurisdicional de mérito a ser proferido, ou de sua execução ou efetivação.

Admite-se certa fungibilidade quanto às medidas a serem adotadas para a efetivação da tutela antecipada cautelar de urgência.

Logo, mesmo sendo requerida e deferida certa medida, com o referido objetivo, ela pode ser substituída por outra mais adequada e eficaz para se assegurar o direito.

Como já mencionado, a tutela provisória de urgência (de natureza antecipada, ou seja, satisfativa, concedida em caráter antecedente ou incidente) não deverá ser concedida quando houver perigo de irreversibilidade dos efeitos da decisão (art. 300, § 3º, do CPC).

Não obstante, essa questão deve ser avaliada pelo juiz em cada caso concreto, ponderando os valores em discussão, pois o direito que se objetiva garantir por meio da tutela antecipada pode ter peso superior à eventual alegação de irreversibilidade.

Independentemente da reparação por dano processual (conforme o art. 79 do CPC, responde por perdas e danos àquele que litigar de má-fé como autor, réu ou interveniente), a parte responde pelo prejuízo que a efetivação da tutela antecipada de urgência causar à parte adversa, se: a) a sentença lhe for desfavorável; b) obtida liminarmente a tutela em caráter antecedente, não fornecer os meios necessários para a citação do requerido no prazo de 5 (cinco) dias; c) ocorrer a cessação da eficácia da medida em qualquer hipótese legal; d) o juiz acolher a alegação de decadência ou prescrição da pretensão do autor.

Cabe elucidar que, se a sentença, ao julgar o mérito, acolhe o pedido principal, como já analisado, a tutela cautelar prossegue com a sua eficácia, até a efetiva satisfação do direito, não havendo, obviamente, motivo para responsabilização do autor por danos causados, mesmo porque ele é quem estava com a razão.

O autor deve informar o endereço do réu, no prazo de cinco dias, para que a citação seja efetuada, sob pena de responder pelos prejuízos causados à parte adversa.

Entende-se que a responsabilidade do autor (requerente), quando existente, é de natureza objetiva, não se exigindo a demonstração de dolo ou culpa. O autor, na tutela cautelar antecedente, portanto, ao requerê-la, deve estar ciente dessa possibilidade de responsabilização.

Essa indenização deve ser liquidada nos autos em que a medida tiver sido concedida, sempre que possível.

Desse modo, ocorrendo uma das hipóteses em que incide a responsabilidade do autor, na tutela provisória de urgência (antecipada ou cautelar), se o réu sofrer prejuízos disso decorrentes (nexo causal), terá direito a ser indenizado, devendo a liquidação ser realizada nos próprios autos da tutela de urgência, como medida de celeridade e economia processual.

18.2.1. Tutela antecipada antecedente

Nos casos em que a urgência for contemporânea à propositura da ação (ou seja, quando a urgência existe quando do ajuizamento da demanda), a petição inicial pode limitar-se ao requerimento da tutela antecipada e à indicação do pedido de tutela final, com a exposição sumária da lide (entendido, aqui, como o conflito que deu origem à propositura da ação), do direito que se busca realizar e do perigo de dano ou do risco ao resultado útil do processo (art. 303 do CPC).

Concedida a tutela antecipada, com fundamento em urgência, acima referida:

— o autor deve aditar a petição inicial, com a complementação da sua argumentação, a juntada de novos documentos e a confirmação do pedido de tutela final, em quinze dias, ou em outro prazo maior que o juiz fixar;

— o réu deve ser citado e intimado para a audiência de conciliação ou de mediação, na forma do art. 334 do CPC7; não havendo autocomposição, o prazo para contestação deve ser contado na forma do art. 335 do CPC8.

Observa-se, dessarte, que o prazo de contestação somente se inicia com a intimação do aditamento da petição inicial.

Além disso, se houver audiência de conciliação e de mediação, deve-se observar o termo inicial do prazo de contestação.

Não realizado esse aditamento da petição inicial, o processo deve ser extinto sem resolução do mérito. O aditamento, assim, é medida imperativa, tratando-se de ônus processual do autor.

O aditamento da petição mencionado deve dar-se nos mesmos autos, sem incidência de novas custas processuais.

Nos termos do art. 303, § 4º, do novo CPC, na exordial a que se refere o art. 303, *caput*, já indicado, o autor deve apontar o valor da causa, que levará em consideração o pedido de tutela final.

O autor deve, ainda, indicar, na exordial, que pretende se valer do benefício previsto no art. 303, § 6º, do CPC, supramencionado.

Na hipótese do art. 303, § 6º, do CPC, caso entenda que não há elementos para a concessão da tutela antecipada, o órgão jurisdicional deve determinar a emenda da petição inicial, em até cinco dias. Não sendo emendada nesse prazo, a petição inicial deve ser indeferida, e o processo, extinto sem resolução de mérito.

Nos termos do art. 304 do CPC, a tutela antecipada, concedida nos termos do art. 303, torna-se estável se da decisão que a conceder não for interposto o respectivo recurso.

No caso previsto no art. 303, § 6º, do CPC, ou seja, quando a tutela antecipada se estabiliza, o art. 304, § 1º, do mesmo diploma legal ordena que o processo deve ser extinto.

Ainda assim, antes dessa extinção do processo, mesmo havendo a estabilização da tutela antecipada, pode ser necessária a sua efetivação (ou seja, o seu cumprimento).

Conforme o art. 304, § 2º, do CPC, qualquer das partes pode demandar a outra (ou seja, ajuizar ação própria e diversa) com o intuito de rever, reformar ou invalidar a tutela antecipada satisfativa estabilizada nos termos do art. 304, *caput*, do CPC.

A tutela antecipada conserva os seus efeitos enquanto não revista, reformada ou invalidada por decisão de mérito proferida na ação de que trata o art. 304, § 3º, do CPC.

Qualquer das partes pode requerer o desarquivamento dos autos em que foi concedida a medida, para instruir a petição inicial da ação a que se refere o art. 304, § 4º, do CPC, ficando prevento o juízo em que a tutela antecipada foi concedida.

O direito de rever, reformar ou invalidar a tutela antecipada, previsto no art. 304, § 5º, do CPC, extingue-se após dois anos, contados da ciência da decisão que extinguiu o processo, nos termos do art. 304, § 1º, do mesmo diploma legal.

Tendo em vista o seu caráter de provisoriedade, a decisão que concede a tutela antecipada não faz coisa julgada (material), ou seja, não se torna imutável, mas a estabilidade dos respectivos efeitos só é afastada por decisão que a revir, reformar ou invalidar, proferida em ação ajuizada por uma das partes, nos termos do § 2º deste artigo (art. 304, § 6º, do novo CPC).

18.2.2. Tutela cautelar antecedente

A tutela (provisória de urgência) de natureza cautelar é aquela que se projeta ao futuro, no sentido de assegurar que a tutela jurisdicional definitiva não se torne inútil, em razão do tempo transcorrido até a efetiva satisfação do direito material.

Logo, a tutela cautelar está voltada a uma tutela definitiva (principal).

Embora a tutela cautelar não se confunda com a tutela definitiva e principal, sendo dela relativamente autônoma, a ligação entre os dois é íntima e evidente, pois a tutela cautelar não é um fim em si mesmo.

Ademais, como o processo judicial, em si, é instrumento do Direito material, a tutela cautelar é vista como instrumento do instrumento.

Em razão do tempo necessário para se obter a tutela jurisdicional definitiva, esta pode se tornar ineficaz e sem sentido.

Imagine-se a hipótese em que a ação de natureza condenatória está para ser ajuizada, mas o réu está desaparecendo com todos os seus bens rapidamente. Nesse caso, se fôssemos aguardar o processamento da ação principal, com todas as suas fases e seus incidentes, o que demanda tempo, quando, finalmente, tiver início a execução da futura sentença condenatória, o devedor certamente já não terá mais qualquer bem que responda pela dívida. Se isso acontecer, a tutela jurisdicional definitiva, que condenou o réu, perderá totalmente a sua utilidade, pois não haverá mais patrimônio, inviabilizando por completo a eficácia prática da condenação, bem como a satisfação do direito material.

Logo, para que o tempo não acarrete prejuízo irreparável (ou de difícil reparação) à eficácia da tutela jurisdicional definitiva, presentes os requisitos legais, é possível postular tutela provisória de urgência de natureza cautelar (art. 301 do CPC), no caso acima, de forma antecedente, com pedido de arresto dos bens do alegado devedor, com intuito de assegurar o resultado útil do provimento jurisdicional definitivo, a ser proferido no processo principal.

Para se garantir que o (futuro) provimento jurisdicional de mérito tenha eficácia, em face da possível demora até este ser proferido ou executado, a tutela cautelar tem como objetivo assegurar que esse resultado ainda seja possível, para que o próprio direito material não fique inviabilizado quanto à sua efetiva satisfação.

A tutela cautelar, assim, fundamenta-se na urgência, pois tem aplicação quando há risco ao resultado útil do processo, em razão da demora do provimento jurisdicional definitivo.

A tutela cautelar se caracteriza, assim, pela instrumentalidade, dependência (em face da tutela principal), urgência, celeridade, sumariedade e revogabilidade. Além disso, também se caracteriza pela provisoriedade, pois ela pode ser modificada a qualquer tempo.

Entretanto a tutela cautelar, embora seja modalidade de tutela provisória (de urgência), a rigor, não se confunde com a tutela antecipada (satisfativa), pois esta tem como objetivo a concretização do próprio direito material postulado antecipadamente. Diversamente, a tutela cautelar (antecedente ou incidente), como analisado anteriormente, apenas assegura o resultado útil do processo principal, mas não concede o direito material em si.

As tutelas cautelares, como espécies de tutela de urgência, podem ser antecedentes e incidentes (art. 294, parágrafo único, do CPC).

A tutela cautelar antecedente tem natureza preventiva, sendo pleiteada antes do início da ação principal, isto é, antes de sua propositura.

A tutela cautelar incidente, por seu turno, pode ser preventiva (objetivando evitar a lesão ao direito) ou repressiva (quando já ocorrida a lesão ao direito). Ela é requerida no curso do processo, isto é, depois de já proposta a ação.

O art. 5º, inciso XXXV, da Constituição Federal de 1988, ao assegurar o direito de ação, prevê que "a lei não excluirá da apreciação do Poder Judiciário lesão ou ameaça a direito".

O art. 3º do CPC também dispõe que "não se excluirá da apreciação jurisdicional ameaça ou lesão a direito".

A tutela jurisdicional, portanto, pode ser preventiva ou repressiva, conforme a situação em concreto.

O Código de Processo Civil disciplina, de forma específica, o procedimento da tutela (de urgência) cautelar requerida em caráter antecedente.

A tutela provisória de urgência e de natureza cautelar, consoante visto anteriormente, pode ser antecedente ou incidente, conforme seja requerida e concedida antes do ajuizamento da ação ou em seu curso (ou seja, depois da sua propositura).

A tutela (antecipada) cautelar, de todo modo, tem como fundamento a urgência.

A tutela cautelar antecedente, por ser anterior ao ajuizamento da ação principal, é postulada por meio de ação própria.

Sendo assim, a petição inicial da ação que visa à prestação de tutela cautelar em caráter antecedente deve indicar a lide (ou seja, o conflito de interesses envolvido), o seu fundamento e a exposição sumária do direito que se objetiva assegurar, bem como perigo de dano ou o risco ao resultado útil do processo (art. 305 do CPC).

A ação com pedido de tutela cautelar antecedente, portanto, tem como fundamento a urgência, tanto que se exige a exposição, mesmo que concisa, do chamado *fumus boni juris*.

A exposição sumária do direito que se objetiva assegurar e o perigo de dano ou o risco ao resultado útil do processo, previstos no art. 305 do CPC, na realidade, referem-se à necessidade de se demonstrar o perigo na demora e a fumaça do bom direito, conforme já explicado.

Caso entenda que o pedido já indicado tem natureza antecipada (isto é, satisfativa do direito material pretendido), o juiz deve observar o disposto no art. 303 do CPC, que versa sobre a tutela antecipada, quando a urgência é contemporânea à propositura da ação.

Observa-se, assim, a fungibilidade entre a tutela cautelar e a tutela antecipada, fundadas na urgência, pois ambas são espécies do mesmo gênero de tutela provisória.

Muito se discutia sobre a distinção entre as tutelas cautelar e antecipada, atualmente consideradas espécies do gênero relativo à tutela de urgência (a qual, por sua vez, é modalidade de tutela provisória), conforme o art. 294 do CPC.

Na realidade, enquanto a tutela cautelar tem por objetivo assegurar o resultado útil do processo principal (tornando viável o direito material ali postulado), o que demonstra sua natureza instrumental (instrumento do processo ou fase de conhecimento ou de execução), a tutela antecipada tem caráter satisfativo, pois permite a concretização do próprio direito material demandado.

Diante da natureza comum de tutelas de urgência, a merecerem tratamento semelhante em diversos aspectos, a disposição mencionada estabelece a aplicação do princípio da fungibilidade entre a tutela cautelar antecedente e a tutela antecipada antecedente.

Com isso, se o pedido tem natureza satisfativa, mas foi postulado como tutela cautelar antecedente, cabe ao juiz examinar o requerimento de acordo com a sua verdadeira natureza.

Da mesma forma, inversamente, se o pedido tem natureza de tutela cautelar, mas foi chamado pelo autor de tutela antecipada, o juiz deve decidir em conformidade com a verdadeira natureza do requerimento, mesmo porque ambas são hipóteses de tutela de urgência. Por se tratar de fungibilidade, defende-se essa aplicação ampla da previsão legal, em "mão dupla".

Na ação que visa à prestação de tutela cautelar em caráter antecedente, o réu deve ser citado para, no prazo de cinco dias, contestar o pedido e indicar as provas que pretende produzir (art. 306 do CPC).

Não sendo contestado o pedido, os fatos alegados pelo autor presumem-se aceitos pelo réu como ocorridos, caso em que o juiz deve decidir dentro de cinco dias (art. 307 do CPC).

Trata-se, no caso, de prazo impróprio, direcionado ao juiz.

A decisão, de todo modo, deve ser proferida com a máxima brevidade, em razão da urgência que caracteriza a medida cautelar antecedente.

Contestado o pedido no prazo legal, deve-se observar o procedimento comum.

Efetivada a tutela cautelar, o pedido principal tem de ser formulado pelo autor no prazo de trinta dias.

Logo, o prazo de trinta dias para o pedido principal ser postulado conta-se da efetivação da tutela cautelar antecedente.

Nesse caso, o pedido principal deve ser apresentado nos mesmos autos em que veiculado o pedido de tutela cautelar, não dependendo do adiantamento de novas custas processuais (art. 308 do CPC).

O pedido principal também pode ser formulado com o pedido de tutela cautelar.

A causa de pedir, por sua vez, pode ser aditada no momento da formulação do pedido principal.

Entende-se que o referido prazo de 30 dias tem natureza decadencial, relativo à apresentação do pedido principal, no caso de tutela cautelar antecedente.

Se o pedido principal for apresentado no prazo mencionado, a tutela cautelar conserva a sua eficácia não apenas no prazo de 30 dias (contados ia sua efetivação), mas durante o curso do processo e, na verdade, até a efetivação concreta da tutela jurisdicional final, definitiva e principal.

Em outras palavras, no caso de tutela cautelar antecedente, uma vez concedida, conserva a sua eficácia até o prazo de 30 dias contados da data da efetivação da medida liminar, bem como, se observado esse prazo, na pendência do processo, inclusive até a execução e a concreta satisfação do direito.

Apresentado o pedido principal, as partes devem ser intimadas para a audiência de conciliação ou de mediação na forma do art. 334 do CPC, por seus advogados ou pessoalmente, sem necessidade de nova citação do réu.

O art. 334 do CPC prevê que, se a petição inicial preencher os requisitos essenciais e não for o caso de improcedência liminar do pedido, o juiz deve designar audiência de conciliação ou de mediação "com antecedência mínima de trinta dias, devendo ser citado o réu com pelo menos vinte dias de antecedência".

Não havendo autocomposição, conforme o art. 308, § 4º, do CPC, o prazo para contestação deve ser contado na forma do art. 335 do CPC.

Cessa a eficácia da tutela concedida em caráter antecedente, se:

— o autor não deduzir o pedido principal no prazo legal;

— não for efetivada dentro de trinta dias;

— o juiz julgar improcedente o pedido principal formulado pelo autor;

— ou extinguir o processo sem resolução de mérito (art. 309 do CPC).

Sendo assim, na hipótese de tutela cautelar antecedente, mesmo se concedida, perderá o seu efeito se o pedido principal não for apresentado no prazo de trinta dias, contados da efetivação da tutela cautelar (art. 308 do CPC).

Nesse sentido, de acordo com a Súmula n. 482 do STJ: "A falta de ajuizamento da ação principal no prazo do art. 806 do CPC [de 1973] acarreta a perda da eficácia da liminar deferida e a extinção do processo cautelar".

A tutela cautelar antecedente perde a sua eficácia se não for efetivada dentro de trinta dias. Vale dizer, se a cautelar for concedida (liminarmente ou posteriormente), mas o autor não se interessar pela sua execução, permanecendo inerte, não se verificará a alegada urgência. Consequentemente, por expressa determinação legal, ocorre a cessação da eficácia da tutela cautelar concedida de modo antecedente.

Consoante o art. 309, inciso III, do CPC, cessa a eficácia da tutela cautelar antecedente "se o juiz julgar improcedente o pedido principal formulado pelo autor ou extinguir o processo sem resolução do mérito".

Se o processo é extinto sem exame do mérito, a tutela cautelar antecedente perde a eficácia, uma vez que ela não pode ser vista como um fim em si mesmo, pois depende da tutela principal, a qual busca tutelar.

Da mesma forma, se o pedido principal é rejeitado (julgado improcedente), a eficácia da tutela cautelar, em regra, também perde eficácia, pela mesma razão já indicada, além do que nem sequer haveria a probabilidade do direito material alegado.

Isso é confirmado pela Súmula n. 405 do STF, ao versar sobre hipótese semelhante, envolvendo concessão de liminar em mandado de segurança, o qual é posteriormente denegado pela sentença, tendo a seguinte redação: "Denegado o mandado de segurança pela sentença, ou no julgamento do agravo, dela interposto, fica sem efeito a liminar concedida, retroagindo os efeitos da decisão contrária".

Se a própria sentença rejeitar o pedido principal, entendendo que o bem jurídico postulado não é devido, conclui-se pela ausência de um dos requisitos específicos da tutela antecipada cautelar, qual seja, o *fumus boni juris*, devendo ser revogada pelo juiz.

Nesse caso, ainda que o juiz não revogue expressamente a tutela cautelar antecipada na sentença que julgou o pedido principal, de acordo com o mandamento expresso do art. 309, inciso III, do CPC, cessa a eficácia da cautelar, o que ocorre de forma automática.

Evidentemente, na hipótese em que o mérito, ou seja, o pedido principal, é acolhido (julgado procedente), a tutela cautelar antecipada não perde a sua eficácia tão logo a sentença seja proferida ou transite em julgado. Na realidade, a cautelar deve manter a sua eficácia até a efetiva e completa satisfação do direito material, reconhecido pelo provimento jurisdicional proferido no processo principal. Vale dizer, enquanto a tutela jurisdicional principal não for objeto de integral execução, com a satisfação do direito, a medida cautelar mantém os seus efeitos, justamente para que o seu objetivo de assegurar o resultado útil do processo não seja frustrado.

Se por qualquer motivo cessar a eficácia da tutela cautelar, é vedado à parte renovar o pedido, salvo sob novo fundamento.

Proíbe-se ao autor, portanto, formular o mesmo pedido de tutela cautelar, se cessar a sua eficácia, exceto se o pedido tiver fundamento diverso.

Sendo assim, na hipótese de perda da eficácia da medida cautelar admite-se que a parte ajuize nova ação, com pedido de tutela cautelar antecipada, mas com causa de pedir distinta, isto é, com fundamento diverso.

O indeferimento da tutela cautelar não obsta a que a parte formule o pedido principal, nem influi no julgamento dele, salvo se o motivo do indeferimento for o reconhecimento de decadência ou de prescrição (art. 310 do CPC).

Uma vez proferida a sentença na ação com pedido de tutela cautelar antecedente, são cabíveis embargos de declaração, no prazo de cinco dias, nas hipóteses de omissão, obscuridade e contradição.

A sentença pode ser impugnada por meio de apelação no prazo de quinze dias.

A efetivação da tutela cautelar antecedente deve ser feita, em regra, por mandado, a ser expedido pelo juiz.

Como já mencionado, a tutela cautelar está voltada à tutela do pedido principal, pois tem como objetivo assegurar o resultado útil do provimento jurisdicional final. Isso demonstra a dependência da primeira em face do segundo. O pedido principal, no entanto, não é dependente da tutela antecipada de natureza cautelar requerida de forma antecedente.

Por isso, conforme o art. 310 do CPC, o indeferimento da tutela cautelar não obsta a que a parte formule o pedido principal, por meio da respectiva ação, nem influi no seu julgamento, exceto se o juiz, na tutela cautelar antecipada, acolher a decadência ou a prescrição da pretensão, relativa ao pedido principal.

Portanto, em regra, se a tutela cautelar antecedente foi requerida por meio de ação, mas foi indeferida, ou mesmo rejeitada na sentença, isso não impede que a ação, em que se postule o principal, seja proposta. Nesse caso, a sentença da ação cautelar antecedente não decide o mérito quanto ao pedido principal. Logo, mesmo após o seu trânsito em julgado, que produz coisa julgada formal, a sentença não faz coisa julgada material quanto ao pedido principal.

Excepcionalmente, se na sentença da tutela cautelar antecedente foi reconhecida a prescrição ou a decadência, afetando o próprio mérito (pedido) da ação principal, esta não tem mais como ser ajuizada.

Desse modo, se a prescrição ou a decadência forem reconhecidas na tutela cautelar antecedente, a respectiva sentença, uma vez transitando em julgado, produz coisa julgada material também quanto ao pedido principal, o que significa a imutabilidade dos efeitos da sentença e do comando constante de seu dispositivo. Vale dizer, nessa hipótese excepcional, os efeitos da sentença são produzidos externamente ao processo relativo à tutela cautelar, impossibilitando o ajuizamento da ação principal, em face da existência de coisa julgada material.

Sendo assim, pode-se dizer que a sentença na ação com pedido de tutela cautelar antecedente não produz coisa julgada material quanto ao pedido principal, postulado em ação diversa, exceto se reconhecida a prescrição ou a decadência.

18.3. Tutela de evidência

A tutela antecipada da evidência deve ser concedida, independentemente da demonstração de perigo de dano ou de risco ao resultado útil do processo, quando:

— ficar caracterizado o abuso do direito de defesa ou o manifesto propósito protelatório da parte;

— as alegações de fato puderem ser comprovadas apenas documentalmente e houver tese firmada em julgamento de casos repetitivos ou em súmula vinculante;

— tratar-se de pedido reipersecutório fundado em prova documental adequada do contrato de depósito, caso em que deve ser decretada a ordem de entrega do objeto custodiado, sob cominação de multa;

— a petição inicial for instruída com prova documental suficiente dos fatos constitutivos do direito do autor, a que o réu não oponha prova capaz de gerar dúvida razoável (art. 311 do CPC).

Nas hipóteses dos incisos II e III do art. 311, o juiz pode decidir liminarmente.

A tutela da evidência, justamente por não se fundamentar na urgência, não exige o perigo de dano ou de risco ao resultado útil do processo, até que a efetivação da tutela jurisdicional definitiva.

A tutela (provisória) da evidência, em regra, tem natureza satisfativa, no sentido de concretizar o direito material postulado.

A tutela provisória da evidência pode ser concedida em quatro hipóteses, de forma alternativa.

Na primeira hipótese, a tutela antecipada de evidência pode ser concedida em dois casos alternativos, ou seja, quando houver abuso do direito de defesa ou manifesto propósito protelatório da parte.

O abuso do direito de defesa ou o manifesto propósito protelatório podem ser exercidos pelo réu, por exemplo, dificultando a sua citação, bem como pelo autor, no caso de tutela provisória (de evidência) requerida pelo réu (reconvinte) em reconvenção.

Como se pode notar, essa hipótese é mais comum após a citação do réu, mas também pode ocorrer quando este, de má-fé, se esconder para não ser citado.

A segunda hipótese de concessão de tutela provisória de evidência ocorre quando as alegações de fato podem ser comprovadas apenas documentalmente e há tese firmada em julgamento de casos repetitivos ou em súmula vinculante.

No caso em questão, exigem-se, portanto, ambos os requisitos já referidos.

O julgamento de casos repetitivos pode ter sido feito por tribunal de justiça, tribunal regional federal, pelo STJ ou pelo STF.

A súmula vinculante, por sua vez, é aprovada pelo Supremo Tribunal Federal.

A terceira hipótese de concessão de tutela da evidência é quando se trata de pedido reipersecutório (ou seja, de devolução ou entrega de coisa ou objeto) que tenha como fundamento prova documental adequada do contrato de depósito.

A quarta hipótese, por fim, ocorre quando a petição inicial é instruída com prova documental suficiente dos fatos constitutivos do direito do autor, a que o réu não oponha prova capaz de gerar dúvida razoável.

Nesse caso, justamente em razão da elevada probabilidade de existência do direito postulado pelo autor, assegura-se a possibilidade de ser objeto de tutela provisória da evidência.

18.4. Tutela antecipada em face da fazenda pública

Discute-se, ainda, quanto à possibilidade de concessão de tutela provisória, de urgência (antecipada ou cautelar) e de evidência, em face da Fazenda Pública.

Pode-se defender que a tutela provisória, em tese, também é cabível em face da Fazenda Pública, mas a efetivação daquela deve respeitar a exigência constitucional do precatório, quando se tratar de pagamento, na forma do art. 100 da Constituição da República.

A questão, entretanto, é controvertida, mesmo porque o § 2º do art. 100 da Constituição Federal de 1988, ao tratar dos "débitos de natureza alimentícia", faz expressa menção à "sentença judicial transitada em julgado", o que pode ser interpretado como impossibilidade não apenas de execução provisória, mas de efetivação de tutela antecipada, quando se tratar de obrigação pecuniária.

A Lei n. 9.494/1997, no art. 1º, estabelece que, quanto à tutela antecipada, aplica-se o disposto nos arts. 5º em seu parágrafo único e 7º da Lei n. 4.348/1964, no art. 1º em seu § 4º da Lei n. 5.021/1966, e nos arts. 1º, 3º e 4º da Lei n. 8.437/1992.

As Leis ns. 4.348/1964 e 5.021/1966 foram expressamente revogadas pelo art. 29 da Lei n. 12.016/2009, que atualmente disciplina o mandado de segurança.

O art. 1º da Lei n. 8.437/1992 dispõe que "não será cabível medida liminar contra atos do Poder Público, no procedimento cautelar ou em quaisquer outras ações de natureza cautelar ou preventiva, toda vez que providência semelhante não puder ser concedida em ações de mandado de segurança, em virtude de vedação legal".

A Lei n. 12.016/2009, no art. 7º, § 2º, que dispõe sobre o mandado de segurança, prevê que "não será concedida medida liminar que tenha por objeto a compensação de créditos tributários, a entrega de mercadorias e bens provenientes do exterior, a reclassificação ou equiparação de servidores públicos e a concessão de aumento ou a extensão de vantagens ou pagamento de qualquer natureza".

O art. 1.056 do novo Código de Processo Civil, de forma expressa, dispõe que à tutela provisória requerida contra a Fazenda Pública aplica-se o disposto nos arts. 1º a 4º da Lei n. 8.437, de 30 de junho de 1992, e no art. 7º, § 2º, da Lei n. 12.016, de 7 de agosto de 2009.

Com isso, pode-se interpretar o art. 1º da Lei n. 9.494/1997 no sentido de que a tutela antecipada em desfavor do Poder Público não é cabível nas hipóteses anteriormente transcritas, com destaque à reclassificação ou equiparação de servidores públicos e à concessão de aumento ou à extensão de vantagens ou pagamento de qualquer natureza.

Isso é confirmado pela mesma Lei n. 9.494/1997, no art. 2º-B, incluído pela Medida Provisória n. 2.180-35/2001, ao assim dispor: "A sentença que tenha por objeto a liberação de recurso, inclusão em folha de pagamento, reclassificação, equiparação, concessão de aumento ou extensão de vantagens a servidores da União, dos Estados, do Distrito Federal e dos Municípios, inclusive de suas autarquias e fundações, somente poderá ser executada após seu trânsito em julgado".

Sendo assim, de acordo com a jurisprudência, apenas nas hipóteses citadas é que não se admite a antecipação de tutela contra a Fazenda Pública.

O entendimento de que não é possível a antecipação de tutela em face da Fazenda Pública, aqui incluída a autarquia previdenciária, está ultrapassado, porquanto a antecipação do provimento não importa em pagamento de parcelas vencidas, o que estaria sujeito ao regime de precatórios. A implantação provisória ou definitiva do benefício, tanto previdenciário como assistencial, não está sujeita à disciplina do art. 100 da Constituição da República, não havendo, portanto, falar-se em impossibilidade de implantação do benefício perseguido sem o trânsito em julgado da sentença.

Já se decidiu, também, em sede de tutela provisória que:

"PROCESSUAL CIVIL E PREVIDENCIÁRIO. ANTECIPAÇÃO DE TUTELA INAUDITA ALTERA PARS. CONCESSÃO DO BENEFÍCIO PREVIDENCIÁRIO DE PENSÃO POR MORTE. PRESENTES OS REQUISITOS DO ART. 273 DO CPC. AGRAVO DE INSTRUMENTO NÃO PROVIDO.

1. A antecipação de tutela será concedida quando, existindo prova inequívoca, houver o convencimento do Juiz da verossimilhança da alegação e ocorrer fundado receio de dano irreparável ou de difícil reparação ou ficar caracterizado abuso do direito de defesa ou manifesto propósito protelatório do réu (art. 273, I e II, do CPC).

2. A concessão da tutela antecipadamente inaudita altera pars não viola os princípios do contraditório e da ampla defesa, apenas posterga-os, já que após tal medida o réu é devidamente citado para que ofereça a contestação.

3. Configurados os pressupostos legais que autorizam a antecipação de tutela, não merece reparo a r. decisão que deferiu o pedido.

4. Agravo a que se nega provimento." (TRF — Primeira Região. AG 200501000030711. Processo n. 200501000030711. 1ª Turma. Rel. Des. Fed. Antônio Sávio de Oliveira Chaves. DJ 14.1.2008, p. 92)

18.5. Tutela provisória na sentença

Discute-se a respeito da possibilidade e da utilidade de ser concedida a tutela provisória na sentença.

Na sistemática processual civil, o recurso cabível contra a sentença é a apelação, nos termos do art. 1.009 do novo CPC.

Segundo determinação do art. 1.012, *caput*, do CPC, a regra no processo civil é ser a apelação dotada de efeito devolutivo e suspensivo.

Ou seja, com a interposição da apelação, em princípio, os efeitos da sentença permanecem suspensos até o trânsito em julgado, não sendo possível o cumprimento provisório da sentença, diante dos expressos termos do art. 520 do CPC. Ainda assim, admite-se a liquidação, conforme o art. 512 do CPC, ao prever que esta pode ser realizada na pendência de recurso, processando-se em autos apartados no juízo de origem, cumprindo ao liquidante instruir o pedido com cópias das peças processuais pertinentes.

Tendo em vista esse aspecto, admite-se a concessão de tutela provisória na sentença no processo civil.

Se assim ocorrer, quanto ao que foi objeto de antecipação, não há a suspensão dos efeitos da sentença. Por exemplo, no caso de pedido referente à obrigação pecuniária, existindo antecipação da tutela, ainda que haja impugnação mediante recurso com efeito suspensivo, torna-se possível a efetivação (execução) da tutela provisória, nos termos do art. 297 do novo CPC.

O art. 1.012, § 1º, inciso V, do Código de Processo Civil prevê que começa a produzir efeitos imediatamente após a sua publicação a sentença que "confirma, concede ou revoga tutela provisória".

Logo, há adequação e utilidade da antecipação da tutela na sentença.

Tanto é assim que o art. 1.013, § 5º, do CPC dispõe que o capítulo da sentença que confirma, concede ou revoga a tutela provisória é impugnável na apelação.

Entretanto, se o recurso for dotado de efeito meramente devolutivo, como a execução provisória (cumprimento provisório) já é possível com a prolação da própria sentença (art. 520 do CPC), torna-se desnecessária a antecipação da tutela na sentença.

Ademais, mesmo na fase recursal, também é admissível requerimento de antecipação da tutela, podendo ser deferido pelo relator do recurso, se presentes os requisitos legais.

A respeito do tema, o art. 932, inciso II, do CPC expressamente dispõe que incumbe ao relator apreciar o pedido de tutela provisória nos recursos e nos processos de competência originária do tribunal.

18.6. A tutela cautelar no direito comparado

O Código de Processo Civil da Argentina estabelece sobre medida cautelar:

"Artículo 195: OPORTUNIDAD Y PRESUPUESTO.

ARTÍCULO 195. Las providencias cautelares podrán ser solicitadas antes o después de deducida la demanda, a menos que de la ley resultare que ésta debe entablarse previamente. El escrito deberá expresar el derecho que se pretende asegurar, la medida que se pide, la disposición de la ley en que se funde y el cumplimiento de los requisitos que corresponden, en particular, a la medida requerida.

Los jueces no podrán decretar ninguna medida cautelar que afecte, obstaculice, comprometa, distraiga de su destino o de cualquier forma perturbe los recursos propios del Estado, ni imponer a los funcionarios cargas personales pecuniarias.

Artículo 196. MEDIDA DECRETADA POR JUEZ INCOMPETENTE.

ARTÍCULO 196. Los jueces deberán abstenerse de decretar medidas precautorias cuando el conocimiento de la causa no fuese de su competencia. Sin embargo, la medida ordenada por un juez incompetente será válida siempre que haya sido dispuesta de conformidad con las prescripciones de este capítulo, pero no prorrogará su competencia.

El juez que decretó la medida, inmediatamente después de requerido remitirá las actuaciones al que sea competente.

Artículo 199. CONTRACAUTELA.

ARTÍCULO 199. La medida precautoria sólo podrá decretarse bajo la responsabilidad de la parte que la solicitare, quien deberá dar caución por todas las costas y daños y perjuicios que pudiere ocasionar en los supuestos previstos en el primer párrafo del artículo 208.

En los casos de los artículos 210, incisos 2 y 3, 212, incisos 2 y 3, la caución juratoria se entenderá prestada en el pedido de medida cautelar.

El juez graduará la calidad y monto de la caución de acuerdo con la mayor o menor verosimilitud del derecho y las circunstancias del caso. Podrá ofrecerse la garantía de instituciones bancarias o de personas de acreditada responsabilidad económica.

Artículo 200. EXENCION DE LA CONTRA CAUTELA.

ARTÍCULO 200. No se exigirá caución si quien obtuvo la medida: 1. Fuere la Nación, una provincia, una de sus reparticiones, una municipalidad o persona que justifique ser reconocidamente abonada. 2. Actuare con beneficio de litigar sin gastos.

Artículo 201. MEJORA DE LA CONTRA CAUTELA.

ARTÍCULO 201. En cualquier estado del proceso, la parte contra quien se hubiere hecho efectiva una medida cautelar podrá pedir que se mejore la caución probando sumariamente que es insuficiente. El juez resolverá previo traslado a la otra parte. La resolución quedará notificada por ministerio de la ley.

Artículo 202. CARACTER PROVISIONAL.

ARTÍCULO 202. Las medidas cautelares subsistirán mientras duren las circunstancias que las determinaron. En cualquier momento en que éstas cesaren se podrá requerir su levantamiento.

Artículo 203. MODIFICACION.

ARTÍCULO 203. El acreedor podrá pedir la ampliación, mejora o sustitución de la medida cautelar decretada, justificando que ésta no cumple adecuadamente la función de garantia a que está destinada.

El deudor podrá requerir la sustitución de una medida cautelar por otra que le resulte menos perjudicial, siempre que ésta garantice suficientemente el derecho del acreedor.

Podrá, asimismo, pedir la sustitución por otros bienes del mismo valor, o la reducción del monto por el cual la medida precautoria ha sido trabada, si correspondiere.

La resolución se dictará previo traslado a la otra parte por el plazo de cinco (5) días, que el juez podrá abreviar según las circunstancias."

Código de Processo Civil do Peru estabelece sobre medidas cautelares:

"Artículo 608. Juez competente, oportunidad y finalidad.

Todo Juez puede, a pedido de parte, dictar medida cautelar antes de iniciado un proceso o dentro de éste, destinada a asegurar el cumplimiento de la decisión definitiva.

Artículo 612. Características de la medida cautelar.

Toda medida cautelar importa un prejuzgamiento y es provisoria, instrumental y variable.

Artículo 613. Contracautela y discrecionalidad del Juez.

La contracautela tiene por objeto asegurar al afectado con una medida cautelar, el resarcimiento de los daños y perjuicios que pueda causar su ejecución.

La admisión de la contracautela, en cuanto a su naturaleza y monto, será decidida por el Juez, quien podrá aceptar la ofrecida por el solicitante, graduarla, modificarla o, incluso, cambiarla por la que considere pertinente.

La contracautela puede ser de naturaleza real o personal. Dentro de la segunda se incluye la caución juratoria, que será ofrecida en el escrito que contiene la solicitud de medida cautelar, con legalización de firma ante el Secretario respectivo.

Cuando se admite la contracautela sometida a plazo, ésta quedará sin efecto al igual que la medida cautelar, si el peticionante no la prorroga u ofrece otra de la misma naturaleza o eficacia, sin necesidad de requerimiento y dentro de tercer día de vencido el plazo.

Artículo 618. Medida anticipada.

Además de las medidas cautelares reguladas, el Juez puede adoptar medidas anticipadas destinadas a evitar un perjuicio irreparable o asegurar provisionalmente la ejecución de la sentencia definitiva.

A este efecto, si una medida se hubiere ejecutado sobre bienes perecibles o cuyo valor se deteriore por el transcurso del tiempo u otra causa, el Juez, a pedido de parte, puede ordenar su enajenación, previa citación a la contraria. La enajenación puede sujetarse a las estipulaciones que las partes acuerden. El dinero obtenido mantiene su función cautelar, pudiendo solicitarse su conversión a otra moneda si se acreditara su necesidad. La decisión sobre la enajenación o conversión es apelable sin efecto suspensivo.

Artículo 621. Sanciones por medida cautelar innecesaria o maliciosa.

Si se declara infundada una demanda cuya pretensión estuvo asegurada con medida cautelar, el titular de ésta pagará las costas y costos del proceso cautelar, una multa no mayor de diez Unidades de Referencia Procesal y, a pedido de parte, podrá ser condenado también a indemnizar los daños y perjuicios ocasionados.

La indemnización será fijada por el Juez de la demanda dentro del mismo proceso, prévio traslado por tres días.

La resolución que decida la fijación de costas, costos y multa es apelable sin efecto suspensivo; la que establece la reparación indemnizatoria lo es con efecto suspensivo.

Artículo 629. Medida cautelar genérica.

Además de las medidas cautelares reguladas en este Código y en otros dispositivos legales, se puede solicitar y conceder una no prevista, pero que asegure de la forma más adecuada el cumplimiento de la decisión definitiva."

O Código de Processo Civil de Portugal de 2013 dispõe sobre ação cautelar:

"ART. 362º ÂMBITO DAS PROVIDÊNCIAS CAUTELARES NÃO ESPECIFICADAS

1 — Sempre que alguém mostre fundado receio de que outrem cause lesão grave e dificilmente reparável ao seu direito, pode requerer a providência conservatória ou antecipatória concretamente adequada a assegurar a efetividade do direito ameaçado.

2 — O interesse do requerente pode fundar-se num direito já existente ou em direito emergente de decisão a proferir em ação constitutiva, já proposta ou a propor.

3 — Não são aplicáveis as providências referidas no n. 1 quando se pretenda acautelar o risco de lesão especialmente prevenido por alguma das providências tipificadas no capítulo seguinte.

4 — Não é admissível, na dependência da mesma causa, a repetição de providência que haja sido julgada injustificada ou tenha caducado.

ART. 363º URGÊNCIA DO PROCEDIMENTO CAUTELAR

1 — Os procedimentos cautelares revestem sempre caráter urgente, precedendo os respectivos atos qualquer outro serviço judicial não urgente.

2 — Os procedimentos instaurados perante o tribunal competente devem ser decididos, em 1ª instância, no prazo máximo de dois meses ou, se o requerido não tiver sido citado, de 15 dias.

ART. 364º

Relação entre o procedimento cautelar e a ação principal

Exceto se for decretada a inversão do contencioso, o procedimento cautelar é dependência de uma causa que tenha por fundamento o direito acautelado e pode ser instaurado como preliminar ou como incidente de ação declarativa ou executiva.

2 — Requerido antes de proposta a ação, é o procedimento apensado aos autos desta, logo que a ação seja instaurada e se a ação vier a correr noutro tribunal, para aí é remetido o apenso, ficando o juiz da ação com exclusiva competência para os termos subsequentes à remessa.

3 — Requerido no decurso da ação, deve o procedimento ser instaurado no tribunal onde esta corre e processado por apenso, a não ser que a ação esteja pendente de recurso; neste caso a apensação só se faz quando o procedimento estiver findo ou quando os autos da ação principal baixem à 1ª instância.

4 — Nem o julgamento da matéria de facto, nem a decisão final proferida no procedimento cautelar, têm qualquer influência no julgamento da ação principal.

5 — Nos casos em que, nos termos de convenções internacionais em que seja parte o Estado português, o procedimento cautelar seja dependência de uma causa que já foi ou haja de ser intentada em tribunal estrangeiro, o requerente deve fazer prova nos autos do procedimento cautelar da pendência da causa principal, por meio de certidão passada pelo respetivo tribunal.

ART. 366º CONTRADITÓRIO DO REQUERIDO

1 — O tribunal ouve o requerido, exceto quando a audiência puser em risco sério o fim ou a eficácia da providência.

2 — Quando seja ouvido antes do decretamento da providência, o requerido é citado para deduzir oposição, sendo a citação substituída por notificação quando já tenha sido citado para a causa principal.

3 — A dilação, quando a ela haja lugar nos termos do art. 245º, nunca pode exceder a duração de 10 dias.

4 — Não tem lugar a citação edital, devendo o juiz dispensar a audiência do requerido quando se certificar que a citação pessoal deste não é viável.

5 — A revelia do requerido que haja sido citado tem os efeitos previstos no processo comum de declaração.

6 — Quando o requerido não for ouvido e a providência vier a ser decretada, só após a sua realização é notificado da decisão que a ordenou, aplicando-se à notificação o preceituado quanto à citação.

7 — Se a ação for proposta depois de o réu ter sido citado no procedimento cautelar, a proposição produz efeitos contra ele desde a apresentação da petição inicial.

ART. 368º DEFERIMENTO E SUBSTITUIÇÃO DA PROVIDÊNCIA

1 — A providência é decretada desde que haja probabilidade séria da existência do direito e se mostre suficientemente fundado o receio da sua lesão.

2 — A providência pode, não obstante, ser recusada pelo tribunal, quando o prejuízo dela resultante para o requerido exceda consideravelmente o dano que com ela o requerente pretende evitar.

3 — A providência decretada pode ser substituída por caução adequada, a pedido do requerido, sempre que a caução oferecida, ouvido o requerente, se mostre suficiente para prevenir a lesão ou repará-la integralmente.

4 — A substituição por caução não prejudica o direito de recorrer do despacho que haja ordenado a providência substituída, nem a faculdade de contra esta deduzir oposição, nos termos do art. 370º.

ART. 373º CADUCIDADE DA PROVIDÊNCIA

1 — Sem prejuízo do disposto no art. 369º, o procedimento cautelar extingue-se e, quando decretada, a providência caduca:

a) Se o requerente não propuser a ação da qual a providência depende dentro de 30 dias, contados da data em que lhe tiver sido notificado o trânsito em julgado da decisão que a haja ordenado;

b) Se, proposta a ação, o processo estiver parado mais de 30 dias, por negligência do requerente;

c) Se a ação vier a ser julgada improcedente, por decisão transitada em julgado;

d) Se o réu for absolvido da instância e o requerente não propuser nova ação em tempo de aproveitar os efeitos da proposição da anterior;

e) Se o direito que o requerente pretende acautelar se tiver extinguido.

2 — Quando a providência cautelar tenha sido substituída por caução, fica esta sem efeito nos mesmos termos em que o ficaria a providência substituída, ordenando-se o levantamento daquela.

3 — A extinção do procedimento, ou o levantamento da providência, são determinados pelo juiz, com prévia audiência do requerente, logo que se mostre demonstrada nos autos a ocorrência do facto extintivo.

ART. 374º RESPONSABILIDADE DO REQUERENTE

1 — Se a providência for considerada injustificada ou vier a caducar por facto imputável ao requerente, responde este pelos danos culposamente causados ao requerido, quando não tenha agido com a prudência normal.

2 — Sempre que o julgue conveniente em face das circunstâncias, pode o juiz, mesmo sem audiência do requerido, tornar a concessão da providência dependente da prestação de caução adequada pelo requerente."

Código de Processo Civil da Costa Rica dispõe da seguinte forma sobre medidas cautelares:

"ARTÍCULO 241. Oportunidad.

El procedimiento cautelar podrá ser instaurado antes o en el curso del proceso principal, del que siempre formará parte.

ARTÍCULO 242. Facultades del juez.

Además de los procedimientos cautelares específicos, el juez podrá determinar las medidas precautorias que considere adecuadas, cuando hubiere fundado temor de que una parte, antes de la sentencia, le cause al derecho de la otra parte una lesión grave y de difícil reparación.

Para evitar el daño, el juez podrá autorizar o prohibir la práctica de determinados actos, ordenar el depósito de bienes o imponer el otorgamiento de una caución.

ARTÍCULO 243. Deber de presentar la demanda.

La parte deberá presentar su demanda en el plazo de un mes contado desde la fecha en que se realizó la medida cautelar, cuando ésta hubiere sido concedida en procedimiento preparatorio.

ARTÍCULO 244. Cesación de los efectos.

Cesará la eficacia de la medida cautelar:

1) Si la parte no estableciera la demanda en el plazo establecido en el artículo anterior.

2) Si injustificadamente no fuese ejecutada dentro de ese mismo plazo.

Habiendo cesado la eficacia de la medida, será prohibido a la parte repetir la gestión, salvo por nuevo fundamento."

O Código de Processo Civil de Honduras reza sobre medida cautelar:

"Artículo 350. PROCEDENCIA Y REQUISITOS.

1. En cualquier proceso el demandante o el demandado reconviniente podrán solicitar las medidas cautelares necesarias y apropiadas para asegurar la efectividad y el cumplimiento de la sentencia que recayera.

2. Sin perjuicio de lo dispuesto en este Código respecto de los procesos no dispositivos, las medidas cautelares se decretarán siempre a petición de parte; se adoptarán, además, bajo la responsabilidad de quien las solicite y sólo podrán afectar a bienes o derechos de las partes del proceso.

Artículo 351. PRESUPUESTOS.

1. Para decretar las medidas cautelares será necesario que el solicitante justifique debidamente que son indispensables para la protección de su derecho por el peligro de lesión

o frustración del mismo antes de la resolución definitiva, de modo que sin la inmediata adopción de la medida la sentencia estimatoria de la pretensión sería de imposible o de muy difícil ejecución.

2. El solicitante deberá justificar también su derecho, de manera que permita al juez, sin prejuzgar el fondo, considerar provisional e indiciariamente que la pretensión tiene fundamento.

3. La justificación del peligro de lesión o frustración por demora y de su derecho deberá presentarse sumariamente en la solicitud, en la forma que sea más adecuada y pertinente.

4. Contra el Estado no proceden las medidas cautelares para futura ejecución forzosa."

Capítulo 19

Conciliação e Mediação no Novo CPC

Entende-se que a jurisdição, como forma de solução dos conflitos, inserida na heterocomposição, deve ser utilizada quando não for possível a solução consensual pelas próprias partes, ainda que com o auxílio de terceiros.

Nesse contexto, merecem destaque os *meios consensuais dos conflitos sociais*, inclusive como forma de não sobrecarregar os órgãos do Poder Judiciário, que devem se concentrar nos casos de maior complexidade ou que, em razão de peculiaridades, realmente justifiquem a intervenção estatal.

A autocomposição significa a solução do conflito pelas próprias partes, de forma pacífica e negociada, sem *imposição* dessa solução por um terceiro.

Pode ser classificada em unilateral e bilateral.

A autocomposição unilateral ocorre quando se verifica a renúncia de uma das partes de sua pretensão, ou o reconhecimento da pretensão da parte contrária.

A bilateral, por sua vez, é aquela em que se observam concessões recíprocas, com natureza de transação.

A *conciliação* e a *mediação* são as principais formas de solução consensual dos conflitos sociais.

Tradicionalmente, entende-se que, enquanto o *conciliador* procura aproximar as partes, colaborando para que elas cheguem a uma composição negociada e amistosa do conflito, o *mediador* tem um papel mais ativo, ao formular sugestões nesse sentido.

Chiara Besso, uma das grandes estudiosas do tema no direito italiano, assim descreve a mediação: "è il procedimento nel quale un terço, il mediatore, facilita la comunicazione e la negoziazione tra le parti in conflitto, assistendole nel raggiungere un accordo, da loro volontariamente scelto".

Helena S. Muñoz, comentando o ordenamento espanhol, ensina que "la mediación es un procedimiento a través del cual un tercero imparcial ayuda a las partes en conflicto a llegar a un acuerdo. La esencia de la mediación que refleja esta definición es la autonomía de la voluntad de las partes: son las partes las que llegan a un acuerdo, libremente, y auxiliadas por un tercero, que, consecuentemente, ha de ser imparcial. Por otra parte, esta perspectiva de la mediación se encuentra vinculada al conflicto que es objeto o puede ser objeto de un proceso".

O art. 3º da Diretiva n. 52, de 21 de maio de 2008, emitida pelo Conselho da União Europeia, define mediação como um processo estruturado no qual duas ou mais partes em litígio tentam, voluntariamente, alcançar por si mesmas um acordo sobre a resolução de seu litígio, com a ajuda de um mediador.

A mediação é um processo pacífico de resolução de conflitos em que uma terceira pessoa, imparcial e independente, com a necessária capacitação, facilita o diálogo entre as partes para que melhor entendam o conflito e busquem alcançar soluções criativas e possíveis.

O mediador, assim, não impõe a solução do conflito, mas apenas faz sugestões e procura coordenar as conversações entre as partes.

Desse modo, na mediação, um terceiro (o mediador) formula propostas com o objetivo de sugerir formas de solução do conflito social, mas não há obrigatoriedade em aceitá-las.

O novo Código de Processo Civil é expresso ao determinar que o Estado deve promover, sempre que possível, a *solução consensual dos conflitos*.

Além disso, *a conciliação, a mediação e outros métodos de solução consensual de conflitos* devem ser estimulados por magistrados, advogados, defensores públicos e membros do Ministério Público, inclusive no curso do processo judicial.

Ainda quanto ao tema, nos termos do art. 165 do novo CPC, os tribunais devem criar *centros judiciários de solução consensual de conflitos,* responsáveis pela realização de sessões e audiências de conciliação e mediação, e pelo desenvolvimento de programas destinados a auxiliar, orientar e estimular a autocomposição.

A composição e a organização do centro devem ser definidas pelo respectivo tribunal, observadas as normas do Conselho Nacional de Justiça.

De acordo com o critério adotado pelo novo CPC, o *conciliador,* que deve atuar preferencialmente nos casos em que não tiver havido vínculo anterior entre as partes, pode sugerir soluções para o litígio, sendo vedada a utilização de qualquer tipo de constrangimento ou intimidação para que as partes conciliem.

O *mediador,* que deve atuar preferencialmente nos casos em que tiver havido vínculo anterior entre as partes, auxiliará os interessados a compreender as questões e os interesses em conflito, de modo que eles possam, pelo restabelecimento da comunicação, identificar, por si próprios, as soluções consensuais que gerem benefícios mútuos.

A conciliação e a mediação são informadas pelos princípios da independência, da imparcialidade, da autonomia da vontade, da confidencialidade, da oralidade, da informalidade e da decisão informada (art. 166 do CPC).

A *confidencialidade* estende-se a todas as informações produzidas no curso do procedimento, cujo teor não pode ser utilizado para fim diverso daquele previsto por expressa deliberação das partes.

Em razão do *dever de sigilo,* inerente às suas funções, o conciliador e o mediador, assim como os membros de suas equipes, não podem divulgar ou depor acerca de fatos ou elementos oriundos da conciliação ou da mediação.

Admite-se a aplicação de *técnicas negociais* com o objetivo de proporcionar ambiente favorável à autocomposição.

A mediação e a conciliação devem ser regidas conforme a *livre autonomia dos interessados,* inclusive no que diz respeito à *definição das regras procedimentais.*

Ainda no processo civil, segundo o art. 167 do novo CPC, os conciliadores, os mediadores e as câmaras privadas de conciliação e mediação devem ser inscritos em cadastro nacional e em cadastro de tribunal de justiça ou de tribunal regional federal, que devem manter registro de profissionais habilitados, com indicação de sua área profissional.

Preenchendo o requisito da capacitação mínima, por meio de curso realizado por entidade credenciada, conforme parâmetro curricular definido pelo Conselho Nacional de Justiça em conjunto com o Ministério da Justiça, o conciliador ou o mediador, com o respectivo certificado, pode requerer sua *inscrição no cadastro nacional e no cadastro de tribunal de justiça ou de tribunal regional federal*.

Efetivado o registro, que pode ser precedido de concurso público, o tribunal deve remeter ao diretor do foro da comarca, seção ou subseção judiciária, onde atuará o conciliador ou o mediador, os dados necessários para que o seu nome passe a constar da respectiva lista, para efeito de distribuição alternada e aleatória, observado o princípio da igualdade dentro da mesma área de atuação profissional.

Do credenciamento das câmaras e do cadastro de conciliadores e mediadores devem constar todos os dados relevantes para a sua atuação, tais como o número de causas de que participou, o sucesso ou insucesso da atividade, a matéria sobre a qual versou a controvérsia, bem como outros dados que o tribunal julgar relevantes.

Os dados colhidos devem ser classificados sistematicamente pelo tribunal, que os publicará, ao menos anualmente, para conhecimento da população e fins estatísticos, e para o fim de avaliação da conciliação, da mediação, das câmaras privadas de conciliação e de mediação, dos conciliadores e dos mediadores.

Os conciliadores e mediadores judiciais cadastrados, se advogados, estão impedidos de exercer a advocacia nos juízos em que exerçam suas funções.

O tribunal pode optar pela criação de quadro próprio de conciliadores e mediadores, a ser preenchido por concurso público de provas e títulos.

Note-se que as partes podem escolher, de comum acordo, o conciliador, o mediador ou a câmara privada de conciliação e de mediação (art. 168 do CPC).

O conciliador ou mediador escolhido pelas partes podem ou não estar cadastrados junto ao tribunal.

Inexistindo acordo na escolha do mediador ou conciliador, deve haver distribuição entre aqueles cadastrados no registro do tribunal, observada a respectiva formação.

Sempre que recomendável, deve haver a designação de mais de um mediador ou conciliador.

Ressalvada a hipótese do art. 167, § 6º, do CPC (que trata da possibilidade de o tribunal optar pela criação de quadro próprio de conciliadores e mediadores, a ser preenchido por *concurso público de provas e títulos*), o conciliador e o mediador devem receber pelo seu trabalho remuneração prevista em tabela fixada pelo tribunal, conforme parâmetros estabelecidos pelo Conselho Nacional de Justiça (art. 169 do CPC).

A mediação e a conciliação também podem ser realizadas como *trabalho voluntário*, observadas a legislação pertinente e a regulamentação do tribunal.

A respeito do tema, a Lei n. 9.608/1998, no art. 1º, prevê que se considera serviço voluntário a atividade não remunerada, prestada por pessoa física a entidade pública de qualquer natureza, ou a instituição privada de fins não lucrativos, que tenha objetivos cívicos, culturais, educacionais, científicos, recreativos ou de assistência social, inclusive mutualidade.

Os tribunais devem determinar o percentual de audiências não remuneradas que devem ser suportadas pelas câmaras privadas de conciliação e mediação, com o fim de atender aos processos em que haja sido deferida gratuidade da justiça, como contrapartida de seu credenciamento.

No caso de *impedimento*, o conciliador ou mediador deve comunicá-lo imediatamente, de preferência por meio eletrônico, e devolver os autos ao juiz da causa, ou ao coordenador do centro judiciário de solução de conflitos e cidadania, devendo este realizar nova distribuição (art. 170 do CPC).

Se a causa de impedimento for apurada quando já iniciado o procedimento, a atividade deve ser interrompida, lavrando-se ata com relatório do ocorrido e solicitação de distribuição para novo conciliador ou mediador.

No caso de *impossibilidade temporária do exercício da função*, o conciliador ou mediador deve informar o fato ao centro, preferencialmente por meio eletrônico, para que, durante o período em que perdurar a impossibilidade, não haja novas distribuições (art. 171 do CPC).

O conciliador e o mediador ficam impedidos, pelo prazo de um ano, contado do término da última audiência em que atuaram, de assessorar, representar ou patrocinar qualquer das partes (art. 172 do CPC).

Deve ser excluído do cadastro de conciliadores e mediadores aquele que:

I — agir com dolo ou culpa na condução da conciliação ou da mediação sob sua responsabilidade, ou violar qualquer dos deveres decorrentes do art. 166, §§ 1º e 2º, do CPC;

II — atuar em procedimento de mediação ou conciliação, apesar de impedido ou suspeito (art. 174 do CPC).

Os casos já previstos devem ser apurados em processo administrativo.

O juiz da causa ou o juiz coordenador do centro de conciliação e mediação, se houver, verificando atuação inadequada do mediador ou conciliador, pode afastá-lo de suas atividades por até cento e oitenta dias, por decisão fundamentada, informando o fato imediatamente ao tribunal para instauração do respectivo processo administrativo.

O Código de Processo Civil prevê, ainda, no art. 174, que a União, os Estados, o Distrito Federal e os Municípios devem criar *câmaras de mediação e conciliação*, com atribuições relacionadas à solução consensual de conflitos no âmbito administrativo, tais como:

I — dirimir conflitos envolvendo órgãos e entidades da administração pública;

II — avaliar a admissibilidade dos pedidos de resolução de conflitos, por meio de conciliação, no âmbito da administração pública;

III — promover, quando couber, a celebração de termo de ajustamento de conduta.

É importante frisar que as disposições do Código de Processo Civil em estudo não excluem outras formas de conciliação e mediação extrajudiciais vinculadas a órgãos institucionais ou realizadas por intermédio de profissionais independentes, que podem ser regulamentadas por lei específica (art. 175 do CPC).

Os dispositivos presentes no CPC (arts. 165 e seguintes), de todo modo, aplicam-se, no que couber, às câmaras privadas de conciliação e mediação.

19.1. Audiência de conciliação ou de mediação

A mediação e a conciliação podem ser tentadas não apenas no plano extrajudicial, mas também quando o processo estiver em curso.

Ainda quanto ao tema, conforme o art. 319, inciso VII, do novo Código de Processo Civil, a petição inicial deve indicar "a opção do autor pela realização ou não de *audiência de conciliação ou de mediação*".

Nesse sentido, nos termos do art. 334 do CPC, se a petição inicial preencher os requisitos essenciais e não for o caso de improcedência liminar do pedido, o juiz deve designar *audiência de conciliação ou de mediação* com antecedência mínima de trinta dias, devendo ser citado o réu com pelo menos vinte dias de antecedência.

O conciliador ou mediador, onde houver, deve atuar necessariamente na audiência de conciliação ou de mediação, observando o disposto no Código de Processo Civil, bem como as disposições da lei de organização judiciária.

Pode haver mais de uma sessão destinada à conciliação e à mediação, não excedentes a dois meses da primeira, desde que necessárias à composição das partes.

A intimação do autor para a audiência deve ser feita na pessoa de seu advogado.

Entretanto, a audiência de conciliação ou de mediação não é realizada nas seguintes hipóteses:

I — se ambas as partes manifestarem, expressamente, desinteresse na composição consensual;

II — quando não se admitir a autocomposição (art. 334, § 4º, do CPC).

Por isso o autor deve indicar na petição inicial o seu desinteresse na autocomposição, e o réu, por petição, apresentada com dez dias de antecedência, contados da data da audiência.

Explicite-se que, se houver litisconsórcio, o desinteresse na realização da audiência deve ser manifestado por todos os litisconsortes.

A audiência de conciliação ou de mediação pode ser realizada por meios eletrônicos, nos termos da lei.

O não comparecimento injustificado do autor ou do réu à audiência de conciliação é considerado *ato atentatório à dignidade da justiça* e deve ser sancionado com multa de até dois por cento da vantagem econômica pretendida ou do valor da causa revertida em favor da União ou do Estado.

As partes devem estar acompanhadas por seus advogados ou defensores públicos.

A parte pode constituir representante, por meio de procuração específica, com poderes para negociar e transigir.

A autocomposição obtida deve ser reduzida a termo e homologada por sentença.

Nesse sentido, conforme o art. 487, inciso III, do CPC, há resolução de mérito quando o juiz homologar o reconhecimento da procedência do pedido formulado na ação ou na reconvenção; a transação; a renúncia à pretensão formulada na ação ou na reconvenção.

A pauta das audiências de conciliação ou de mediação deve ser organizada de modo a respeitar o intervalo mínimo de vinte minutos entre o início de uma e o início da seguinte.

Capítulo 20

NCPC e Arbitragem

As modalidades de *heterocomposição* correspondem à arbitragem e à jurisdição.

O árbitro é um terceiro escolhido pelas partes, a quem compete decidir a controvérsia, impondo a solução.

Destaque-se que a convenção de arbitragem pode ser pactuada pela cláusula compromissória ou pelo compromisso arbitral.

Entende-se que a arbitragem voluntária não viola o princípio constitucional do livre acesso ao Poder Judiciário (art. 5º, inciso XXXV, da Constituição da República), pois, no caso, a escolha da via arbitral fica a cargo das partes, não sendo imposta por lei.

O novo Código de Processo Civil também dispõe que é permitida a arbitragem, na forma da lei.

Ainda conforme o CPC, as causas cíveis devem ser processadas e decididas pelo juiz nos limites de sua competência, "ressalvado às partes o direito de instituir juízo arbitral, na forma da lei" (art. 42).

Nesse diapasão, a Lei n. 9.307/1996, no art. 1º, dispõe que as pessoas capazes de contratar podem se valer da arbitragem para dirimir litígios relativos a *direitos patrimoniais disponíveis*.

> "[...] 3. Lei de Arbitragem (Lei n. 9.307/96): constitucionalidade, em tese, do juízo arbitral; discussão incidental da constitucionalidade de vários dos tópicos da nova lei, especialmente acerca da compatibilidade, ou não, entre a execução judicial específica para a solução de futuros conflitos da cláusula compromissória e a garantia constitucional da universalidade da jurisdição do Poder Judiciário (CF, art. 5º, XXXV). Constitucionalidade declarada pelo plenário, considerando o Tribunal, por maioria de votos, que a manifestação de vontade da parte na cláusula compromissória, quando da celebração do contrato, e a permissão legal dada ao juiz para que substitua a vontade da parte recalcitrante em firmar o compromisso não ofendem o art. 5º, XXXV, da CF. Votos vencidos, em parte — incluído o do relator — que entendiam inconstitucionais a cláusula compromissória — dada a indeterminação de seu objeto — e a possibilidade de a outra parte, havendo resistência quanto à instituição da arbitragem, recorrer ao Poder Judiciário para compelir a parte recalcitrante a firmar o compromisso, e, consequentemente,

declaravam a inconstitucionalidade de dispositivos da Lei n. 9.307/96 (art. 6º, parágrafo único; art. 7º e seus parágrafos e, no art. 41, das novas redações atribuídas ao art. 267, VII e art. 301, inciso IX, do C. Pr. Civil; e art. 42), por violação da garantia da universalidade da jurisdição do Poder Judiciário. Constitucionalidade — aí por decisão unânime, dos dispositivos da Lei de Arbitragem que prescrevem a irrecorribilidade (art. 18) e os efeitos de decisão judiciária da sentença arbitral (art. 31)." (STF — SE-AgR: 5206/EP, Relator: Sepúlveda Pertence, Data de Julgamento: 11.12.2001, Tribunal Pleno, Data de Publicação: DJ 30.4.2004).

Incumbe ao réu, antes de discutir o mérito, ou seja, como preliminar na contestação, alegar a existência de *convenção de arbitragem* (art. 337, inciso X, do novo CPC).

Frise-se que a convenção de arbitragem não pode ser conhecida de ofício pelo juiz, por ser matéria de interesse da parte, sujeita, assim, à preclusão.

Logo, a ausência de alegação da existência de convenção de arbitragem, na forma prevista no CPC, implica aceitação da jurisdição estatal e renúncia ao juízo arbitral (art. 337, § 6º, do novo CPC).

Sendo acolhida a alegação de convenção de arbitragem, o processo deve ser extinto sem resolução do mérito.

Efetivamente, nos termos do art. 485, inciso VII, do Código de Processo Civil, o juiz não resolve o mérito quando acolhe a alegação de existência de convenção de arbitragem ou quando o juízo arbitral reconhece sua competência.

Cabe agravo de instrumento contra as decisões interlocutórias que versarem sobre rejeição da alegação de convenção de arbitragem (art. 1.015, inciso III, do novo CPC).

Segundo a Súmula n. 485 do STJ: "A Lei de Arbitragem aplica-se aos contratos que contenham cláusula arbitral, ainda que celebrados antes da sua edição".

> "Cláusula compromissória é o ato por meio do qual as partes contratantes formalizam seu desejo de submeter à arbitragem eventuais divergências ou litígios passíveis de ocorrer ao longo da execução da avença. Efetuado o ajuste, que só pode ocorrer em hipóteses envolvendo direitos disponíveis, ficam os contratantes vinculados à solução extrajudicial da pendência. (STJ. 2ª T. REsp n. 606.345-RS. Rel.: Min. João Otávio de Noronha. j. 17.5.2007)
>
> Obrigatória a solução do litígio pela via arbitral, quando existente cláusula previamente ajustada entre as partes neste sentido. Inteligência dos arts. 1º, 3º e 7º da Lei n. 9.307/96." (STJ. 3ª T. REsp 791260/RS. Rel. Min. Paulo Furtado (desembargador convocado do TJ/BA). j. 22.6.2010)

CAPÍTULO 21

CONDIÇÕES DA AÇÃO

As *condições da ação* são requisitos para que o mérito (isto é, o pedido ou a pretensão) seja analisado.

De acordo com o novo Código de Processo Civil, para postular em juízo é necessário ter *interesse e legitimidade*. A possibilidade jurídica do pedido deixa de ser condição da ação.

Quando não concorrer qualquer das condições da ação, isto é, a legitimidade e o interesse processual, deve-se extinguir o processo, sem resolução de mérito (art. 485, inciso VI, do CPC).

A rigor, a petição inicial deve ser indeferida quando a parte for manifestamente ilegítima (art. 330, inciso II, do CPC), o que também acarreta a extinção do processo sem resolução do mérito (art. 485, inciso I, do CPC).

Por isso, incumbe ao réu, antes de discutir o mérito, alegar ausência de legitimidade ou de interesse processual (art. 337, inciso XI, do CPC).

De acordo com Enrico Tullio Liebman, a "legitimação para agir (*legitimatio ad causam*) é a titularidade ativa e passiva da ação". Pode-se dizer, assim, que a "legitimação para agir é, pois, em resumo, a *pertinência subjetiva da ação*".

A legitimação é ativa ou passiva, conforme o polo da relação processual, correspondendo, respectivamente, ao autor e ao réu.[11]

A legitimação pode ser ordinária ou extraordinária, sendo esta última conhecida como *substituição processual*.

Legitimidade *ad causam* é condição da ação. Legitimidade *ad processum* é pressuposto de validade, relacionado com a capacidade para estar em juízo e nele praticar atos processuais, independentemente de estar assistido ou representado.

Quanto à legitimidade ordinária, normalmente tem legitimidade para a causa quem é titular ou sujeito da relação jurídica objeto do processo e sofreu a ameaça ou lesão ao direito.

---

(11) LIEBMAN, Enrico Tullio. *Manual de direito processual civil*. 3. ed. Tradução e notas: Cândido Rangel Dinamarco. São Paulo: Malheiros, 2005. v. 1, p. 208, 211, destaques do original.

Ordinariamente, a qualidade de parte legítima é atribuída àqueles que figuram, em tese, na relação jurídica de direito material em discussão no processo. Essa legitimidade ordinária é a regra no sistema jurídico processual, conforme dispõe o art. 18 do CPC.[12]

Na legitimidade extraordinária ou na substituição processual, por sua vez, o demandante ajuiza ação *em nome próprio*, porém *em defesa de direito material alheio*.

Isso somente é possível mediante autorização expressa no ordenamento jurídico, consoante o art. 18 do CPC, ao prever que "ninguém poderá pleitear direito alheio em nome próprio, salvo quando autorizado pelo ordenamento jurídico".

Vale dizer, em casos especiais e expressos, a lei estabelece a possibilidade de alguém que não seja o titular da relação jurídica de direito material propor, em nome próprio, ações em defesa de direito de outrem.

Havendo substituição processual, o substituído pode intervir como assistente litisconsorcial (art. 18, parágrafo único, do CPC).

A legitimação extraordinária, ou substituição processual, surge quando alguém, em virtude de autorização legal, tem legitimidade para pleitear, em nome próprio, direito alheio.

Nas lições de Liebman, "em casos expressamente indicados na lei, pode ser reconhecida ao terceiro uma *legitimação extraordinária*, que lhe confere o direito de perseguir em juízo 'um direito alheio'".[13]

> "A empresa que no país representa outra, ainda que do mesmo grupo econômico, não pode postular em nome próprio direito que é da representada." (STJ. 3ª T. REsp 1.002.811. Rel. Min. Humberto Gomes de Barros, Rel. p/ acórdão Min. Ari Pargendler. J. 7.8.2008)

Como se pode notar, as condições da ação, atualmente previstas no Código de Processo Civil, são a *legitimidade de parte e o interesse processual*.

Outrora, *a possibilidade jurídica do pedido* também era prevista, no Código de Processo Civil de 1973, como condição da ação (arts. 331, *caput*, incisos II e III, 338, inciso X, 495, inciso VI).

A possibilidade jurídica do pedido significava a ausência de prévia proibição no ordenamento jurídico, quanto à pretensão formulada. Vale dizer, era a admissão, em tese, do pedido postulado em juízo.

Segundo esclarece Vicente Greco Filho, "a rejeição da ação por falta e possibilidade jurídica deve limitar-se às hipóteses claramente vedadas, não sendo o caso de se impedir a ação quando o fundamento for injurídico". Na verdade, "se o direito não protege determinado interesse, isto significa que a ação deve ser julgada *improcedente* e não o autor carecedor da ação".[14]

As hipóteses de impossibilidade jurídica do pedido, na sistemática do novo CPC, podem acarretar a rejeição do pedido (art. 487, inciso I).

Cabe esclarecer que o novo CPC, ao menos de forma expressa, não prevê a possibilidade de improcedência liminar do pedido no caso específico em questão, ou seja, de proibição no ordenamento jurídico a respeito do pedido formulado, como se observa no seu art. 332.

---

(12) Cf. GRECO FILHO, Vicente. *Direito processual civil brasileiro*, cit., v. 1, p. 83.
(13) LIEBMAN, Enrico Tullio. *Manual de direito processual civil*, cit., v. 1, p. 362, destaques do original.
(14) GRECO FILHO, Vicente. *Direito processual civil brasileiro*, cit., v. 1, p. 93.

Aponte-se que, de acordo com a chamada "teoria da asserção", as condições da ação somente se examinam de plano, a partir das afirmações do autor na inicial.

As condições da ação resultam do exame da relação de direito material afirmada pelo autor na inicial, ou seja, *in statu assertionis*.

O interesse processual é a *necessidade* da tutela jurisdicional postulada, *a adequação* do provimento pleiteado, em face da situação de fato apresentada, e a *utilidade* que possa trazer ao demandante.

O interesse processual, assim, normalmente surge quando o direito do autor não é observado pela outra parte, deixando de satisfazê-lo voluntariamente. Por ser, em princípio, vedada a autotutela, nessa hipótese, surgem a necessidade e a utilidade da tutela jurisdicional, a qual deve ser adequada para satisfazer a pretensão do demandante.[15]

O interesse de agir está ligado com o binômio necessidade/utilidade do provimento jurisdicional, que a parte necessita usar junto com o meio processual adequado para buscar reparação do prejuízo sofrido ou evitar que ele ocorra.

Há interesse processual quando a parte não pode obter a tutela pretendida sem a intervenção do Judiciário (necessidade) e quando esta tutela jurisdicional propicia-lhe alguma utilidade, o que ocorre quando a via processual escolhida pelo autor mostra-se adequada à obtenção da tutela pleiteada.

O art. 785 do novo Código de Processo Civil esclarece que a existência de título executivo extrajudicial não impede a parte de *optar* pelo processo de conhecimento, a fim de obter título executivo judicial.

Sendo assim, prevaleceu o entendimento de que a existência de título executivo *extrajudicial* não exclui o interesse processual para a ação de conhecimento, inclusive com o objetivo de se obter o título executivo de natureza *judicial*, caso assim prefira a parte.

Diversamente, se a parte tem título executivo judicial, a rigor, não haveria interesse processual, inclusive no aspecto da adequação, para o ajuizamento de ação de conhecimento sobre a mesma matéria, a fim de se obter o mesmo resultado já existente.

Cabe ainda salientar que, se alguma condição da ação não estiver presente quando do ajuizamento da demanda, mas passar a existir no momento do julgamento, a rigor, não deve o juiz extinguir o processo sem resolução do mérito, pois, nesse caso, a condição da ação passou a existir de forma superveniente, isto é, no curso do processo.

Efetivamente, a extinção do processo sem resolução de mérito, mesmo quando ele está em condições de ser decidido quanto ao mérito, além de contrariar a economia processual, não se harmoniza com os princípios da instrumentalidade e da efetividade da tutela jurisdicional. Afinal, apenas com a análise da pretensão é que o conflito social pode ser realmente solucionado.

Ademais, *nos termos do art. 488 do CPC*, desde que possível, o juiz deve resolver o mérito sempre que a decisão for favorável à parte a quem aproveitaria o pronunciamento que não o resolve.

---

(15) Cf. CINTRA, Antonio Carlos de Araújo; GRINOVER, Ada Pellegrini; DINAMARCO, Cândido Rangel. *Teoria geral do processo*. 11. ed. São Paulo: Malheiros, 1995. p. 258: "Repousa a *necessidade* da tutela jurisdicional na impossibilidade de obter a satisfação do alegado direito sem a intercessão do Estado — ou porque a parte contrária se nega a satisfazê-lo, sendo vedado ao autor o uso da autotutela, ou porque a própria lei exige que determinados direitos só possam ser exercidos mediante prévia declaração judicial" (destaque do original).

Como já mencionado, ausente uma ou mais das condições da ação, o processo deve ser extinto sem resolução do mérito (art. 485, inciso VI, do CPC).

A ausência das condições da ação, se verificada logo no início pelo juiz, deve acarretar o indeferimento da petição inicial (art. 330, *caput*, incisos II, III, do CPC), o que também gera a extinção do processo sem resolução do mérito (art. 485, inciso I, do CPC).

Nesse sentido, a petição inicial deve ser indeferida quando a parte for manifestamente ilegítima *ou* o autor carecer de interesse processual.

Por se tratar de extinção do processo sem resolução do mérito, admite-se novo ajuizamento da ação (art. 486 do CPC), dessa vez com a correção do vício anterior, isto é, com o preenchimento das condições da ação.

Efetivamente, conforme o art. 486 do CPC, o pronunciamento judicial que não resolve o mérito não obsta a que a parte proponha de novo a ação.

No caso de extinção em razão de litispendência e nos casos dos incisos I, IV, VI e VII do art. 485 (indeferimento da petição inicial, ausência de pressupostos de constituição e de desenvolvimento válido e regular do processo, *ausência de legitimidade ou de interesse processual*, existência de convenção de arbitragem ou quando o juízo arbitral reconhecer sua competência), a propositura da nova ação depende da correção do vício que levou à extinção do processo sem resolução do mérito (art. 486, § 1º, do CPC).

Por fim, nos termos do art. 486, § 2º, do CPC, a petição inicial não deve ser despachada sem a prova do pagamento ou do depósito das custas e dos honorários de advogado.

O Código de Processo Civil de Portugal de 2013 reza que:

"Art. 30º

Conceito de legitimidade

1 — O autor é parte legítima quando tem interesse direto em demandar; o réu é parte legítima quando tem interesse direto em contradizer.

2 — O interesse em demandar exprime-se pela utilidade derivada da procedência da ação e o interesse em contradizer pelo prejuízo que dessa procedência advenha.

3 — Na falta de indicação da lei em contrário, são considerados titulares do interesse relevante para o efeito da legitimidade os sujeitos da relação controvertida, tal como é configurada pelo autor."

21.1. Ilegitimidade de parte

Segundo o CPC de 1973, a nomeação à autoria é uma modalidade de intervenção de terceiros provocada pelo réu. Na nomeação à autoria, o objetivo visado é substituir o réu pelo terceiro, com o objetivo de afastar da relação processual um réu que seja parte ilegítima *ad causam*, nela fazendo ingressar um réu legitimado para a causa. O réu que se considera parte ilegítima nomeia o terceiro, para que o venha substituir no polo passivo da relação processual. A nomeação visa a corrigir a legitimidade passiva. Normalmente o réu, vendo-se parte ilegítima, arguirá tal ilegitimidade como preliminar de contestação, e o juiz, acolhendo tal preliminar, extinguirá o processo sem julgamento do mérito, por carência de ação. O autor, se quiser, promoverá então nova demanda. Em determinados casos, no entanto, o réu é obrigado a provocar, desde logo, sua substituição. Exemplo clássico de nomeação à autoria é aquele em que o réu, demandado em nome próprio, afirma ser simples detentor da coisa objeto do litígio (ex.: empregado encarregado da guarda de uma gleba rural que foi citado em ação de reintegração de posse, como se fosse dono, deverá nomear a autoria o proprietário).

No caso de posse direta, e não mera detenção, a figura cabível era a denunciação da lide, consoante o art. 70, inciso II, do CPC de 1973.[16]

O instituto também se aplicava em "ação de indenização, intentada pelo proprietário ou pelo titular de um direito sobre a coisa, toda vez que o responsável pelos prejuízos alegar que praticou o ato por ordem, ou em cumprimento de instruções de terceiro" (art. 63 do CPC de 1973).

Essa modalidade de intervenção de terceiro tinha por objetivo a correção da ilegitimidade passiva, nas situações acima descritas. Não se admitia a nomeação à autoria em processo de execução. Apenas o réu é quem podia requerer a nomeação no prazo para a defesa (art. 64 do CPC de 1973).

> "A nomeação à autoria é um caso de intervenção provocada pelo réu, por meio da qual este pretende seja acertada a legitimidade do polo passivo da demanda, e sendo cabível somente nos casos de detenção, afora a excepcionalidade da situação prevista no art. 63 do CPC. Portanto, na espécie, em havendo situação de depósito, ou seja, posse; não há que se falar em deferimento da nomeação à autoria, em razão de não ser adequada a extromissão. Agravo provido." (TJ/RS, Agravo de Instrumento 70006917223, 13ª Câmara Cível, Rel. Des. Roberto Carvalho Fraga, Julg. 27.4.2004)

O novo Código de Processo Civil deixou de prever, de forma expressa, a nomeação à autoria. Entretanto, com efeitos semelhantes, o art. 338 do novo CPC dispõe que, se o réu alegar, na contestação, que é parte ilegítima ou que não é o responsável pelo prejuízo invocado, o juiz deve facultar ao autor, em quinze dias, a alteração da petição inicial para substituição do réu.

Consoante o parágrafo único do art. 338 do mesmo diploma legal, se for realizada a substituição, o autor deve reembolsar as despesas e pagar honorários ao procurador do réu excluído, que devem ser fixados entre três e cinco por cento do valor da causa ou, sendo este irrisório, nos termos do art. 85, § 8º, do CPC, ou seja, fixados pelo juiz por apreciação equitativa.

Quando alegar a sua ilegitimidade, incumbe ao réu indicar o sujeito passivo da relação jurídica discutida sempre que tiver conhecimento, sob pena de arcar com as despesas processuais e de indenizar o autor pelos prejuízos decorrentes da falta da indicação (art. 339 do CPC).

Aceita a indicação pelo autor, este, no prazo de quinze dias, deve proceder à alteração da petição inicial para a substituição do réu, observando-se, ainda, o parágrafo único do art. 338 do CPC, citado anteriormente.

No prazo de quinze dias, o autor pode optar por alterar a petição inicial para incluir, como *litisconsorte passivo*, o sujeito indicado pelo réu.

---

(16) Cf. GRECO FILHO, Vicente. *Direito processual civil brasileiro*, cit., v. 1, p. 151.

Capítulo 22

Reconvenção

Ao ser ajuizada a ação, o réu tem o direito de se defender, em respeito às garantias do contraditório e da ampla defesa (art. 5º, inciso LV, da Constituição da República Federativa do Brasil).

De forma mais ampla, pode-se dizer que as principais respostas que o réu, no atual processo civil, pode apresentar englobam, essencialmente, a *contestação* e a *reconvenção*.

A contestação tem natureza de *defesa* apresentada pelo réu, como forma de se contrapor à pretensão formulada pelo autor.

Sob a óptica do CPC de 1973, decidiu o STJ:

> "A contestação e a reconvenção devem ser apresentadas simultaneamente, ainda que haja prazo para a resposta do réu, sob pena de preclusão consumativa. Precedentes do STJ: REsp 31.353/SP, 4ª Turma, DJ 16.8.2004; AgRg no Ag 817.329/MG, 4ª Turma, DJ 17.9.2007; e REsp 600.839/SP, DJe 5.11.2008." (STJ, 1ª T., AgRg no REsp 935.051, Rel. Min. Luiz Fux, j. 14.9.2010, DJe 30.9.2010)

A defesa é um direito e um ônus do réu, decorrente da cláusula do *devido processo legal* e do *princípio do contraditório* (art. 5º, incisos LIV e LV, da Constituição Federal de 1988).

A reconvenção, embora seja uma das possíveis respostas do réu (art. 343 do CPC), tem natureza de ação por este ajuizada em face do autor originário da demanda. Reconvenção é ação do réu contra o autor, no mesmo processo. Isso significa que, no prazo da resposta, além de se defender (contestação e exceção), o réu pode contra-atacar.

Por meio da reconvenção o réu passa a ser autor nessa nova ação (réu reconvinte), formulando pedido em face do autor original, o qual se torna réu na reconvenção (autor reconvindo).

Segundo a Súmula n. 292 do STJ: "A reconvenção é cabível na ação monitória, após a conversão do procedimento em ordinário".

Embora a reconvenção seja ação judicial, é proposta de forma incidental no processo já existente.

A reconvenção deve ser apresentada na contestação.

Anteriormente, quando em vigor o Código de Processo Civil de 1973, a reconvenção era apresentada em peça autônoma (art. 299 do CPC de 1973).

Com o novo Código de Processo Civil, a reconvenção passou a ser apresentada na contestação (art. 343 do CPC).

Admite-se que o réu, embora seja revel, por não ter contestado, apresente reconvenção, quando existente conexão com a ação principal. Vale dizer, não é imprescindível à reconvenção a existência de contestação.

Nesse diapasão, o art. 343, § 6º, do novo CPC dispõe que o réu pode propor reconvenção independentemente de oferecer contestação.

Para que a reconvenção seja admitida, é necessário que o juiz seja competente, de forma absoluta, para o seu julgamento. Exemplificando, se o juiz da ação principal é incompetente, em razão da matéria, para decidir a respeito da reconvenção, esta não é cabível.

Entretanto, mesmo que o juiz da ação principal seja relativamente incompetente para a reconvenção (por exemplo, em razão do lugar), prorroga-se a competência.

Nesse sentido, segundo o art. 61 do CPC, a ação acessória deve ser proposta no juízo competente para a ação principal.

A reconvenção pode ser proposta contra o autor e terceiro (art. 343, § 3º, do CPC).

Do mesmo modo, a reconvenção também pode ser proposta pelo réu em litisconsórcio com terceiro (art. 343, § 4º, do CPC).

Na contestação, é lícito ao réu propor reconvenção para manifestar pretensão própria, *conexa com a ação principal ou com o fundamento da defesa* (art. 343 do CPC).

Dessarte, para que a reconvenção seja cabível, deve haver conexão com a ação principal ou mesmo com a defesa.

Segundo o art. 55 do CPC, reputam-se conexas duas ou mais ações quando lhes for comum o pedido ou a causa de pedir (fatos e fundamentos jurídicos).

Especificamente quanto à reconvenção, admite-se a conexão não apenas em face da ação principal, mas também com o fundamento da defesa, vale dizer, quando a matéria da reconvenção estiver relacionada com o alegado na defesa.

Se a alegação do réu puder ser apresentada como matéria de contestação, não se verifica interesse processual para a reconvenção. Nesse sentido, a compensação, por exemplo, deve ser arguida como matéria de defesa, pois não envolve pedido de condenação do autor.

Ademais, se o procedimento aplicado na ação principal tiver natureza *dúplice*, ou for admitido o pedido contraposto, como se verifica na ação de consignação em pagamento (arts. 544, inciso IV, e 545, § 2º, do CPC), ação de exigir contas (art. 550 do CPC), ação possessória (art. 554 do CPC), não se identifica interesse processual, no aspecto da necessidade, para a reconvenção.

A ação dúplice é aquela em que, por sua natureza e seu procedimento, a proteção do réu já se acha naturalmente inserida em seu desenvolvimento.

No processo civil, no procedimento (sumaríssimo) do Juizado Especial Cível, a Lei n. 9.099/1995, no art. 31, prevê que não se admite a reconvenção. Entretanto, permite-se ao réu, na contestação, formular pedido em seu favor, nos limites da competência do Juizado Especial Cível, desde que fundado nos mesmos fatos que constituem objeto da controvérsia. Ou seja, admite-se apenas o pedido contraposto. Ademais, havendo pedidos contrapostos, a contestação formal pode ser dispensada, e ambos devem ser apreciados na mesma sentença (art. 17, parágrafo único, da Lei n. 9.099/1995).

> "O pedido contraposto, a teor do disposto no art. 278, § 1º, do CPC, constitui instituto processual que permite ao réu, em sede de procedimento sumário, deduzir pedido na peça contestatória, limitado, portanto, nos mesmos fatos articulados pelo autor na petição inicial. 6. Recurso especial não conhecido." (STJ. REsp 712.343/RJ, Rel. Ministro João Otávio de Noronha, 4ª Turma, julgado em 6.5.2008, DJe 19.5.2008)

O art. 343, § 5º, do CPC prevê que, se o autor for substituto processual, o reconvinte deverá afirmar ser titular de direito em face do substituído e a reconvenção deverá ser proposta em face do autor, também na qualidade de substituto processual.

Desse modo, se o autor é substituto processual, defendendo direito alheio, em nome próprio, o réu pode ajuizar reconvenção, mesmo não sendo o primeiro (autor na ação principal) o titular do direito, o qual é do substituído. Nesse caso, o autor da ação principal (reconvindo) passa a ser réu na reconvenção e mantém a qualidade de substituto processual também na reconvenção, embora ocupe, nessa ação, o polo passivo.

Quanto à hipótese de representação processual propriamente, deve-se verificar em cada caso concreto se o representante tem autorização para demandar e ser demandado em nome alheio.

De acordo com o art. 343, § 1º, do CPC, proposta a reconvenção, o autor deve ser intimado, na pessoa de seu advogado, para apresentar resposta no prazo de quinze dias.

Observa-se certa autonomia da reconvenção em face da ação principal. Isso se confirma pela regra de que a desistência da ação principal ou a ocorrência de causa extintiva que impeça o exame de seu mérito não obsta ao prosseguimento do processo quanto à reconvenção (art. 343, § 2º, do CPC).

É possível, por meio de decisão interlocutória, o indeferimento liminar da reconvenção, quando esta não seja cabível, e mesmo o julgamento liminar de improcedência do pedido nela formulado.

Entretanto, o novo CPC deixa de prever o cabimento de recurso de imediato (no caso, agravo de instrumento) contra a decisão que indefere liminarmente a reconvenção, como se observa no rol do art. 1.015.

Como a reconvenção tem natureza de ação, aplica-se o art. 332 do CPC, no sentido de que, nas causas que dispensem a fase instrutória, o juiz, independentemente da citação do réu, deve julgar liminarmente improcedente o pedido que contrariar: enunciado de súmula do Supremo Tribunal Federal ou do Superior Tribunal de Justiça; acórdão proferido pelo Supremo Tribunal Federal ou pelo Superior Tribunal de Justiça em julgamento de recursos repetitivos; entendimento firmado em incidente de resolução de demandas repetitivas ou de assunção de competência; enunciado de súmula de tribunal de justiça sobre direito local. O juiz também pode julgar liminarmente improcedente o pedido se verificar, desde logo, a ocorrência de decadência ou de prescrição.

Na hipótese em que o *pedido* contido na reconvenção é objeto de improcedência liminar, pode-se defender o cabimento de agravo de instrumento, com fundamento no art. 1.015, inciso II, por se tratar de decisão interlocutória que versa sobre o *mérito* da causa.

Não ocorrendo o indeferimento liminar da reconvenção ou a improcedência liminar do pedido formulado na reconvenção, com o objetivo de evitar decisões contraditórias, entende-se que devem ser julgadas na mesma sentença a ação e a reconvenção.

Como a reconvenção não se confunde com a ação principal, a sentença deve conter fundamentação e conclusão para cada uma delas, inclusive a respeito de condenação em custas e despesas processuais de forma separada.

O recurso cabível contra a sentença que julga, conjuntamente, a ação principal e a reconvenção é a apelação.

Deve-se destacar que, segundo a Súmula n. 258 do STF, "É admissível reconvenção em ação declaratória".

CAPÍTULO 23

O FIM DA AÇÃO DECLARATÓRIA INCIDENTAL

A *ação declaratória incidental*, como o próprio nome indica, tinha natureza de ação de conhecimento, com efeito declaratório, mas era ajuizada de forma incidental ao processo em curso, estando em harmonia com o princípio da economia processual.

> "SENTENÇA INCIDENTE. NATUREZA DE DECISÃO INTERLOCUTÓRIA. RECURSO CABÍVEL. AGRAVO DE INSTRUMENTO. Se o julgamento da ação declaratória incidental ocorre em momento anterior ao julgamento da ação principal, a sentença incidente se caracteriza como decisão interlocutória, recorrível mediante agravo de instrumento." (TJPR. 10ª CC. AI 874366-6. Rel.: Nilson Mizuta. J. 22.11.2012)

A ação declaratória incidental podia ter finalidade negativa ou positiva. Ela provocava o aumento dos limites objetivos da coisa julgada. Uma vez ajuizada, a ação declaratória incidental não suspendia o processo donde ela é originária. Não cabe ação declaratória incidental no processo cautelar.

Importante falar sobre o prazo para propositura da ação declaratória incidental. Para o autor, o prazo era de 10 dias contados sobre a intimação para falar da contestação (CPC, art. 325). Para o réu, o prazo era o mesmo que ele tem para responder à ação principal promovida em face dele. Quando o réu fosse o Ministério Público ou a Fazenda Pública, valia a aplicação das regras do art. 188 do CPC de 1973. E o mesmo ocorria com réus que tinham diversos procuradores. Aplicava-se, daí, a regra do art. 191 do CPC. Em geral era de quinze (15) dias o prazo para resposta à ação declaratória incidental.

A possibilidade de seu ajuizamento ocorria quando a relação jurídica, considerada o pressuposto lógico para a decisão do mérito ou pedido na ação principal, tornava-se controvertida após a apresentação da contestação.

Nesse sentido, consoante o art. 5º do Código de Processo Civil de 1973, se, no curso do processo, tornar-se "litigiosa relação jurídica de cuja existência ou inexistência depender o julgamento da lide", qualquer das partes pode requerer que o juiz a declare por sentença.

A ação declaratória incidental, portanto, tinha como objetivo decidir, de forma principal (passível de fazer coisa julgada material), a respeito de *questão prejudicial*, isto é, de *relação jurídica* da qual depende o julgamento do mérito que se tornou *controvertida* no curso do processo.

Quando havia questão prejudicial, se a ação declaratória incidental não era ajuizada, cabia ao juiz decidir a respeito da relação jurídica controvertida somente na fundamentação da sentença, isto é, apenas incidentalmente, sem fazer coisa julgada material (art. 469, inciso III, do CPC de 1973), para que pudesse decidir a respeito do mérito, isto é, da pretensão formulada.

Entretanto, se uma das partes propunha a ação declaratória incidental, essa questão prejudicial passava a ser julgada de forma principal, no dispositivo da sentença, podendo transitar em julgado e adquirir, assim, a imutabilidade.

Isso era confirmado pelo disposto no art. 325 do CPC de 1973, ao prever que, se o réu contestar o direito que constitui fundamento do pedido, o autor poderá requerer, no prazo de dez dias, que sobre ele o juiz profira sentença incidente, "se da declaração da existência ou da inexistência do direito depender, no todo ou em parte, o julgamento da lide", ou seja, do mérito (pedido ou pretensão).

O art. 470 do CPC de 1973, por seu turno, estabelecia que fazia coisa julgada "a resolução da questão prejudicial, se a parte o requerer (arts. 5º e 325), o juiz for competente em razão da matéria e constituir pressuposto necessário para o julgamento da lide".

Logo, além da existência de questão prejudicial, para o cabimento da ação declaratória incidental, exigia-se que o juízo fosse competente de forma absoluta. Mesmo havendo incompetência meramente relativa (como em razão do lugar), ocorre a prorrogação da competência do juízo da ação principal. Nos termos do art. 109 do CPC de 1973, o juiz da causa principal "é também competente para a reconvenção, a ação declaratória incidente, as ações de garantia e outras que respeitam ao terceiro interveniente".

Qualquer das partes podia ajuizar a ação declaratória incidental se presentes os seus requisitos (art. 5º do CPC de 1973). Se proposta fosse pelo réu, haveria entendimento, embora não unânime na doutrina, de que a ação teria natureza de reconvenção, contendo, no caso, pedido declaratório.

No presente, segundo o art. 503 do novo Código de Processo Civil, a decisão que julgar total ou parcialmente o mérito tem força de lei nos limites da questão principal expressamente decidida.

Essa disposição aplica-se à resolução de questão prejudicial, decidida expressa e incidentemente no processo, se dessa resolução depender o julgamento do mérito, a seu respeito tiver havido contraditório prévio e efetivo, não se aplicando no caso de revelia, o juízo tiver competência em razão da matéria e da pessoa para resolvê-la como questão principal (art. 503, § 1º, do CPC).

A hipótese do § 1º do art. 503 do CPC, suprarreferida, não se aplica se no processo houver restrições probatórias ou limitações à cognição que impeçam o aprofundamento da análise da questão prejudicial.

Portanto, mesmo havendo questão prejudicial, *não é mais previsto o cabimento de ação declaratória incidental*, pois, uma vez presentes os requisitos legais, já indicados, o juiz, automaticamente, deve decidir a questão prejudicial, a qual fica abrangida pela coisa julgada material.

Dessarte, não há mais interesse processual, no aspecto da necessidade, para o ajuizamento de ação declaratória incidental.

A coisa julgada, assim, passa a se estender também às questões prejudiciais decididas.

Isso é confirmado pelo art. 1.054 do CPC, ao prever que o disposto no art. 503, § 1º, do mesmo diploma legal (que dispõe sobre a extensão da coisa julgada às questões prejudiciais), somente se aplica aos processos iniciados após a vigência deste, aplicando-se aos anteriores o disposto nos arts. 5º, 325 e 470 da Lei n. 5.869, de 11 de janeiro de 1973.

Vejamos algumas jurisprudências sobre a ação declaratória incidental com base no CPC de 1973:

"A 'ação declaratória incidental' tem por objeto a declaração da existência ou da inexistência de relação jurídica da qual dependa o julgamento do pedido formulado em processo já em curso, *ex vi* do disposto nos arts. 5º e 325 do CPC. Consequentemente, sendo seu objeto a relação jurídica controvertida, não cabe ação declaratória incidental para declaração de fatos, nem para simples interpretação de tese jurídica ou de questão de direito." (STJ. 1ª Seção. AgRg nos EDcl na Pet 5.830/DF. Rel. Min. Luiz Fux. j. 22.4.2009)

"A inadequação do instrumento processual eleito ('ação declaratória incidental'), que pretende a anulação do título executivo que embasa a execução fiscal, denota a falta de interesse de agir, razão pela qual se impõe a extinção do feito sem resolução de mérito, *ex vi* do disposto no art. 267, VI, do CPC, revelando se escorreita a sentença que indeferiu liminarmente a inicial com espeque no art. 295, III, do Codex Processual." (STJ. 1ª T. REsp 940.314/RS. Rel. Min. Luiz Fux. j. em 24.3.2009)

"Ação declaratória incidental visando anular assembleia de condomínio não é prejudicial de ação de prestação de contas. A anulação da assembleia não exonera o síndico de apresentar as contas a que está obrigado." (STJ. 3ª T. AgRg no Ag 402.179/SP. Rel. Min. Humberto Gomes de Barros. J. 25.9.2006)

"Ação declaratória incidental. Execução não embargada 'Descabe a utilização de ação declaratória incidental em substituição aos embargos do devedor'." (STJ. 4ª T. REsp 12.633/SP. Rel. Min. Bueno de Souza. J. 6.6.1994)

"Se o julgamento da ação declaratória incidental ocorre em momento anterior ao julgamento da ação principal, a sentença incidente se caracteriza como decisão interlocutória, recorrível mediante agravo de instrumento." (TJPR. 10ª CC. AI 874366-6. Rel.: Nilson Mizuta. Unânime. J. 22.11.2012)

"A declaratória incidental é inviável em processo de execução, pois neste não se efetivará o julgamento da lide. Impossibilidade jurídica do pedido." (TJPR. AC 0499944-8. Rel.: Antenor Demeterco Junior. j. 17.3.2009)

Capítulo 24

Alterações Quanto ao Contraditório e à Cooperação das Partes

O *princípio do contraditório*, assegurado pelo art. 5º, inciso LV, da Constituição Federal de 1988, significa a necessidade de cientificar as partes dos atos e das decisões processuais, permitindo que elas participem do processo e impugnem as decisões contrárias a seus interesses.

Quanto ao tema, o novo Código de Processo Civil estabelece ser "assegurada às partes paridade de tratamento em relação ao exercício de direitos e faculdades processuais, aos meios de defesa, aos ônus, aos deveres e à aplicação de sanções processuais, competindo ao juiz zelar pelo efetivo contraditório" (art. 7º).

Em sua manifestação extrínseca, o processo é visto como o procedimento, entendido como o conjunto de atos coordenados que se sucedem, o qual se realiza em contraditório.

Isso significa a necessidade de dar ciência às partes dos diversos atos processuais e permitir a sua participação no processo, como forma de assegurar as garantias constitucionais da ampla defesa e do devido processo legal.

Sendo assim, devem ser garantidos o contraditório e a ampla defesa, na esfera do devido processo legal. Isso significa o dever de permitir que as partes apresentem as suas alegações, participem da produção das provas e influenciem, de forma legítima, na formação do convencimento do juiz.

Evidentemente, não basta assegurar o mero acesso formal à Justiça. O direito de ação, entendido apenas como direito de ingresso no Poder Judiciário, não é suficiente para atender aos verdadeiros escopos da jurisdição.

Desse modo, deve-se assegurar que, uma vez presentes as condições da ação e os pressupostos processuais, a pretensão formulada seja decidida em seu mérito. Mais que isso, é essencial que o direito material daquele que tem razão seja assegurado de forma efetiva e célere, garantindo, de maneira concreta, àquele que tem direito tudo aquilo e exatamente a que faz jus.

Nesse enfoque, cabe alcançar a efetividade da tutela jurisdicional[17], bem como a celeridade no processamento das causas, como prevê o art. 5º, inciso LXXVIII, da Constituição da República, acrescentado pela Emenda Constitucional n. 45/2004, ao garantir o direito fundamental de que "a todos, no âmbito judicial e administrativo, são assegurados a razoável duração do processo e os meios que garantam a celeridade de sua tramitação".

O Código de Processo Civil estabelece que "as partes têm o direito de obter em prazo razoável a solução integral do mérito, incluída a atividade satisfativa" (art. 4º).

O acesso à justiça, portanto, não pode mais ser entendido como a mera possibilidade de ajuizamento da ação, mas sim como a efetiva tutela do direito material, em favor daquele que tem razão, inclusive com a satisfação concreta do direito reconhecido judicialmente.

O Código de Processo Civil determina, ainda, que "todos os sujeitos do processo devem *cooperar* entre si para que se obtenha, em tempo razoável, decisão de mérito justa e efetiva" (art. 6º).

Concretiza-se, com isso, o princípio da colaboração na esfera processual, entre o juiz e as partes, em que estas também passam a desempenhar papel relevante no processo, para a justa composição do conflito.

Vale anotar que o juiz do processo cooperativo é um juiz isonômico na condução do processo e assimétrico quando da decisão das questões processuais e materiais da causa. Desempenha duplo papel, pois ocupa dupla posição: paritário no diálogo, assimétrico na decisão. Visa-se a alcançar, com isso, um "ponto de equilíbrio" na organização do formalismo processual, conformando-o como uma verdadeira "comunidade de trabalho" entre as pessoas do juízo. A cooperação converte-se em uma prioridade no processo.

Com efeito, no modelo colaborativo, percebe-se a isonomia entre o juiz e as partes quando do deslinde do processo, por meio do diálogo judicial com ênfase no princípio do contraditório.

Destarte, o magistrado participa ativamente do processo juntamente com as partes, possibilitando que influenciem suas possíveis decisões. O juiz não pode ser mero espectador no processo; ao contrário, deve ser sujeito com participação ativa, voltada à consecução dos valores constitucionais-processuais. O juiz atua de forma paritária e em colaboração com as partes, delas se distanciando ao momento de decidir a causa.

Nessa senda, um elemento essencial do modelo cooperativo de processo está na figura do juiz, pois, informado pelo formalismo-valorativo, é irreversível que exerça uma posição mais diretiva, envolvida e ativista. Portanto o Estado-juiz no terreno probatório se vale de iniciativa *ex officio* para o regular deslinde do feito, sempre visando a uma decisão justa e não àquela pautada apenas pela legalidade (própria da cultura jurídica francesa individualista e privatista do século XIX).

O processo não é um jogo, mas instrumento de realização do direito material, informado pelos princípios da lealdade e da colaboração, que deve nortear a atuação de todos os seus sujeitos, inclusive do magistrado. Ademais, tal atitude não compromete sua imparcialidade.

---

(17) Cf. DINAMARCO, Cândido Rangel. *A instrumentalidade do processo*. 11. ed. São Paulo: Malheiros, 2003. p. 326: "O *endereçamento positivo* do raciocínio instrumental conduz à ideia de *efetividade do processo*, entendida como capacidade de exaurir os objetivos que o legitimam no contexto jurídico-social e político. O empenho em operacionalizar o sistema, buscando extrair dele todo o proveito que ele seja potencialmente apto a proporcionar, sem deixar resíduos de insatisfação por eliminar e sem se satisfazer com soluções que não sejam jurídica e socialmente legítimas, constitui o motivo central dos estudos mais avançados, na ciência processual da atualidade. Essa é a postura metodológica preconizada de início e caracterizada pela tônica na instrumentalidade do sistema processual" (destaques do original).

Devemos ter em mente um processo efetivo que conte com a colaboração das partes para torná-lo célere, respeitando a segurança jurídica em consonância com os princípios fundamentais da Carta Maior.

Saliente-se que, no Direito processual moderno, exige-se também que o próprio juiz colabore com as partes por meio dos deveres de esclarecimento, prevenção, consulta e auxílio. A doutrina atual entende que deve ocorrer um diálogo entre magistrado e litigantes, com o objetivo de alcançar um melhor resultado. Mesmo sem ferir sua imparcialidade, o magistrado deve esclarecer as partes a respeito da necessidade de prova, determinar de ofício a colheita de um depoimento que se mostre essencial e assim por diante. Somente por meio de uma atuação proativa respeitar-se-á a garantia constitucional da efetiva e adequada tutela jurisdicional (CF, art. 5º, XXXV). Não se confunde mais neutralidade com imparcialidade. Para ser imparcial, o magistrado não pode ser neutro.

O Código de Processo Civil de Portugal de 2013 (Lei n. 41/2013) reza que:

"Art. 3º

Necessidade do pedido e da contradição

1 — O tribunal não pode resolver o conflito de interesses que a ação pressupõe sem que a resolução lhe seja pedida por uma das partes e a outra seja devidamente chamada para deduzir oposição.

2 — Só nos casos excecionais previstos na lei se podem tomar providências contra determinada pessoa sem que esta seja previamente ouvida.

3 — O juiz deve observar e fazer cumprir, ao longo de todo o processo, o princípio do contraditório, não lhe sendo lícito, salvo caso de manifesta desnecessidade, decidir questões de direito ou de facto, mesmo que de conhecimento oficioso, sem que as partes tenham tido a possibilidade de sobre elas se pronunciarem.

4 — Às exceções deduzidas no último articulado admissível pode a parte contrária responder na audiência prévia ou, não havendo lugar a ela, no início da audiência final."

"Artigo 7º

Princípio da cooperação

1 — Na condução e intervenção no processo, devem os magistrados, os mandatários judiciais e as próprias partes cooperar entre si, concorrendo para se obter, com brevidade e eficácia, a justa composição do litígio.

2 — O juiz pode, em qualquer altura do processo, ouvir as partes, seus representantes ou mandatários judiciais, convidando-os a fornecer os esclarecimentos sobre a matéria de facto ou de direito que se afigurem pertinentes e dando-se conhecimento à outra parte dos resultados da diligência.

3 — As pessoas referidas no número anterior são obrigadas a comparecer sempre que para isso forem notificadas e a prestar os esclarecimentos que lhes forem pedidos, sem prejuízo do disposto no n. 3 do art. 417º.

4 — Sempre que alguma das partes alegue justificadamente dificuldade séria em obter documento ou informação que condicione o eficaz exercício de faculdade ou o cumprimento de ónus ou dever processual, deve o juiz, sempre que possível, providenciar pela remoção do obstáculo."

CAPÍTULO 25

A PROIBIÇÃO DE JULGAMENTO SURPRESA E O NOVO CPC

O *contraditório*, como garantia constitucional, impõe que as partes sejam informadas a respeito dos atos processuais praticados ou a serem praticados, possibilitando a reação e a participação.

Desse modo, exige-se que as partes sejam cientificadas a respeito dos diversos atos processuais, os quais, em conjunto, formam o procedimento.

Além disso, deve-se permitir que as partes participem do processo, o que é assegurado pelas *garantias da ampla defesa e do devido processo legal*.

Outrossim, como mencionado, é assegurada às partes *paridade de tratamento no curso* do processo, competindo ao juiz velar pelo *efetivo contraditório* (art. 7º do CPC).

O contraditório, na linha da constitucionalização das garantias processuais, não mais se restringe à oitiva formal das partes quanto aos diversos atos processuais, mas passa a exigir, de modo dinâmico e dialético, o efetivo diálogo e participação, possibilitando que a tutela jurisdicional a ser proferida alcance os objetivos da efetividade, celeridade e justiça. Ou seja, devem-se garantir o debate e o direito de "influenciar na formação da decisão", isto é, no resultado do processo, em consonância com a "democratização" do sistema jurisdicional. Logo, cabe ao juiz provocar o debate das diversas questões envolvidas, evitando os chamados "julgamentos surpresa".

Nesse diapasão, o novo Código de Processo Civil reza, no art. 9º, que "não se proferirá decisão contra uma das partes sem que ela seja previamente ouvida", salvo no caso de tutela provisória de urgência, nas hipóteses de tutela da evidência previstas no art. 311, incisos II e III e na hipótese da decisão contida no art. 701, que trata de tutela da evidência na ação monitória.

Objetiva-se, assim, evitar decisões que apanhem de surpresa as partes, havendo aí evidente concretização da cooperação no processo pela mão do dever de consulta às partes que toca ao órgão jurisdicional, inerente à construção de um processo civil pautado pela colaboração.

Concretização do princípio do contraditório, esta norma do art. 9º do CPC visa a evitar o proferimento de "decisões surpresa", que são aquelas proferidas pelo magistrado sem que tenha concedido previamente às partes a oportunidade de influenciar o seu convencimento. As exceções representam hipóteses em que a prestação da tutela jurisdicional seria frustrada pelo tempo necessário para estabelecer o prévio contraditório (inciso I) ou em que o prévio contraditório se mostra desnecessário ante evidência do direito comprovado pelo autor (incisos II e III).

Na mesma linha, procurando concretizar ao máximo o contraditório, o art. 10 do Código de Processo Civil determina que o "juiz não pode decidir, em grau algum de jurisdição, com base em fundamento a respeito do qual não se tenha dado às partes oportunidade de se manifestar, ainda que se trate de matéria sobre a qual deva decidir de ofício".

Em harmonia com o que já foi exposto, o art. 487, parágrafo único, determina que, ressalvada a hipótese do § 1º do art. 332 do mesmo diploma legal (que versa sobre a improcedência liminar do pedido), a prescrição e a decadência não devem ser reconhecidas sem que antes seja dada às partes oportunidade de se manifestarem.

Capítulo 26

Ordem Cronológica para Proferir Sentenças e Acórdãos

As sentenças e os acórdãos devem ser proferidos segundo uma ordem própria, para que nenhum processo demore mais do que os demais para ser solucionado.

Versando a respeito do tema, o novo Código de Processo Civil, no art. 12, determinava que os juízes e os tribunais devem obedecer à *ordem cronológica de conclusão para proferir sentença ou acórdão.*

Contudo, por meio da Lei n. 13.256/2016, o CPC de 2015 veio a ser alterado antes de sua entrada em vigor, passando o art. 12, *caput,* a ter a seguinte redação, mantidos os seus parágrafos: "Os juízes e os tribunais atenderão, preferencialmente, à ordem cronológica de conclusão para proferir sentença ou acórdão".

A nova redação acabou por tornar letra morta a ordem cronológica de julgamento, vez que ela deve ser observada apenas preferencialmente.

O art. 1.046, § 5º, do NCPC, prevê que essa norma aplica-se somente aos processos novos, devendo os antigos serem julgados de acordo com a antiguidade da distribuição. Assim, em um primeiro momento, deverão ser elaboradas duas listas, uma referente aos processos distribuídos antes da entrada em vigor do NCPC e outra referente aos processos distribuídos depois.

O art. 12 do NCPC pretendia instituir uma rigorosa disciplina na ordem dos julgamentos, fixando o critério objetivo do tempo de conclusão para definir a ordem cronológica das decisões, ou seja, aquele feito que primeiro fosse concluso deveria merecer decisão em primeiro lugar. Se constituía, pois, em algo similar à obstrução de pauta existente no Congresso Nacional.

Máxima vênia, ainda que aparentemente adequado, por estabelecer critério objetivo e prestigiar a isonomia, o dispositivo fixava amarras no julgador de duvidosa eficiência no que diz respeito à qualidade da prestação jurisdicional e até mesmo embaraço na celeridade.

Em nossa visão, foi corretíssima a modificação.

Impõe dizer que a lista de processos aptos a julgamento deve estar permanentemente à disposição para consulta pública em cartório e na rede mundial de computadores (art. 12, § 1º, do CPC).

Entretanto estão excluídos dessa regra de obediência à ordem cronológica (art. 12, § 2º, do CPC):

— as sentenças proferidas em audiência, homologatórias de acordo (art. 487, inciso III, do CPC) ou de improcedência liminar do pedido (art. 332 do CPC);

— o julgamento de processos em bloco para aplicação de tese jurídica firmada em julgamento de casos repetitivos;

— o julgamento de recursos repetitivos (arts. 1.036 a 1.041 do CPC) ou de incidente de resolução de demandas repetitivas (arts. 976 a 987 do CPC);

— as decisões proferidas com base nos arts. 485 (que trata da sentença que extingue o processo sem resolução do mérito) e 932 (que trata das atribuições do relator) do CPC;

— o julgamento de embargos de declaração (arts. 1.022 a 1.026 do CPC);

— o julgamento de agravo interno (art. 1.021 do CPC);

— *as preferências legais* e as metas estabelecidas pelo Conselho Nacional de Justiça;

— os processos criminais, nos órgãos jurisdicionais que tenham competência penal;

— a causa que exija urgência no julgamento, assim reconhecida por decisão fundamentada.

A respeito das preferências legais, terão prioridade de tramitação em qualquer juízo ou tribunal os procedimentos judiciais (art. 1.048 do CPC):

— *em que figure como parte ou interessado* pessoa com idade igual ou superior a sessenta anos ou portadora de doença grave, *assim compreendida qualquer das enumeradas no art. 6º, inciso XIV, da Lei n. 7.713, de 22 de dezembro de 1988;*

— regulados pela Lei n. 8.069, de 13 de julho de 1990 (que dispõe sobre a proteção integral à criança e ao adolescente).

A pessoa interessada na obtenção do benefício, juntando prova de sua condição, deve requerê-lo à autoridade judiciária competente para decidir o feito, que determinará à secretaria do juízo as providências a serem cumpridas.

Deferida a prioridade, os autos devem receber identificação própria que evidencie o regime de tramitação prioritária.

Concedida a prioridade, essa não cessa com a morte do beneficiado, estendendo-se em favor do cônjuge supérstite ou companheiro em união estável.

Frise-se que a tramitação prioritária independe de deferimento pelo órgão jurisdicional e deve ser imediatamente concedida diante da prova da condição de beneficiário.

Demais disso, após a elaboração de lista própria, deve-se respeitar a ordem cronológica das conclusões entre as preferências legais (art. 12, § 3º, do CPC).

Depois da inclusão do processo na lista de que trata o § 1º do art. 12 do CPC, antes indicado, o requerimento formulado pela parte não altera a ordem cronológica para a decisão, exceto quando implicar a reabertura da instrução ou a conversão do julgamento em diligência.

Decidido o requerimento previsto no § 4º do art. 12 do CPC, o processo deve retornar à mesma posição em que anteriormente se encontrava na lista (art. 12, § 5º, do CPC).

Deve ocupar o primeiro lugar na lista prevista no § 1º do art. 12 do CPC ou, conforme o caso, no § 3º do art. 12 do CPC, o processo:

— que tiver sua sentença ou acórdão anulado, salvo quando houver necessidade de realização de diligência ou de complementação da instrução;

— quando ocorrer a hipótese do art. 1.040, inciso II, do CPC, sobre recursos extraordinário e especial repetitivos.

A lista de processos recebidos deve ser disponibilizada, de forma permanente, para consulta pública, atendendo ao princípio da publicidade.

Capítulo 27
Convenção das Partes e Novo CPC

O processo é a relação processual de direito público que se desenvolve na atuação do Poder Judiciário para outorga da tutela jurisdicional, cuja relação se forma e se dá entre os sujeitos do processo (partes, juízes, advogados, auxiliares do juízo, testemunhas etc.).

O procedimento é a sequência pré-ordenada de atos processuais por intermédio da qual essa relação processual desenvolve-se, desde o início até o seu fim, visando atingir a sua finalidade. Assim, o Código de Processo Civil regula não somente relações processuais (processos) com atividades jurisdicionais distintas, mas igualmente a maneira ordenada e sequencial como essas relações desenvolvem-se.

Os diferentes atos processuais são praticados pelos sujeitos da relação processual, com o fim de que a decisão seja proferida, como forma de pacificação do conflito social.

> "[...] 1. É pacífica a orientação do STJ, no sentido de que 'inexiste prejuízo ao réu e consequentemente nulidade processual, nos casos de adoção do rito ordinário em lugar do sumário, dada a maior amplitude de defesa conferida por aquele procedimento' (STJ REsp 1.026.821/TO, 4ª Turma, Rel. Min. Marco Buzzi, DJe de 28.8.2012). 2. *In casu*, ao contrário do que assevera a agravante, não ocorreu conversão de ritos, pois desde a exordial houve a opção, pelos autores, do rito ordinário, embora a Lei lhes facultasse a adoção do rito sumário. 3. Adotado o rito ordinário, não há que se cogitar de violação aos arts. 275, II, *d*, e 276 do CPC, que se aplicam apenas ao rito sumário. 4. Agravo regimental não provido." (STJ — STJ AgRg no ASTJ REsp 55.090/PR, Rel. Ministro Raul Araújo, 4ª Turma, julgado em 27.11.2012, DJe 17.12.2012)

O procedimento deve zelar pela simplicidade, oralidade, celeridade, concentração dos atos processuais em audiência, *evitando-se formalismos desnecessários.*

Em se tratando de processo de conhecimento, os procedimentos podem ser classificados em comum e especial.

O novo Código de Processo Civil apenas regra o procedimento comum, não mais prevendo o sumário, e procedimentos especiais.

Efetivamente, nos termos do art. 318 do novo CPC, aplica-se a todas as causas *o procedimento comum*, salvo disposição em contrário do Código de Processo Civil ou de lei.

Aponte-se que o procedimento comum aplica-se subsidiariamente aos demais procedimentos especiais e ao processo de execução.

O magistrado deve dirigir o processo conforme as disposições legais, ou seja, em conformidade com o procedimento previsto em lei, incumbindo-lhe dilatar os prazos processuais e, ainda, *alterar a ordem de produção dos meios de prova, adequando-os às necessidades do conflito de modo a conferir maior efetividade à tutela do direito* (art. 139, inciso VI, do CPC).

Somente o magistrado, a quem é dirigida a prova, mostra-se dotado da sensibilidade necessária a prever quais são as provas fundamentais para formular seu convencimento, e qual a melhor forma de sua produção.

Cabe esclarecer que essa dilação de prazo somente pode ser determinada antes de encerrado o prazo regular.

Tradicionalmente, em princípio, os procedimentos não seriam livremente escolhidos pelas partes. Nesse enfoque, mesmo o autor pretendendo que se adote procedimento em desacordo com a lei, caberia ao juiz proceder à adaptação daquilo que for o correto.

Apesar disso, o art. 190 do CPC dispõe que, se a causa versar sobre direitos que admitam autocomposição, será lícito às partes plenamente capazes estipular mudanças no procedimento para ajustá-lo às especificidades da causa e convencionar sobre os seus ônus, os poderes, as faculdades e os deveres processuais, antes ou durante o processo.

Assegura-se às partes, assim, a autonomia para convencionar a respeito do procedimento a ser adotado, por influência da *Common Law*.

Ademais, de comum acordo, o juiz e as partes podem fixar *calendário para a prática dos atos processuais*, quando for o caso. Esse calendário vincula as partes e o juiz, e os prazos nele previstos somente devem ser modificados em casos excepcionais, devidamente justificados.

Dispensa-se a intimação das partes para a prática de ato processual ou a realização de audiência cujas datas tiverem sido designadas no calendário.

Frise-se que o juiz, de ofício ou a requerimento, deve controlar a validade das convenções previstas no referido art. 190 do CPC, indicado anteriormente, recusando-lhes aplicação somente nos casos de nulidade ou inserção abusiva em contrato de adesão ou no qual qualquer parte se encontre em manifesta situação de vulnerabilidade.

Capítulo 28

Mudanças Referentes às Providências Preliminares

Findo o prazo para a contestação, o juiz deve tomar, conforme o caso, as providências preliminares constantes dos arts. 347 e seguintes do novo Código de Processo Civil.

Trata-se do início da fase de saneamento do processo. Neste momento, o juiz deve organizar o procedimento, direcionando o processo de acordo com a defesa apresentada.

Passemos a ver cada uma delas.

Se o réu não contestar a ação, o juiz, verificando a *inocorrência do efeito da revelia* previsto no art. 344 do CPC (ou seja, a presunção relativa de veracidade das alegações de fato formuladas pelo autor), deve ordenar que o autor especifique as provas que pretenda produzir, se ainda não as tiver indicado (art. 348 do CPC).

Sob a óptica do CPC de 1973, já se decidiu que:

"1. Conforme a legislação processual civil, recebida a contestação e inexistindo providências preliminares a serem cumpridas pelas partes (decorrentes de eventuais irregularidades ou nulidades sanáveis), ao magistrado incumbe proceder ao julgamento conforme o estado do processo, declarando-o extinto se ocorrer qualquer das hipóteses previstas nos arts. 267 e 269, II a V. Daí porque, via de regra, é este o momento processual oportuno para que o juízo único aprecie eventual prejudicial de impossibilidade do pedido arguida pela parte demandada e, em sendo o caso, determine a extinção do processo. 2. Contudo, se a alegada impossibilidade jurídica do pedido envolve o *meritum causae*, é facultado ao juiz relegar a sua apreciação para a decisão final da lide, posteriormente a sua instrução, quando então terá melhores condições de sopesamento e decisão da matéria. 3. Ao deixar de apreciar a prejudicial de impossibilidade jurídica do pedido aduzida pelos agravantes, passando desde já a fixar os pontos controvertidos, determinar quais provas deverão ser produzidas e a designar audiência de instrução e julgamento, a magistrada a quo logrou tão só postergar o exame da matéria para momento posterior à instrução do processo. [...]." (TJPR, Ag Instr. 0980940-1, Matinhos, 17ª Câmara Cível, Rel. Des. Lauri Caetano da Silva, DJPR 16.4.2013)

"Inexiste cerceamento ao direito de defesa por não ter sido oportunizada réplica à contestação, se a extinção do feito baseou-se em documento juntado com a inicial, pois não se trata de documento novo que retrate fato desconhecido das autoras. Não havendo necessidade de adoção de providências preliminares, deve o juiz proferir julgamento conforme o estado do processo. [...]." (TRF 4ª R. — AC 2006.71.00.024273-7 — RS — 3ª Turma — Rel. Juiz Fed. Ivori Luis da Silva Scheffer — Julg. 7.12.2010 — DEJF 20.12.2010 — p. 578)

Saliente-se que ao réu revel é lícita a produção de provas, contrapostas às alegações do autor, desde que se faça representar nos autos a tempo de praticar os atos processuais indispensáveis a essa produção (art. 349 do CPC).

Se o réu alegar *fato impeditivo, modificativo ou extintivo* do direito do autor, este deve ser ouvido no prazo de quinze dias, permitindo-lhe o juiz a produção de prova (art. 350 do CPC).

Se o réu alegar qualquer das matérias enumeradas no art. 337 do CPC (ou seja, *preliminares de contestação*), o juiz deve determinar a oitiva do demandante no prazo de quinze dias, permitindo-lhe a produção de prova.

"Quando há, na contestação, arguição de causa extintiva do direito da parte autora, impõe-se que se de oportunidade a esta de se manifestar, nos termos do art. 326 do CPC, no caso contrariado." (STJ — 4ª Turma — REsp 39702/SP — Rel. Ministro Dias Trindade — J. em 14.12.1993 — DJ 28.3.1994)

Sempre que o réu apresentar defesa processual indireta, o autor terá a oportunidade de sobre elas se manifestar e produzir provas, antes da decisão judicial. Trata-se novamente da proteção da boa-fé processual, evitando que o autor venha a ser surpreendido pela decisão judicial. O dispositivo envolve também a necessária colaboração entre partes e magistrado, visando assim ao julgamento de mérito e prestigiando o caráter instrumental do processo.

O prazo de réplica foi aumentado de 10 para 15 dias úteis.

Verificando a existência de *irregularidades ou vícios sanáveis*, o juiz deve determinar sua correção em prazo nunca superior a trinta dias. Trata-se de previsão em consonância com o princípio da instrumentalidade do processo.

No Direito processual civil, as irregularidades ou nulidades tendem a ser superadas, autorizando-se as partes, sempre que possível, a saná-las. Trata-se da visão instrumental do processo, voltada para a efetivação do direito material. Disso decorre o princípio *pas de nullité sans grief*, segundo o qual, se não houver prejuízo, não deve ser declarada a nulidade processual.

"O atual Código de Processo Civil prestigia o sistema que se orienta no sentido de aproveitar ao máximo os atos processuais, regularizando sempre que possível as nulidades sanáveis (REsp 68.478/MG, 4ª Turma, Rel. Min. Sálvio de Figueiredo Teixeira, DJU de 11.7.1996). Recurso parcialmente conhecido e, neste ponto, desprovido." (STJ — 5ª Turma — REsp 819.771/ES — Rel. Ministro Felix Fischer — J. em 17.8.2006 — DJ 16.10.2006)

"O vício de intimação da parte apelante, quando não comprovado qualquer prejuízo substancial, não acarreta a nulidade do julgamento colegiado do recurso, em prestígio ao princípio da instrumentalidade das formas e à máxima *pas de nullité sans grief*. [...]." (TRF 4ª R. — EDcl-AC 0003903-52.2005.404.7006-PR — 3ª Turma — Rel. Des. Fed. Fernando Quadros da Silva — Julg. 5.6.2013 — DEJF 13.6.2013)

"1. Não há de se falar em cerceamento de defesa a falta de oportunidade de o autor apresentar réplica à contestação que só é necessária nos termos dos art. 301 c/c o art. 327 ambos do código de processo civil. 2. Saneamento ocorreu passo a passo em cada provimento do magistrado. Despacho saneador dispensável quando se tratar de questão somente de direito e haja provas suficientes para a formação do convencimento do magistrado." (TJPR — ApCiv 0675500-8 — Londrina — 8ª Câmara Cível — Rel. Juiz Conv. Roberto Portugal Bacellar — DJPR 12.4.2013 — p. 123)

CAPÍTULO 29

MUDANÇAS REFERENTES AO JULGAMENTO CONFORME O ESTADO DO PROCESSO

Nos termos do art. 353 do Código de Processo Civil, uma vez cumpridas as providências preliminares, analisadas anteriormente, ou não havendo necessidade delas, o juiz deve proferir *julgamento conforme o estado do processo*, observando o que dispõem os arts. 354 a 357 do CPC.

Vejamos, portanto, cada uma das possíveis hipóteses abrangidas pelo julgamento conforme o estado do processo.

29.1. Extinção do processo

Se ocorrer qualquer das hipóteses previstas nos arts. 485 (extinção do processo sem resolução do mérito) e 487, incisos II e III, do CPC, o juiz deve proferir *sentença* (art. 354 do CPC).

Cumpre salientar que essa *decisão pode dizer respeito a apenas parcela do processo*, caso em que é impugnável por agravo de instrumento.

29.2. Julgamento antecipado do mérito

O juiz deve julgar *antecipadamente o pedido*, proferindo sentença com resolução de mérito, quando (art. 355 do CPC):

— o réu for revel, ocorrer o efeito previsto no art. 344 do CPC (presunção relativa de veracidade das alegações de fato formuladas pelo autor) e não houver requerimento de prova, na forma do art. 349 do mesmo diploma legal.

"Esta Corte possui orientação de que embora seja permitido o indeferimento do pedido de produção de prova para se julgar antecipadamente a lide, não é aceitável que a condenação assente-se exatamente na falta da comprovação do direito que se pretendia provar, sob pena de contrariedade ao direito de defesa e ao art. 330 do CPC (RESP. 1.228.306/PB, Rel. Min. Castro Meira, DJe 18.10.2012). [...]." (STJ — 1ª Turma — AgR-g-AREsp 47.339 — Proc. 2011/0216767-5 — Rel. Min. Napoleão Nunes Maia Filho — J. em 16.4.2013 — DJE 24.4.2013)

29.3. Julgamento antecipado parcial do mérito

O juiz deve decidir *parcialmente o mérito* quando um ou mais dos pedidos formulados ou parcela deles (art. 356 do CPC):

— mostrarem-se incontroversos;

— estiverem em condições de imediato julgamento, nos termos do art. 355 do CPC, supraindicado.

A decisão que julgar parcialmente o mérito pode reconhecer a existência de obrigação líquida ou ilíquida.

A parte pode liquidar ou executar, desde logo, a obrigação reconhecida na decisão que julgar parcialmente o mérito, independentemente de caução, ainda que haja recurso contra ela interposto. Se houver trânsito em julgado da decisão, a execução será definitiva.

A liquidação e o cumprimento da decisão que julgar parcialmente o mérito podem ser processados em autos suplementares, a requerimento da parte ou a critério do juiz.

A decisão que decide parcialmente o mérito é interlocutória e, portanto, impugnável por agravo de instrumento.

Capítulo 30

Saneamento e Organização do Processo no Novo CPC

Tocantemente ao saneamento e à organização do processo, o novo Código de Processo Civil, no art. 357, reza que, não ocorrendo qualquer das hipóteses de julgamento conforme o estado do processo (extinção do processo, julgamento antecipado do mérito, julgamento antecipado parcial do mérito), já referidas, o juiz deve, em *decisão de saneamento e de organização do processo*:

I — resolver as questões processuais pendentes, se houver;

II — delimitar as questões de fato sobre as quais deve recair a atividade probatória, especificando os meios de prova admitidos;

III — definir a distribuição do ônus da prova, observado o art. 373 do CPC;

IV — delimitar as questões de direito relevantes para a decisão do mérito;

V — designar, se necessário, audiência de instrução e julgamento.

Uma vez realizado o saneamento, as partes têm o direito de pedir esclarecimentos ou solicitar ajustes, no prazo comum de cinco dias, findo o qual a decisão se torna estável.

Observa-se, portanto, o contraditório realizado por meio do diálogo entre o juiz e as partes.

Outrossim, as partes podem apresentar ao juiz, para homologação, delimitação consensual das questões de fato e de direito a que se referem os incisos II e IV *supra*.

Se for homologada, essa delimitação vinculará as partes e o magistrado.

Destaque-se que, se a causa apresentar complexidade em matéria de fato ou de direito, o juiz deverá designar audiência para que o saneamento seja feito em cooperação com as partes.

Vê-se, portanto, a necessidade de se concretizar o contraditório em *diálogo* do juiz com as partes.

Nessa oportunidade, o juiz, se for o caso, deve convidar as partes a integrar ou esclarecer suas alegações.

Caso tenha sido determinada a produção de prova testemunhal, o juiz deve fixar prazo comum, não superior a quinze dias, para que as partes apresentem rol de testemunhas.

Na hipótese de designação de audiência, antes indicada, as partes já devem trazer, para a audiência ali prevista, o respectivo rol de testemunhas.

O número de testemunhas arroladas não pode ser superior a dez, sendo três, no máximo, para a prova de cada fato.

O juiz pode limitar o número de testemunhas, levando em conta a complexidade da causa e dos fatos individualmente considerados.

Caso tenha sido determinada a produção da prova pericial, o juiz deve observar o disposto no art. 465 do CPC e, se possível, estabelecer, de logo, calendário para sua realização.

Para que os trabalhos da audiência possam ser desenvolvidos de forma adequada e proveitosa, sem atropelos, as pautas devem ser preparadas com intervalo mínimo de *uma hora* entre as audiências.

CAPÍTULO 31

NOVO CPC E PRODUÇÃO ANTECIPADA DE PROVA

O Código de Processo Civil de 1973 disciplinava a produção antecipada de provas no âmbito das ações cautelares (arts. 846 a 851).

Interessante trazer à colação julgados sobre o tema:

"RECURSO ESPECIAL — AÇÃO CAUTELAR DE ANTECIPAÇÃO DE PROVAS — DELIMITAÇÃO — NECESSIDADE E UTILIDADE DA MEDIDA — NATUREZA INSTRUMENTAL — AUSÊNCIA DE COISA JULGADA MATERIAL — URGÊNCIA NA REALIZAÇÃO DO EXAME — POSSIBILIDADE DE PERECIMENTO DO DIREITO — ALEGAÇÃO DE CERCEAMENTO DE DEFESA — INEXISTÊNCIA, NA ESPÉCIE — APRESENTAÇÃO DE QUESITOS — RECURSO ESPECIAL IMPROVIDO.

I — Na ação cautelar de produção antecipada de prova é de se discutir apenas a necessidade e utilidade da medida, sendo incabível o enfrentamento de questões de mérito, que serão dirimidas na apreciação da ação principal, se e quando esta for proposta. Precedentes.

II — A decisão proferida na ação cautelar de produção antecipada de provas é meramente homologatória, que não produz coisa julgada material, admitindo-se que as possíveis críticas aos laudos periciais sejam realizadas nos autos principais, oportunidade em que o Magistrado fará a devida valoração das provas.

III — Na espécie, tratando-se de exame pericial a ser realizado em lavoura de soja, a eventual demora na produção da prova, poderia acarretar o perecimento de condições essenciais ao exame, especialmente, no que se refere à proximidade da época da colheita da produção agrícola.

IV — Para fins de reconhecimento de nulidade, nos termos do art. 431-A do Código de Processo Civil, é mister a comprovação da ocorrência de prejuízo o que, na espécie, contudo, não restou suficientemente demonstrado, tendo em conta que o recorrente, apresentou quesitos, que foram devidamente respondidos pelo perito judicial. Precedentes.

V — Recurso especial improvido." (REsp 1191622/MT, Rel. Ministro Massami Uyeda, 3ª Turma, julgado em 25.10.2011, DJe 8.11.2011)

"MEDIDA CAUTELAR — ANTECIPAÇÃO DE PROVA PERICIAL — INEXISTÊNCIA DO *PERICULUM IN MORA* — DESCABIMENTO. I — Necessário para o deferimento da medida cautelar de antecipação de prova pericial a existência do *periculum in mora*, consubstanciado no fundado receio de que venha a tornar-se impossível ou muito difícil a verificação de certos fatos na pendência da ação. Inexistindo esse, não se afigura necessária a medida, principalmente quando é a própria requerente quem afirma que juntou na inicial farta documentação para comprovar as alegações que pretende ver confirmadas com a perícia. II — Recurso especial não conhecido." (STJ, 3ª Turma, REsp. 230972/SP, Rel. Min. Waldemar Zveiter, julg. 18.2.2001)

"Há de se reputar legítima a sobrinha que, pelo interesse sucessório e moral revelado na espécie, postula a produção antecipada de prova destinada ao aparelhamento do pedido de interdição de sua tia." (STJ, REsp 532864/RJ, 4ª Turma, Rel. Min. Cesar Asfor Rocha, Julg. 11.10.2005)

"Produção antecipada de provas. O processo cautelar de produção antecipada de provas não tem natureza contenciosa e o seu procedimento assemelha-se ao do processo de jurisdição voluntária, cabendo ao juiz tão somente conduzir a documentação judicial de FATOS (...)." (STJ, Resp 771.008-PA. Rel.: Ministra Eliana Calmon. 2ª T. DJ 2.10.2007). (TJPR — 8ª CC — AI 830736-0 — Rel.: José Laurindo de Souza Netto — j. 26.1.2012 — Unânime)

De forma mais adequada, o novo Código de Processo Civil disciplina a matéria no Capítulo próprio, relativo, justamente, às provas (arts. 381 a 383).

Nesse sentido, a produção antecipada da prova é admitida nos casos em que:

I — haja fundado receio de que venha a tornar-se impossível ou muito difícil a verificação de certos fatos na pendência da ação;

II — a prova a ser produzida seja suscetível de viabilizar a autocomposição ou outro meio adequado de solução de conflito;

III — o prévio conhecimento dos fatos possa justificar ou evitar o ajuizamento de ação (art. 381 do CPC).

O arrolamento de bens também deve observar o disposto nos arts. 381 a 383 do CPC quando tiver por finalidade apenas a realização de documentação, e não a prática de atos de apreensão.

A produção antecipada da prova é da competência do juízo do foro onde esta deva ser produzida ou do foro de domicílio do réu.

A produção antecipada da prova, entretanto, não previne a competência do juízo para a ação que venha a ser proposta.

Nesse sentido já previa a Súmula n. 263 do extinto Tribunal Federal de Recursos, com a seguinte redação: "Produção Antecipada de Provas. Competência para a Ação Principal. A produção antecipada de provas, por si só, não previne a competência para a ação principal".

Aplica-se o disposto nos arts. 381 a 383 do CPC àquele que pretender justificar a existência de algum fato ou relação jurídica, para simples documento e sem caráter contencioso, que exporá, em petição circunstanciada, a sua intenção.

Trata-se da chamada justificação, que é medida judicial sem natureza contenciosa, pois ausentes o conflito de interesses e a pretensão resistida, com natureza, assim, de procedimento de jurisdição voluntária.

Na petição da produção antecipada da prova, o requerente deve apresentar as razões que justificam a necessidade de antecipação da prova e mencionar com precisão os fatos sobre os quais a prova há de recair (art. 382 do CPC).

O magistrado deve determinar, de ofício ou a requerimento da parte, a citação de interessados na produção da prova ou no fato a ser provado, salvo se inexistente caráter contencioso.

Tendo em vista a natureza da medida judicial em estudo, o juiz não deve se pronunciar acerca da ocorrência ou da inocorrência do fato, bem como sobre as respectivas consequências jurídicas.

Os interessados podem requerer a produção de qualquer prova no mesmo procedimento, desde que relacionada ao mesmo fato, salvo se a sua produção conjunta acarretar excessiva demora.

Nesse procedimento de produção antecipada da prova, não se admite defesa ou recurso, salvo contra a decisão que indeferir, total ou parcialmente, a produção da prova pleiteada pelo requerente originário.

Sendo assim, quando a produção antecipada de provas é requerida por meio de procedimento autônomo, a referida decisão que indeferir totalmente o pedido de produção da prova tem natureza de sentença, a qual pode ser objeto de apelação (art. 1.009 do novo CPC).

Ainda no caso de procedimento autônomo de produção antecipada de provas, na hipótese de indeferimento parcial de produção da prova pleiteada pelo requerente originário, por se tratar de decisão interlocutória, proferida no curso do processo, que julga o mérito da causa em questão, ainda que em parte, pode-se dizer que cabe agravo de instrumento, com fundamento no art. 1.015, inciso II, do novo CPC.

Os autos devem permanecer em cartório durante um mês para extração de cópias e certidões pelos interessados.

Findo o prazo, os autos devem ser entregues ao promovente da medida.

Capítulo 32

Ônus da Prova no Novo CPC

Todo litigante tem o direito de demonstrar a veracidade dos fatos alegados, bem como o direito de ver analisadas, fundamentadamente, pelo magistrado as provas produzidas no processo. Ou seja, o princípio do contraditório assegura o direito da parte de influir na decisão judicial. Não basta prever a possibilidade de produção da prova, é necessário também garantir que essa demonstração dos fatos será motivadamente considerada pelo magistrado.

No processo civil brasileiro vigora a regra do livre convencimento motivado, o que significa dizer que não há hierarquia entre as diversas espécies de prova. O juiz pode formar sua convicção de forma livre, mas deve expor os motivos que o levaram a adotar aquela decisão. As provas podem ser ainda típicas ou atípicas, ou seja, podem estar legalmente previstas ou não. Admite-se também as provas não expressamente mencionadas na lei, desde que sejam moralmente legítimas.

As regras de ônus da prova são direcionadas, primeiramente, às partes, as quais têm necessidade de provar para possivelmente vencerem a causa.

Sob a óptica do Código de 1973 se decidiu:

> "Não se pode confundir ônus da prova com obrigação pelo pagamento ou adiantamento das despesas do processo. A questão do ônus da prova diz respeito ao julgamento da causa quando os fatos alegados não restaram provados. Todavia, independentemente de quem tenha o ônus de provar este ou aquele fato, cabe a cada parte prover as despesas dos atos que realiza ou requer no processo, antecipando-lhes o pagamento (CPC, art. 19), sendo que compete ao autor adiantar as despesas relativas a atos cuja realização o juiz determinar de ofício ou a requerimento do Ministério Público (CPC, art. 19, § 2º)." (STJ. 1ª T. REsp 538807/RS. Rel. Min. Teori Albino Zavascki. J. 3.10.2006)

Quando há uma questão incerta no processo, sem provas suficientes para a formação do convencimento, tendo em vista a regra da indeclinabilidade da jurisdição, incumbe ao magistrado julgar conforme o ônus da prova.

Parte da doutrina faz menção, ainda, ao princípio da aquisição da prova, ou ao chamado "ônus objetivo", no sentido de que, se a prova foi produzida, e consta dos autos, cabe ao juiz levar em conta, independentemente de qual parte a produziu.

Nesse sentido, o juiz deve apreciar a prova constante dos autos, independentemente do sujeito que a tiver promovido, e indicar na decisão as razões da formação de seu convencimento (art. 371 do CPC).

Saliente-se, ainda, que o juiz tem o poder instrutório, o qual pode ser exercido para a busca da verdade real, com o objetivo de se decidir de forma mais justa.

Isso é confirmado pelo art. 370 do novo Código de Processo Civil, ao prever que cabe ao juiz, de ofício ou a requerimento da parte, determinar as provas necessárias ao julgamento do mérito. Além disso, o juiz deve indeferir, em decisão fundamentada, as diligências inúteis ou meramente protelatórias.

Especificamente quanto às regras de ônus da prova, o art. 373 do novo CPC tem como fundamento o interesse da parte no sentido de que o fato seja considerado verdadeiro pelo juiz ao decidir.

Dessa forma, o ônus da prova incumbe ao autor, quanto ao fato constitutivo do seu direito.

O ônus da prova, por sua vez, incumbe ao réu, quanto à existência de fato impeditivo, modificativo ou extintivo do direito do autor (art. 373, inciso II, do CPC).

O fato extintivo seria, por exemplo, a quitação do valor postulado, cabendo ao réu juntar os recibos que demonstrem essa alegação.

O fato modificativo é aquele que altera o direito pretendido.

O fato impeditivo, por fim, como o nome indica, impede a concretização do direito.

32.1. Notas sobre inversão do ônus da prova

Discute-se, ainda, sobre a possibilidade de inversão do ônus da prova.

O Código de Defesa do Consumidor (Lei n. 8.078/1990), no art. 6º, inciso VIII, prevê, como um dos "direitos básicos do consumidor", "a facilitação da defesa de seus direitos, inclusive com a inversão do ônus da prova, a seu favor, no processo civil, quando, a critério do juiz, for verossímil a alegação ou quando for ele hipossuficiente, segundo as regras ordinárias de experiências".

Logo, consoante o preceptivo mencionado, o magistrado pode inverter o ônus da prova, em benefício do consumidor, quando for *verossímil* o que alega (isto é, com probabilidade de veracidade), ou, alternativamente, quando o consumidor for hipossuficiente, indicando estar em posição de desvantagem social e econômica em face do fornecedor.

Para a verificação desses pressupostos alternativos, que autorizam a inversão do ônus da prova, cabe ao juiz se utilizar das regras ordinárias de experiência.

> "Para fins do disposto no art. 543-C do Código de Processo Civil, é cabível a inversão do ônus da prova em favor do consumidor para o fim de determinar às instituições financeiras a exibição de extratos bancários, enquanto não estiver prescrita a eventual ação sobre eles, tratando-se de obrigação decorrente de lei e de integração contratual compulsória, não sujeita à recusa ou a condicionantes, tais como o adiantamento dos custos da operação pelo correntista e a prévia recusa administrativa da instituição financeira em exibir os documentos, com a ressalva de que ao correntista, autor da ação, incumbe a demonstração da plausibilidade da relação jurídica alegada, com indícios mínimos capazes de comprovar a existência da contratação, devendo, ainda, especificar, de modo preciso, os períodos em que pretenda ver exibidos os extratos — V — Recurso especial

improvido, no caso concreto." (STJ — 2ª Seção — REsp 1.133.872/PB — Rel. Ministro Massami Uyeda — J. em 14.12.2011 — DJe 28.3.2012)

Cumpre mencionar a teoria da carga dinâmica do ônus da prova, no sentido de que caberia ao juiz o exame da questão em cada caso concreto, fazendo incidir o ônus da prova sobre a parte que tem melhores condições, especialmente técnicas, de demonstrar o fato, o que muitas vezes pode resultar na inversão do ônus da prova.

"Ademais, à luz da teoria da carga dinâmica da prova, não se concebe distribuir o ônus probatório de modo a retirar tal incumbência de quem poderia fazê-lo mais facilmente e atribuí-la a quem, por impossibilidade lógica e natural, não o conseguiria. 3. Recurso especial conhecido e parcialmente provido." (STJ — 4ª Turma — REsp 619148/MG — Rel. Ministro Luis Felipe Salomão — J. em 20.5.2010 — DJe 1º.6.2010)

"Ação de indenização por danos morais e materiais. Transferência de linhas telefônicas. Inversão do ônus da prova. Aplicação da teoria da carga dinâmica das provas. Ônus daquele que tem melhores condições de produzi-la. Recurso provido." (TJPR — Ag Instr, 0668323-0 — Curitiba — 10ª Câmara Cível — Rel. Des. Nilson Mizuta — DJPR 22.7.2010 — p. 278)

Ainda quanto ao tema, o art. 373, § 1º, do novo Código de Processo Civil reza que, nos casos previstos em lei ou diante de peculiaridades da causa, relacionadas à impossibilidade ou à excessiva dificuldade de cumprir o encargo probatório, contido no art. 373, *caput*, do CPC, ou à maior facilidade de obtenção da prova do fato contrário, o juiz pode atribuir o ônus da prova de modo diverso, desde que o faça por decisão fundamentada. Nesse caso, o juiz deve dar à parte a oportunidade de se desincumbir do ônus que lhe foi atribuído. Evitam-se, com isso, decisões surpresas, sobre a inversão do ônus da prova.

"Mesmo que controverso o tema, dúvida não há quanto ao cabimento da inversão do ônus da prova ainda na fase instrutória — momento, aliás, logicamente mais adequado do que na sentença, na medida em que não impõe qualquer surpresa às partes litigantes —, posicionamento que vem sendo adotado por este Superior Tribunal, conforme precedentes. 4. Recurso especial parcialmente conhecido e, no ponto, provido." (STJ — 4ª Turma — REsp 662608/SP — Rel. Ministro Hélio Quaglia Barbosa — J. em 12.12.2006 — DJ 5.2.2007)

A decisão prevista no § 1º do art. 373 do CPC, supraindicado, não pode gerar situação em que a desincumbência do encargo pela parte seja impossível ou excessivamente difícil (art. 373, § 2º, do CPC).

A distribuição diversa do ônus da prova também pode ocorrer por convenção das partes, salvo quando:

I — recair sobre direito indisponível da parte;

II — tornar excessivamente difícil a uma parte o exercício do direito (art. 373, § 3º, do CPC).

Essa convenção das partes sobre a distribuição diversa do ônus da prova pode ser celebrada antes ou durante o processo (art. 373, § 4º, do CPC).

Também se observa no Direito Processual a incidência de presunções legais e, principalmente, judiciais, as quais têm como consequência a inversão do ônus da prova.

A presunção, na verdade, é uma "forma de raciocínio do juiz". Vale dizer, o juiz, partindo de determinado fato comprovado, chega à conclusão de que outro fato, principal, também existiu, o qual é relevante para decidir o pedido.

Pode ser *absoluta*, a qual não pode ser elidida por prova em contrário, e relativa, que é passível de ser elidida por prova em sentido diverso.

A presunção pode ser classificada, ainda, em legal e humana (judicial).

As regras de experiência comuns (subministradas pela observação do que ordinariamente acontece) ou técnicas também podem ser utilizadas pelo juiz, como se verifica no art. 375 do CPC.

Capítulo 33

Prova Documental

Os documentos são objetos dos quais se extraem fatos. De forma mais específica, instrumento é a prova pré-constituída, ou seja, o documento preparado para a prova do ato ou negócio jurídico.

> "Documentos indispensáveis à propositura da ação são aqueles aptos a demonstrar o cumprimento das condições da ação e sem os quais o mérito não pode ser analisado, porque não aferíveis os pressupostos processuais, e não aqueles cuja ausência implica no indeferimento da pretensão. [...]." (STJ, 1ª Turma, REsp 1.102.277/PR, Rel. Min. Benedito Gonçalves, DJe 31.8.2009)

> "Não se admite a juntada de documentos após a instrução, se não visam provar fatos ocorridos após a propositura da ação, ou para contrapor a outros juntados pela parte adversa. [...]." (STJ — 4ª Turma — AgRg no Ag 1.112.190/SP — Rel. Ministro Fernando Gonçalves — DJe 26.4.2010)

> "[...] A juntada de documentos com a apelação é possível, desde que respeitado o contraditório e inocorrente a má-fé, com fulcro no art. 397 do CPC. Precedentes. [...]." (STJ — 3ª Turma — REsp 980.191/MS — Rel. Ministra Nancy Andrighi — DJe 10.3.2008)

Os documentos podem ser classificados em *originais* e *cópias*.

> "[...] 1. Parecer de jurista não se compreende no conceito de documento para os efeitos do art. 398 do CPC, porque trata-se apenas de reforço de argumentação para apoiar determinada tese jurídica. [...]." (STJ — 4ª Turma — AgRg no Ag 750.021/SP — Rel. Ministro Fernando Gonçalves — DJ 12.11.2007 — p. 222)

Vejamos, assim, as disposições de maior destaque, sobre o tema, no novo Código de Processo Civil.

A autenticidade do documento é a sua integridade formal. A veracidade, por sua vez, refere-se ao conteúdo do documento.

O art. 425 do novo CPC dispõe que fazem a mesma prova que os originais:

I — as certidões textuais de qualquer peça dos autos, do protocolo das audiências ou de outro livro a cargo do escrivão ou chefe de secretaria, sendo extraídas por ele ou sob sua vigilância e por ele subscritas;

II — os traslados e as certidões extraídas por oficial público de instrumentos ou documentos lançados em suas notas;

III — as reproduções dos documentos públicos, desde que autenticadas por oficial público ou conferidas em cartório, com os respectivos originais;

IV — as cópias reprográficas de peças do próprio processo judicial declaradas autênticas pelo advogado, sob sua responsabilidade pessoal, se não lhes for impugnada a autenticidade;

V — os extratos digitais de bancos de dados públicos e privados, desde que atestado pelo seu emitente, sob as penas da lei, que as informações conferem com o que consta na origem;

VI — as reproduções digitalizadas de qualquer documento público ou particular, quando juntadas aos autos pelos órgãos da justiça e seus auxiliares, pelo Ministério Público e seus auxiliares, pela Defensoria Pública e seus auxiliares, pelas procuradorias, pelas repartições públicas em geral e por advogados, ressalvada a alegação motivada e fundamentada de adulteração.

Merecem destaque, portanto, os incisos IV e VI, indicados.

Anote-se que os originais dos documentos digitalizados, referidos no inciso VI, devem ser preservados pelo seu detentor até o final do prazo para propositura de ação rescisória (art. 425, § 1º, do CPC).

Nesse diapasão, segundo o art. 966, inciso VI, do CPC, a decisão de mérito, transitada em julgado, pode ser rescindida quando "for fundada em prova cuja falsidade tenha sido apurada em processo criminal ou venha a ser demonstrada na própria ação rescisória".

Tratando-se de cópia digital de título executivo extrajudicial ou de documento relevante à instrução do processo, o juiz pode determinar seu depósito em cartório ou secretaria (art. 425, § 2º, do CPC).

Considera-se autêntico o documento quando: o tabelião reconhecer a firma do signatário; a autoria estiver identificada por qualquer outro meio legal de certificação, inclusive eletrônico, nos termos da lei; não houver impugnação da parte contra quem foi produzido o documento (art. 411, III, do CPC).

Qualquer reprodução mecânica, como a fotográfica, a cinematográfica, a fonográfica ou de outra espécie tem aptidão para fazer prova dos fatos ou das coisas representadas se a sua conformidade com o documento original não for impugnada por aquele contra quem foi produzida (art. 422 do CPC).

A fotografia digital e as fotos extraídas da rede mundial de computadores fazem prova das imagens que reproduzem. Se impugnadas, deve ser apresentada a respectiva autenticação eletrônica ou, não sendo possível, deve ser realizada perícia (art. 422, § 1º, do CPC).

Se se tratar de fotografia publicada em jornal ou revista, deve ser exigido um exemplar original do periódico, caso impugnada a veracidade pela outra parte (art. 422, § 2º, do CPC).

Aplica-se o disposto no art. 422 do CPC à forma impressa de mensagem eletrônica.

33.1. Juntada dos documentos

Quanto ao momento processual, em princípio, cabe ao autor juntar os documentos com a petição inicial (arts. 319 e 434 do CPC), e, ao réu, com a contestação (art. 434 do CPC).

Não obstante, é lícito às partes, em qualquer tempo, juntar aos autos *documentos novos*, quando destinados a fazer prova de fatos ocorridos depois dos articulados, ou para contrapô-los aos que foram produzidos nos autos (art. 435 do CPC).

Admite-se também a juntada posterior de documentos formados após a petição inicial ou a contestação, bem como dos que se tornaram conhecidos, acessíveis ou disponíveis após esses atos, cabendo à parte que os produzir comprovar o motivo que a impediu de juntá-los anteriormente. Em qualquer caso, cabe ao juiz avaliar a conduta da parte de acordo com o art. 5º do CPC, ao prever o dever de se comportar de acordo com a boa-fé.

A parte, intimada a se manifestar sobre documento constante dos autos, pode: I — impugnar a admissibilidade da prova documental; II — impugnar sua autenticidade; III — suscitar sua falsidade, com ou sem deflagração do incidente de arguição de falsidade; IV — manifestar-se sobre seu conteúdo (art. 436 do CPC).

Nas hipóteses dos incisos II e III do art. 436 do CPC, supraindicadas, a impugnação tem de se basear em **argumentação específica**, não se admitindo alegação genérica de falsidade.

Conforme o art. 437 do Código de Processo Civil, sobre os documentos anexados à inicial, o réu deve se manifestar na contestação. A respeito dos documentos anexados à contestação, por seu turno, o autor deve se manifestar na réplica.

Nesse sentido, conforme o art. 437, § 1º, do CPC, sempre que uma das partes requerer a juntada de documento aos autos, o juiz deve ouvir, a seu respeito, a outra parte, que dispõe do prazo de quinze dias para adotar qualquer das posturas indicadas no art. 436 do CPC.

Entretanto o juiz pode, a requerimento da parte, dilatar o prazo para manifestação sobre a prova documental produzida, levando em consideração a quantidade e a complexidade da documentação.

33.2. Documentos eletrônicos

A utilização de documentos eletrônicos no processo convencional depende de sua conversão à forma impressa e de verificação de sua autenticidade, na forma da lei (art. 439 do CPC).

O magistrado deve apreciar o valor probante do documento eletrônico não convertido, assegurado às partes o acesso ao seu teor (art. 440 do CPC).

São admitidos documentos eletrônicos produzidos e conservados com a observância da legislação específica (art. 441 do CPC), aplicando-se, assim, o art. 11 da Lei n. 11.419/2006.

33.3. Exibição de documento ou coisa

Ainda quanto ao tema relativo às provas, o Código de Processo Civil também disciplina a exibição de documento ou coisa, conforme os arts. 396 a 403. Nesse sentido, o juiz pode ordenar que a parte exiba documento ou coisa que se encontre em seu poder (art. 396 do CPC).

Cabe aqui salientar que, contra a decisão que resolver o incidente em questão, antes da sentença, tem natureza interlocutória.

Sendo assim, nos termos do art. 1.015, inciso VI, do novo CPC, cabe agravo de instrumento contra as decisões interlocutórias que versarem sobre exibição ou posse de documento ou coisa.

Quando o documento ou a coisa estiver em poder de terceiro, o juiz deverá ordenar sua citação para responder no prazo de quinze dias (art. 401 do CPC).

Se o terceiro negar a obrigação de exibir ou a posse do documento ou da coisa, o juiz deve designar audiência especial, tomando-lhe o depoimento, bem como o das partes e, se necessário, de testemunhas. Em seguida, o juiz deve proferir decisão, de natureza interlocutória, contra a qual cabe agravo de instrumento, na forma acima exposta.

33.4. Arguição de falsidade

A falsidade do documento pode ser material e ideológica.

A falsidade material envolve a parte física do documento, devendo, em regra, ser objeto de perícia (art. 432 do CPC).

Nos dizeres do art. 430 do CPC, a falsidade deve ser suscitada na contestação, na réplica ou no prazo de quinze dias, contado a partir da intimação da juntada aos autos do documento.

Uma vez arguida, a falsidade deve ser resolvida como questão incidental, salvo se a parte requerer que o juiz a decida como questão principal, nos termos do inciso II do art. 19 do CPC, ao prever que o interesse do autor pode se limitar à declaração da autenticidade ou da falsidade de documento (art. 430, parágrafo único, do CPC).

A declaração sobre a falsidade do documento, quando suscitada como *questão principal*, deve constar da parte dispositiva da sentença, de que, necessariamente, depende a decisão do mérito, e sobre ela também incide a autoridade de coisa julgada (art. 433 do CPC).

Capítulo 34

Modificações sobre Prova Testemunhal

A prova testemunhal é prestada por terceiros que não integram a relação processual. Externam suas percepções a respeito de fatos já ocorridos e que são objeto de controvérsia em juízo. Desta forma, a credibilidade desta prova é bem questionável ante a carga de subjetividade quando do testemunho, em que pese ser a mais utilizada em juízo.

Segundo a Súmula n. 149 do STJ, "A prova exclusivamente testemunhal não basta à comprovação da atividade rurícola, para efeito da obtenção de benefício previdenciário".

A prova testemunhal é regulada, no novel Código de Processo Civil, nos arts. 442 a 463.

Vejamos, assim, as previsões de maior destaque a esse respeito.

O art. 455 do CPC dispõe que incumbe ao advogado da parte informar ou intimar a testemunha por ele arrolada do dia, da hora e do local da audiência designada, dispensando-se a intimação do juízo.

A intimação deve ser realizada por carta com aviso de recebimento, cumprindo ao advogado juntar aos autos, com antecedência de pelo menos três dias da data da audiência, cópia da correspondência de intimação e do comprovante de recebimento.

A parte pode se comprometer a levar à audiência a testemunha, independentemente dessa intimação. Presume-se, caso a testemunha não compareça, que a parte desistiu de sua inquirição.

A inércia na realização da referida intimação importa desistência da inquirição da testemunha.

Contudo a intimação deve ser feita pela via judicial (art. 455, § 4º no novo CPC) quando: a) frustrada a intimação prevista acima, pelo advogado, ou quando sua necessidade for devidamente demonstrada pela parte ao juiz; b) sua necessidade for devidamente demonstrada pela parte ao juiz; c) figurar no rol de testemunhas servidor público ou militar, hipótese em que o juiz o requisitará ao chefe da repartição ou ao comando do corpo em que servir; d) a testemunha houver sido arrolada pelo Ministério Público ou pela Defensoria Pública; e) a testemunha for uma daquelas previstas no art. 454 do CPC.

A testemunha que, intimada em uma das formas acima indicadas (ou seja, pelo advogado ou pela via judicial), deixar de comparecer sem motivo justificado deve ser conduzida a responder pelas despesas do adiamento.

Demais disso, o art. 456 do CPC prevê que o juiz deve inquirir as testemunhas separadas e sucessivamente, primeiro as do autor e depois as do réu, e providenciará para que uma não ouça o depoimento das outras. Não obstante, o juiz pode alterar essa ordem se as partes concordarem.

Ademais, é importante lembrar, o magistrado deve dirigir o processo conforme as disposições do Código de Processo Civil, incumbindo-lhe "dilatar os prazos processuais e alterar a ordem de produção dos meios de prova adequando-os às necessidades do conflito de modo a conferir maior efetividade à tutela do direito" (art. 139, inciso VI, do CPC).

As testemunhas depõem, na audiência, perante o juiz da causa, exceto as que prestam depoimento antecipadamente e as que são inquiridas por carta.

A oitiva de testemunha que residir em comarca, seção ou subseção judiciária diversa daquela onde tramita o processo pode ser realizada por meio de videoconferência ou outro recurso tecnológico de transmissão de sons e imagens em tempo real, o que pode ocorrer, inclusive, durante a realização da audiência de instrução e julgamento (art. 453, § 1º, do CPC).

Os juízos devem manter equipamento para essa transmissão e a recepção dos sons e das imagens.

O novo Código de Processo Civil, no art. 459, estipula que as perguntas devem ser formuladas pelas partes diretamente à testemunha (*cross examination*), começando pela que a arrolou, não admitindo o juiz aquelas que puderem induzir a resposta, não tiverem relação com as questões de fato objeto da atividade probatória ou importarem repetição de outra já respondida.

O art. 459, § 1º, do CPC dispõe que o juiz pode inquirir a testemunha assim antes como depois da inquirição feita pelas partes.

O depoimento pode ser documentado por meio d*e gravação*. Quando digitado ou registrado por taquigrafia, estenotipia ou outro método idôneo de documentação, deve ser assinado pelo juiz, pelo depoente e pelos procuradores (art. 460 do CPC).

Se houver recurso em processo em autos não eletrônicos, o depoimento somente deve ser digitado quando for impossível o envio de sua documentação eletrônica.

Tratando-se de autos eletrônicos, importa observar o disposto no Código de Processo Civil e na legislação específica sobre a prática eletrônica de atos processuais, no caso, em especial, a Lei n. 11.419/2006.

Saliente-se, ademais, a possibilidade de acareação de duas ou mais testemunhas, ou de alguma delas com a parte, quando, sobre fato determinado que possa influir na decisão da causa, divergirem as suas declarações (art. 461, inciso II, do CPC).

Os acareados devem ser reperguntados para que expliquem os pontos de divergência, reduzindo-se a termo o ato de acareação.

Cabe esclarecer que a acareação pode ser realizada por videoconferência ou outro recurso tecnológico de transmissão de sons e imagens em tempo real.

CAPÍTULO 35

MODIFICAÇÕES REFERENTES AO ASSISTENTE TÉCNICO

Os assistentes técnicos são de confiança da parte, e não estão sujeitos a impedimento ou suspeição (art. 466, § 1º, do CPC).

"AGRAVO. INDICAÇÃO DE ASSISTENTE TÉCNICO. MÉDICOS PERITOS DO INSS. 1. Possível a indicação de assistente técnico de médicos peritos dos quadros da autarquia, sendo certo que o fato de não ter sido individualizado o perito não impede a intimação do mesmo na pessoa dos Procuradores Federais do INSS. 2. Despicienda a individualização para possibilitar à parte autora a impugnação da indicação, porquanto, nos termos do art. 422 do CPC os assistentes técnicos são de confiança da parte, não estando sujeitos a impedimento ou suspeição." (TRF-4 — AG: 33510 RS 2009.04.00.033510-4, Relator: Celso Kipper, Data de Julgamento: 2.12.2009, 6ª Turma, Data de Publicação: DE 17.12.2009)

Bom apontar que o perito deve assegurar aos assistentes das partes o acesso e o acompanhamento das diligências e dos exames que realizar, com prévia comunicação, comprovada nos autos, com antecedência mínima de cinco dias.

Cumpre fazer referência ao entendimento de que a parte era quem respondia pelos honorários do assistente técnico, ainda que vencedora no objeto da perícia, por ser a sua indicação uma faculdade.

Entretanto o novo Código de Processo Civil dispõe, no art. 82, § 2º, que a sentença deve condenar o vencido a pagar ao vencedor as despesas que antecipou.

Bom dizer que as despesas abrangem as custas dos atos do processo, a indenização de viagem, a remuneração do assistente técnico e a diária de testemunha (art. 84 do CPC).

CAPÍTULO 36

ALTERAÇÕES REFERENTES À COISA JULGADA

A coisa julgada é de fundamental importância para a estabilidade das relações sociais, tendo natureza de garantia constitucional, consoante o art. 5º, inciso XXXVI, da Constituição da República.

"Coisa julgada. Garantia constitucional. A garantia constitucional da coisa julgada dirigida a lei, que não poderá prejudicá-la, estende-se a coisa julgada processual, visto que 'a sentença, que julgar total ou parcialmente a lide, tem força de lei nos limites da lide e das questões decididas' (art. 468 do CPC). Cabe, pois, recurso extraordinário pela letra *a*, com fundamento em contrariedade ao art. 153, § 3º, da Constituição da República, quando se funda na alegação de que o acórdão recorrido ofendeu a coisa julgada." (STF, RE 91.825/PR, 2ª T., Rel. Min. Soares Muñoz, DJ 26.9.1980, p. 7427)

O provimento jurisdicional que resolve o mérito produz certos efeitos preponderantes, que podem ser o meramente declaratório, o constitutivo e o condenatório (salientando-se que parte da doutrina também acrescenta o mandamental e o executivo *lato sensu*).

A coisa julgada material é justamente a imutabilidade desses efeitos, não se confundindo, entretanto, com eles.

Logo, a coisa julgada material é entendida como a imutabilidade dos efeitos (declaratório, constitutivo, condenatório, mandamental e executivo *lato sensu*) da decisão, que operam externamente à relação processual.

Nas lições de Liebman, a "autoridade da coisa julgada não é efeito ulterior e diverso da sentença, mas uma qualidade dos seus efeitos e a todos os seus efeitos referente, isto é, precisamente a sua imutabilidade".[18]

A coisa julgada formal consiste na proibição de reabertura e redecisão de um processo já encerrado (ou da fase cognitiva processual já encerrada). Toda sentença, seja de mérito ou não, faz coisa julgada formal. A coisa julgada material torna imutável o comando sentencial, proibindo que mesmo em outro processo entre as mesmas partes ele seja revisto. Mas apenas as sentenças de mérito fazem coisa julgada material.

---

(18) LIEBMAN, Enrico Tullio. *Eficácia e autoridade da sentença e outros escritos sobre a coisa julgada*, cit., p. 165.

A coisa julgada não imutabiliza os efeitos da sentença, mas apenas o comando sentencial de que eles provêm. Se a relação jurídico-material for disponível, as partes, mesmo depois do trânsito em julgado, podem desconsiderar, modificar ou extinguir os efeitos da sentença (o beneficiário da condenação pode perdoar a dívida; o réu vencedor da investigação de paternidade pode reconhecer o autor como seu filho; as partes do contrato resolvido por inadimplemento podem pactuar mantê-lo...). O que não se admite é que o Poder Judiciário emita nova sentença, entre as mesmas partes e sobre o mesmo objeto.

Ainda que a coisa julgada seja garantia constitucional, por vezes a sentença veicula grave violação à Constituição — estabelecendo-se um conflito entre princípios constitucionais. Mas nem mesmo isso autoriza a pura e simples desconsideração da "coisa julgada inconstitucional". Será imprescindível a ponderação dos valores jurídicos concretamente envolvidos no caso concreto: o princípio que prevalecer sacrificará o outro apenas na medida estritamente necessária para a consecução das suas finalidades.

> "AGRAVO DE INSTRUMENTO. DECLARATÓRIA. COISA JULGADA. RELATIVIZAÇÃO. FATO NOVO POSTERIOR. PONDERAÇÃO PRINCIPIOLÓGICA. SEGURANÇA JURÍDICA. PROPORCIONALIDADE. FORMAS TÍPICAS. PREPONDERÂNCIA DA SEGURANÇA JURÍDICA. 1. É possível a relativização da coisa julgada desde que fique assegurado o respeito ao Princípio da Segurança Jurídica. 2. Para a relativização é necessário o esgotamento de todas as vias típicas para sanar os possíveis conflitos principiológicos do caso concreto." (TJPR, AI 938953-5, 11ª CC, Rel. Des. Vilma Régia Ramos de Rezende, DJe 19.2.2013)

Com isso, apenas a decisão judicial que resolve o mérito (art. 487 do CPC) pode fazer coisa julgada material, o que ocorre justamente com o seu trânsito em julgado (arts. 502 e 508 do CPC).

O Código de Processo Civil de 1973, no art. 467, assim previa: "Denomina-se coisa julgada material a eficácia, que torna imutável e indiscutível a sentença, não mais sujeita a recurso ordinário ou extraordinário".

O novo Código de Processo Civil, no art. 502, de forma mais adequada, define "coisa julgada material" como "a autoridade que torna imutável e indiscutível a decisão de mérito não mais mérito não mais sujeita a recurso".

A coisa julgada formal, diversamente, é a preclusão máxima, no sentido da inalterabilidade da decisão dentro do processo, após o trânsito em julgado, ou seja, quando não caiba mais recurso.

Portanto a coisa julgada formal é considerada a imutabilidade da decisão judicial de que não caiba mais recurso, mas incide somente no âmbito interno do processo.

> "Processual civil. Coisa julgada. A coisa julgada é formal quando não mais se pode discutir no processo o que se decidiu. A coisa julgada material é a que impede discutir-se, noutro processo, o que se decidiu (Pontes de Miranda). Se a Câmara julgadora do Tribunal de Justiça já decidira sobre a liquidação da sentença, em acórdão transitado em julgado, não poderia outra Câmara, no mesmo processo, voltar a apreciar a mesma questão. Processo conhecido e provido." (STF, RE 102.381, 2ª T., Rel. Min. Carlos Madeira, DJ 1º.8.1986, p. 12890)

Consoante a Súmula n. 304 do STF: "Decisão denegatória de mandado de segurança, não fazendo coisa julgada contra o impetrante, não impede o uso da ação própria".

A decisão que extingue o processo sem resolução do mérito (art. 485 do novo CPC) apenas produz coisa julgada formal, pois não há a produção dos efeitos, supraindicados, fora dos limites da relação processual. Por consequência, não há sobre o que incidir imutabilidade, inexistindo coisa julgada material.[19]

Cabe salientar que, no caso de recurso, certificado o trânsito em julgado, com menção expressa da data de sua ocorrência, o escrivão ou o chefe de secretaria, independentemente de despacho, deve providenciar a baixa dos autos ao juízo de origem, no prazo de cinco dias (art. 1.006 do CPC).

---

(19) Cf. GRECO FILHO, Vicente. *Direito processual civil brasileiro*, cit., v. 2, p. 275; THEODORO JÚNIOR, Humberto. *Curso de direito processual civil*, cit., p. 528.

CAPÍTULO 37

AÇÃO RESCISÓRIA E NOVO CPC

37.1. Histórico da ação rescisória

A ideia de invalidar a decisão já transitada em julgado, objeto do presente comentário, remonta de muito na história e passa, em exame histórico específico, necessariamente (a) pela investigação da revogação da sentença no direito romano *(Infitiatio e Revocatio in duplum, bem como a Restitutio in integrum)*; (b) pela ideia de revogação da sentença na Península Ibérica; e também (c) pela revogação da sentença no direito lusitano.

Contudo, para bem compreender o propósito da possibilidade de revogação da sentença, pela via da demanda rescisória, no mínimo, se revela oportuno o exame da recente história do instituto no Brasil, modo especial no direito brasileiro posterior às Ordenações.

Nessa linha, cumpre observar inicialmente que nos idos do início do século XVIII, em razão de lei que criou o então Supremo Tribunal de Justiça (18.9.1828), graçou polêmica em torno da existência ou não da Ação de Nulidade de Sentença, antecedente natural da atual Ação Rescisória.

Discutia-se, na época, qual o remédio ordinário adequado contra a sentença nula, vez que de existência concorrente à chamada Ação de Nulidade o Recurso de Revista. Ambos, como sabido, de propósitos assemelhados, ou seja, buscavam a invalidação de julgado. A celeuma, como atesta a história dos tribunais e a doutrina, perdurou por algum tempo, ou, mais precisamente, até a perfeita compreensão da fórmula apresentada pelo Regulamento n. 737, de 25 de novembro de 1850, marco da processualística nacional posterior às Ordenações.

Assim, Pimenta Bueno, já sob a batuta do Regulamento n. 737 — embora o ambiente ainda impregnado pelas convicções decorrentes da influência das últimas Ordenações lusitanas — desenvolveu convincente argumentação em torno da sobrevivência da ação de nulidade de sentença no direito brasileiro, em seu clássico livro intitulado *Apontamentos sobre as formalidades no Processo Civil*, datado de 1858. Nesse já assinalava a necessidade de relativizar a autoridade da coisa julgada, frente ao "império da verdade e da justiça", e, portanto, apregoava a subsistência da ação de rescisão de sentença.

Moacyr Lobo da Costa, posteriormente, ao examinar as ideias de Pimenta Bueno, lembrou que argumentos deste jamais foram refutados. No entanto a controvertida questão da existência/

sobrevivência da demanda de rescisão de julgado continuou a ser discutida, especialmente porque o Regulamento n. 737 limitava o tema às causas comerciais. Vedava, portanto, somente a ação rescisória contra sentença proferida em grau de revista às causas comerciais. Não se referia, pois, as demandas de natureza cível. Não faltou, contudo, quem pretendesse estender a vedação a todas as causas, erigindo, pois, o julgamento de revista do Supremo Tribunal ao último pronunciamento judicial sobre certa causa.

Dessa forma, inclusive, foi o comportamento da Corte Excelsa em decisão de 24 de agosto de 1878, sob o argumento de que pela identidade de propósito não seria admissível que da sentença que se tivesse manifestado revista, concedida ou não, seria deferido novo julgamento, vez que ambas (revista e rescisória) eram meios ordinários de emendar nulidade de julgados por novo julgamento.

Dessa forma, entendeu o Supremo Tribunal que um meio impugnativo excluiria o outro, face à identidade de fim. Em 20 de novembro do mesmo ano a Corte Suprema reitera a posição, dessa feita, inclusive, à unanimidade de votos, já que no julgado anterior houvera divergência.

A crítica apontou, todavia, que o Supremo Tribunal não atentou para a possibilidade de que o próprio julgamento de revista apresentasse vício, como, por exemplo, por comprometimento do condutor da tese vencedora em julgamento colegiado. Essa circunstância, embora rara, mas em tese possível, sinalizava para a ideia de que a rescisória teria fundamento diverso daquele que ensejara a revista e, portanto, deveria ser a decisão viciada passível de invalidação, face à natureza da mácula, e porque, de modo especial, não apresentava identidade causal com o outro meio impugnativo, daí a possibilidade de convivência de ambos institutos.

O Regulamento n. 737, mercê do talento de Carvalho Moreira, oportuno lembrar, veio por introduzir no sistema nacional a distinção entre nulidade do processo e nulidade da sentença. Esta distinção, depois de devidamente absorvida pela comunidade jurídica, contribuiu decisivamente para superação da polêmica em torno do cabimento da ação de invalidade de sentença viciada.

Com efeito, no Regulamento n. 737, as nulidades do processo vinham regradas pelos arts. 672/679. Já as nulidades da sentença, pelos arts. 680 e 681. O art. 680 expressamente declinava os motivos de reconhecimento da nulidade da sentença, e o art. 681 apontava as formas processuais de veiculação da nulidade da sentença.

Assim, era tida por nula a sentença que: (a) fosse dada por juiz incompetente, suspeito, peitado ou subornado; (b) fosse proferida contra expressa disposição da legislação comercial; (c) fosse fundada em instrumentos ou depoimentos julgados falsos pelo juízo competente; e (d) fosse anulado o processo em que foi proferida, em razão das nulidades então reconhecidas.

O art. 681, ao regular as formas para anular a sentença, pelos fundamentos antes expressados, em seu § 4º, legitimou expressamente a ação rescisória, desde que esta não houvesse sido proferida em grau de revista.

Com a introdução dessa regra processual que expressamente admitia a possibilidade jurídica da propositura de ação rescisória, se viu consagrada à ideia da existência desta concomitantemente a revista, desde que, evidentemente, face à clareza da norma, não fosse esta ajuizada contra sentença proferida, justamente, em grau de revista e nos limites de sua incidência, ou seja, às causas comerciais.

O Regulamento n. 737, porém, não estabeleceu a disciplina do processamento da Ação Rescisória e, por decorrência, a construção de então foi a de processá-la pelo rito ordinário, face o disposto no art. 65 do referido regulamento que, grosso modo, fixou a ideia de ordinariedade por exclusão, haja vista que atribuía aptidão para essa ação (ordinária) para todas as causas para as quais não apresentava exigência de ação sumária, especial ou executiva. Como a demanda rescisória não se enquadrava na moldura das hipóteses elencadas, passou-se a entender que se tratava de ação a ser processada pelo rito ordinário, na forma do disposto do citado art. 65.

Posteriormente, embora tenha estado a vigorar no Brasil por aproximadamente 40 anos regime processual duplo, ou, no mínimo, havido polêmica em torno da existência do regime processual duplo, isto é, um destinado às causas comerciais e outro às causas cíveis, o fato é que, com algumas exceções, o Decreto n. 763, de 19 de setembro de 1890, mandou observar também para as causas cíveis o Regulamento n. 737.

Dentre as exceções não se encontrava a disciplina das nulidades e seus meios impugnativos, o que fez valer a disciplina de então até a vigência dos Códigos Estaduais, ou seja, desde 1850, admite-se expressamente a existência de ação rescisória no sistema processual brasileiro e, longe de polêmica, também desde 1890 admite-se expressamente a existência de ação rescisória no direito processual para as causas cíveis.

Passada esta fase formativa, a Constituição Federal de 1891 deferiu autonomia aos Estados para a edição dos seus respectivos Códigos de Processo, abandonando a ideia de regramento federal. Diante desse quadro, vários Estados da Federação adotaram seus respectivos Códigos de Processo. Nem todos, entretanto, implementaram os referidos Códigos Estaduais.

Assim, em certos Estados (Alagoas, Amazonas, Goiás e Mato Grosso), a disciplina do Regulamento n. 737 esteve a viger até a entrada em vigor do Código Nacional de Processo Civil de 18 de setembro de 1939 (Decreto-lei n. 1.608), perpetrando, pois, ainda que parcialmente, sua vigência por 89 anos.

O primeiro código processual estadual a vigorar no país foi o do Rio Grande do Sul. Foi esse editado no ano de 1908 e contemplava na Parte Terceira, Título III, a disciplina da Ação Rescisória.

Efetivamente, dos arts. 1.054 a 1.057 do Código de Processo Civil e Comercial do Rio Grande do Sul, encontrava-se a disciplina da Ação Rescisória. O art. 1.054 estabelecia o pressuposto de que a sentença passada em julgado somente poderia ser anulada pela via da demanda rescisória e nas hipóteses expressamente arroladas nas alíneas *a, b, c* e *d* do art. 504 do mesmo diploma processual. O dispositivo em questão compunha o capítulo referente à sentença definitiva e aduzia ser esta nula, justamente, nas hipóteses previstas nas alíneas antes referidas, as quais dispunham que esta padeceria de vício apto a ensejar a desconstituição se: (a) fosse proferida por juiz incompetente, suspeito, peitado ou subornado; (b) quando proferida contra expressa disposição de lei; (c) se fundada em instrumentos ou depoimentos falsos; e (d) sendo o processo em que foi proferida anulado, em razão de nulidades insanáveis ou não supridas.

Afora as hipóteses integrantes da disciplina processual da sentença nula, o próprio art. 1.054 abria outras possibilidades: (a) se a sentença tivesse por suporte, falsa causa ou erro de fato; (b) quando fosse proferida contra a coisa julgada; e (c) quando fosse prolatada em processo anulável em razão de nulidades insanáveis ou não supridas.

O título referente à Ação Rescisória, além de estabelecer o pressuposto de cabimento e arrolar as hipóteses de admissibilidade da postulação, também particularizava algumas hipóteses estabelecendo condicionantes de admissibilidade para os casos de juiz peitado ou subornado e de instrumento arguido de falso. Nesses casos, dizia a lei de então que a Ação Rescisória somente poderia ser intentada depois de sentença penal condenatória passada em julgado, ou seja, somente após se tornar definitivo o fundamento pela força da coisa julgada criminal. Ressalvava, entretanto, que tal não se permitiria se a ação penal estivesse extinta.

O art. 1.056, de sua parte, estabelecia que a nulidade a que se referia o art. 504, dizia respeito à ilegalidade da decisão e não dos motivos e enunciado dessa. Por derradeiro o art. 1.057 definia o procedimento ao aduzir que a Ação Rescisória processar-se-ia pelo rito ordinário.

Passada a fase dos códigos estaduais retornou-se a ideia de um código nacional por meio da introdução do Código de Processo Civil de 1939 (Decreto-lei n. 1.608, de 18 de setembro de 1939), mais compatível, inclusive, com a ideia de Federação.

O diploma de 1939 disciplinava a Ação Rescisória dos arts. 798 ao 801. O art. 798 apresentava os fundamentos para o pedido de rescisão, arrolando que a sentença seria nula quando proferida: (a) por juiz peitado, impedido ou incompetente *ratione materiae;* (b) com ofensa à coisa julgada; (c) contra literal disposição de lei; e (d) com suporte em prova falsa assim declarada no juízo criminal ou também assim reconhecida no próprio juízo rescisório.

O art. 799, de sua parte, admitia expressamente a rescisória de rescisória, desde que presente no julgamento da rescisória originária algumas das hipóteses previstas no art. 798 (excluía a alínea "c").

O art. 800, por seu turno, se encarregava de afastar a possibilidade de rescisão do julgado em razão de sua injustiça, da má apreciação da prova ou da errônea interpretação de contrato. Aduzia, de outro lado, que os atos jurídicos que não dependessem de sentença — ou nas hipóteses em que esta fosse meramente homologatória — poderiam ser rescindidos como os atos jurídicos em geral, nos termos da lei civil de então.

Finalmente, o art. 801 estabelecia as regras jurídicas de competência e procedimento para o processamento da ação rescisória, dentre as quais merece destaque a hipótese da existência de instância única. Sobre o prazo preclusivo para a propositura da demanda rescisória também deve ser feito registro especial, pois, diversamente do sistema atual, era regulado pelo Código Civil vigente à época, e este fixava em cinco anos (art. 178, § 10, inciso VIII) a perda do direito de rescindir o julgado.

No alvorecer do século XXI, o Código de Processo Civil de 1973, substituto do Código de 1939, já com mais de trinta anos de vigência, disciplina a Ação Rescisória dos arts. 485 ao 495.

Compõe, pois, a Ação Rescisória o Capítulo IV, Título IX (Do Processo nos Tribunais), Livro I (Do Processo de Conhecimento), do CPC de 1973.

Como se pode perceber desta incursão na recente história do instituto no direito brasileiro, a Ação Rescisória nasceu sob a égide da polêmica em torno de sua existência e necessidade, face os institutos então existentes. Com o passar dos tempos, as reformas implementadas vieram por solidificar sua posição de instrumento indispensável à higidez da ordem jurídica, na medida em que se apresenta como instrumento de realização da jurisdição justa anunciada pela Constituição Federal.

37.2. As mudanças

A ação rescisória tem como objetivo preservar, em essência, o respeito à ordem jurídica positiva. O novo Código de Processo Civil disciplina a ação rescisória nos arts. 966 a 975. Cabe, assim, examinar os aspectos de maior destaque quanto ao tema em questão.

A ação rescisória visa à desconstituição da coisa julgada material, verdadeira densificação no âmbito processual de um dos valores fundantes do Estado Constitucional: a segurança jurídica. Volta-se a rescisória contra decisão definitiva de mérito, ou seja, contra ato judicial, não se confundindo com a ação anulatória de atos praticados pelas partes no processo.

Por meio da ação rescisória promove-se tanto a rescisão da coisa julgada (o chamado *iudicium rescindens*) como o novo julgamento da causa, quando cabível (o chamado *iudicium rescisorium*).

A decisão de mérito, transitada em julgado, pode ser rescindida quando: a) se verificar que foi proferida por força de prevaricação, concussão ou corrupção do juiz; b) for proferida por juiz impedido ou por juízo absolutamente incompetente; c) resultar de dolo ou coação da parte vencedora em detrimento da parte vencida ou, ainda, de simulação ou colusão entre as partes, a fim de fraudar a lei; d) ofender a coisa julgada; e) violar manifestamente norma jurídica; f) for fundada em prova cuja falsidade tenha sido apurada em processo criminal ou venha a ser demonstrada na própria ação rescisória; g) obtiver o autor, posteriormente ao trânsito em julgado, prova nova cuja existência ignorava ou de que não pôde fazer uso, capaz, por si só, de lhe assegurar pronunciamento favorável; h) for fundada em erro de fato verificável do exame dos autos.

Há erro de fato quando a decisão rescindenda admitir fato inexistente ou quando considerar inexistente fato efetivamente ocorrido, sendo indispensável, em ambos os casos, que o fato não represente ponto controvertido sobre o qual o juiz deveria ter se pronunciado.

Nas hipóteses previstas nos incisos do art. 966, *caput*, do NCPC será rescindível a decisão transitada em julgado que, embora não seja de mérito, impeça: a) nova propositura da demanda; ou b) admissibilidade do recurso correspondente.

Cumpre dizer que *ação rescisória pode ter por objeto apenas 1 (um) capítulo da decisão.*

Os atos de disposição de direitos, praticados pelas partes ou por outros participantes do processo e homologados pelo juízo, bem como os atos homologatórios praticados no curso da execução estão sujeitos à anulação, nos termos da lei.

Consoante o art. 967 do NCPC, *têm legitimidade para propor a ação rescisória:*

I — quem foi parte no processo ou o seu sucessor a título universal ou singular;

II — o terceiro juridicamente interessado;

III — o Ministério Público:

a) se não foi ouvido no processo em que lhe era obrigatória a intervenção;

b) quando a decisão rescindenda é o efeito de simulação ou de colusão das partes, a fim de fraudar a lei;

c) em outros casos em que se imponha sua atuação;

IV — aquele que não foi ouvido no processo em que lhe era obrigatória a intervenção.

Nos casos do art. 178, o Ministério Público será intimado para intervir como fiscal da ordem jurídica quando não for parte.

A exordial da ação rescisória será elaborada com observância dos requisitos essenciais do art. 319, devendo o autor:

I — cumular ao pedido de rescisão, se for o caso, o de novo julgamento do processo;

II — depositar a importância de cinco por cento sobre o valor da causa, que se converterá em multa caso a ação seja, por unanimidade de votos, declarada inadmissível ou improcedente.

Não se aplica o disposto no inciso II acima à União, aos Estados, ao Distrito Federal, aos Municípios, às suas respectivas autarquias e fundações de direito público, ao Ministério Público, à Defensoria Pública e aos que tenham obtido o benefício de gratuidade da justiça.

O depósito da ação rescisória não será superior a 1.000 (mil) salários mínimos.

Além dos casos previstos no art. 330, a petição inicial da ação rescisória será indeferida quando não efetuado o depósito exigido pelo inciso II do *caput* deste artigo.

Aplica-se à ação rescisória o disposto no art. 332 do NCPC.

Reconhecida a incompetência do tribunal para julgar a ação rescisória, o autor será intimado para emendar a petição inicial, a fim de adequar o objeto da ação rescisória, quando a decisão apontada como rescindenda: a) não tiver apreciado o mérito e não se enquadrar na situação prevista no § 2º do art. 966 do NCPC; b) tiver sido substituída por decisão posterior.

A propositura da ação rescisória não impede o cumprimento da decisão rescindenda, ressalvada a concessão de tutela provisória.

O relator ordenará a citação do réu, designando-lhe prazo nunca inferior a 15 (quinze) dias nem superior a 30 (trinta) dias para, querendo, apresentar resposta, ao fim do qual, com ou sem contestação, observar-se-á, no que couber, o procedimento comum.

Na ação rescisória, devolvidos os autos pelo relator, a secretaria do tribunal expedirá cópias do relatório e as distribuirá entre os juízes que compuserem o órgão competente para o julgamento. A escolha de relator recairá, sempre que possível, em juiz que não haja participado do julgamento rescindendo.

Se os fatos alegados pelas partes dependerem de prova, o relator poderá delegar a competência ao órgão que proferiu a decisão rescindenda, fixando prazo de 1 (um) a 3 (três) meses para a devolução dos autos.

Concluída a instrução, será aberta vista ao autor e ao réu para razões finais, sucessivamente, pelo prazo de 10 (dez) dias. Em seguida, os autos serão conclusos ao relator, procedendo-se ao julgamento pelo órgão competente.

Julgando procedente o pedido, o tribunal rescindirá a decisão, proferirá, se for o caso, novo julgamento e determinará a restituição do depósito a que se refere o inciso II do art. 968 do NCPC.

Considerando, por unanimidade, inadmissível ou improcedente o pedido, o tribunal determinará a reversão, em favor do réu, da importância do depósito, sem prejuízo do disposto no § 2º do art. 82 do NCPC.

O direito à rescisão se extingue em 2 (dois) anos contados do trânsito em julgado da última decisão proferida no processo.

Prorroga-se até o primeiro dia útil imediatamente subsequente o prazo a que se refere o *caput*, quando expirar durante férias forenses, recesso, feriados ou em dia em que não houver expediente forense.

Se fundada a ação rescisória no inciso VII do art. 966 do NCPC, o termo inicial do prazo será a data de descoberta da prova nova, observado o prazo máximo de 5 (cinco) anos, contado do trânsito em julgado da última decisão proferida no processo.

Nas hipóteses de simulação ou de colusão das partes, o prazo começa a contar para o terceiro prejudicado e para o Ministério Público, que não interveio no processo, a partir do momento em que têm ciência da simulação ou da colusão.

CAPÍTULO 38

LIQUIDAÇÃO E PENDÊNCIA DE RECURSO NO NOVO CPC

O novo Código de Processo Civil, no art. 1.012, *caput*, reza que, em regra, a apelação tem efeito suspensivo.

Com a interposição da apelação, em princípio, os efeitos da sentença permanecem suspensos até o trânsito em julgado, não sendo possível o cumprimento provisório da sentença, diante dos expressos termos do art. 520 do CPC.

A liquidação, contudo, não se confunde com a fase de cumprimento da sentença.

Sendo assim, tendo como objetivo a maior celeridade, foi mantida a previsão (art. 475-A, § 2º, do CPC de 1973) de que a liquidação pode ser realizada na pendência de recurso, processando-se em autos apartados no juízo de origem, cumprindo ao liquidante instruir o pedido com cópias das peças processuais pertinentes.

Capítulo 39

Protesto da Sentença e Cadastro de Inadimplentes no Novo CPC

O novo Código de Processo Civil prevê a aplicação de medidas de execução indireta, por meio da qual se busca o cumprimento voluntário da obrigação pelo devedor, utilizando-se de meios de pressão para que assim ocorra.

Nesse diapasão, o art. 517 reza que a decisão judicial transitada em julgado pode ser levada a protesto, nos termos da lei, depois de transcorrido o prazo para pagamento voluntário.

Para efetivar o protesto, incumbe ao exequente apresentar certidão de teor da decisão.

Essa certidão de teor da decisão deve ser fornecida no prazo de três dias e indicará o nome e a qualificação do exequente e do executado, o número do processo, o valor da dívida e a data de decurso do prazo para pagamento voluntário.

O executado que tiver ajuizado ação rescisória para impugnar a decisão exequenda pode postular, a suas expensas e sob sua responsabilidade, a anotação do ajuizamento da ação à margem do título protestado.

Por meio de requerimento do executado, o protesto deve ser cancelado por ordem do magistrado, por meio de ofício a ser expedido ao cartório, no prazo de três dias, contado da data de protocolo do requerimento, desde que demonstrada a satisfação completa da obrigação.

Importa dizer, ainda, que, como medida de execução indireta, a requerimento da parte, o magistrado pode ordenar a inclusão do nome do executado em cadastro de inadimplentes. Mas essa inscrição deve ser cancelada se for efetuado o pagamento, garantida a execução ou se a execução for extinta por qualquer outra motivação.

Deve-se anotar que essa possibilidade de ordenar a inclusão do nome do devedor em cadastro de inadimplentes aplica-se tanto à execução lastreada em título executivo extrajudicial quanto àquela definitiva de título judicial, consoante o § 5º, art. 782 do CPC.

Capítulo 40

Cumprimento da Sentença e Novo CPC

A sentença é forma de encerramento das fases processuais, seja da fase de conhecimento, seja da fase de cumprimento (execução), bem como de finalização dos procedimentos especiais.

A propósito, aludindo às significativas alterações promovidas pela Lei n. 11.232/2005, o professor Araken de Assis adverte:

> "A reforma alterou a redação dos arts. 162, § 1º, 269, *caput*, e 463, *caput*, com um único objetivo. A execução (ou o cumprimento) da resolução final do juiz que julga o mérito e, dentre outras possibilidades, acolhe o pedido (art. 269, I), sujeita ou não a recurso sem efeito suspensivo — diferença essencial à definição do caráter provisório ou definitivo da execução, realizar-se-á, doravante, no processo pendente. Logo, a sentença de procedência, por suposto julgando o mérito favoravelmente ao autor, não extinguirá o processo, como decorria da antiga redação dos arts. 162, § 1º, e 269, *caput*, nem o juiz ao proferi-la 'cumpre e acaba o ofício jurisdicional', conforme estabelecia anteriormente o art. 463, *caput*, pois o processo prosseguirá, a requerimento do vencedor, para executar o provimento."

No módulo processual de cumprimento da sentença, em se tratando de obrigação de pagar quantia certa, fundada em título judicial, o art. 523 do novo Código de Processo Civil assim reza:

> "Art. 523. No caso de condenação em quantia certa, ou já fixada em liquidação, e no caso de decisão sobre parcela incontroversa, o cumprimento definitivo da sentença far-se-á a requerimento do exequente, sendo o executado intimado para pagar o débito, no prazo de 15 (quinze) dias, acrescido de custas, se houver.
>
> § 1º Não ocorrendo pagamento voluntário no prazo do *caput*, o débito será acrescido de multa de dez por cento e, também, de honorários de advogado de dez por cento.
>
> § 2º Efetuado o pagamento parcial no prazo previsto no *caput*, a multa e os honorários previstos no § 1º incidirão sobre o restante.
>
> § 3º Não efetuado tempestivamente o pagamento voluntário, será expedido, desde logo, mandado de penhora e avaliação, seguindo-se os atos de expropriação."

Em razão desse preceito, o cumprimento da sentença que reconheça a exigibilidade de obrigação de quantia certa, embora permaneça caracterizada por "meios de sub-rogação", que dispensam o concurso de vontade do obrigado (significando a tradicional "execução forçada", com penhora de bens do executado para posterior satisfação do crédito do exequente), também prevê medida de "execução por coerção", ao se pressionar o executado a cumprir, ele mesmo, de forma voluntária, a obrigação.

Cumpre dizer que o art. 523, § 1º, do novo CPC, ao rezar que, se o devedor não efetuar o pagamento no prazo ali previsto, o montante da condenação deverá ser acrescido de multa, no percentual de 10% (e, também, de honorários de advogado de 10%), visa a pressionar o executado, no sentido de que ele cumpra a obrigação de pagar quantia certa.

Caso isso ocorra, torna-se desnecessária a execução propriamente, com penhora e avaliação, bem como a prática de outros atos processuais de sub-rogação, obtendo-se a satisfação do crédito exequendo de forma muito mais célere e eficaz.

No cumprimento da sentença que reconheça a exigibilidade de obrigação de pagar quantia certa pela Fazenda Pública, a multa em questão não é aplicada.

Nesse diapasão, consoante o art. 534, § 2º, do CPC, a multa estipulada no § 1º do art. 523 do mesmo diploma legal não se aplica à Fazenda Pública.

Para que a multa em questão seja aplicada, exige-se a condenação de pagamento de quantia certa ou já fixada em liquidação ou decisão sobre parcela incontroversa. Portanto, exige-se que a obrigação contida na sentença ou decisão esteja liquidada.

Cumpre ainda verificar a partir de qual prazo é devida a multa de 10%, prevista no art. 520, § 1º, do CPC, na execução por quantia certa fundada em título judicial.

Consoante o aludido preceptivo, a multa incidirá se o devedor não efetuar o pagamento (nos casos de quantia certa ou fixada em liquidação ou de parcela incontroversa) no prazo de quinze dias.

O entendimento que prevalece é no sentido de ser necessária a intimação do advogado do executado, para que esse prazo tenha início.

> "Intimação para o cumprimento voluntário — Ato de ofício. Termo inicial do prazo de quinze dias. Intimação na pessoa do advogado. O prazo de quinze dias previsto no art. 475-J do CPC passa a correr após o trânsito em julgado da sentença condenatória e com a aposição do 'cumpra-se' pelo magistrado de primeira instância, sendo certo, também, que a intimação desta decisão deve ser feita na pessoa do advogado do devedor, mediante publicação na imprensa oficial. Precedente da Corte Especial." (STJ — AgRg no REsp 1350132/RS, Rel. Ministro Luis Felipe Salomão, 4ª Turma, julgado em 28.5.2013)

Isso é confirmado no novo Código de Processo Civil, em seu art. 523, *caput*, ao dispor que o executado deve ser intimado para pagar o débito, no prazo de quinze dias, acrescido de custas, se houver.

Caso o devedor efetue o pagamento parcial no prazo mencionado, "a multa e os honorários previstos no *§ 1º do art. 523 do NCPC incidirão sobre o restante*".

Essa disposição confirma a interpretação (teleológica) de que a mencionada multa apresenta caráter de coerção, visando ao cumprimento da obrigação pelo devedor (no caso, o pagamento), não se tratando apenas de penalidade com caráter meramente repressivo de conduta antijurídica do executado.

Outrora, prevalecia o entendimento de que não se exigia que o réu, no cumprimento provisório de sentença, efetuasse o pagamento da condenação, sob pena de ser acrescido o valor da mencionada multa de 10%.

A propósito, decidiu o STJ:

"AgRg no REsp 1227027/RS 2010/0228436-3. COMERCIAL E PROCESSUAL CIVIL. EMBARGOS DECLARATÓRIOS. PROPÓSITO NITIDAMENTE INFRINGENTE. RECEBIMENTO COMO AGRAVO REGIMENTAL. CUMPRIMENTO DE SENTENÇA. MULTA DO ART. 475-J. AFASTAMENTO. I. Segundo entendimento pacificado pela Corte Especial do STJ, no cumprimento de sentença, a aplicação da multa prevista no art. 475-J do CPC depende do trânsito em julgado da sentença condenatória e da intimação da parte, por seu advogado, mediante publicação na imprensa oficial, após a baixa dos autos à comarca de origem e aposição do 'cumpra-se' pelo juízo processante, o que restou devidamente observado no presente caso. II. Embargos de declaração recebidos como agravo regimental, a este sendo negado provimento. DJe 23.3.2011."

Bom anotar que a doutrina entendia que a multa do art. 475-J do CPC de 1973 era legal, automática, insuscetível de modulação pelo juiz. Era sancionatória. Era, na essência, coercitiva. Mas era evidente que havia coerção reflexa na multa do art. 475-J. O receio do acréscimo da multa tinha alguma força coercitiva.

Capítulo 41

PENHORA DE RENDIMENTOS ELEVADOS E NOVO CPC

Inalienável é o bem do qual nem mesmo o executado pode dispor. Nessa situação o bem se torna, também, impenhorável. Isso porque, se nem mesmo seu titular pode aliená-lo, não há sentido em permitir-se que o Estado o faça por meio da execução forçada. A inalienabilidade do bem acarreta, assim, sua impenhorabilidade.

Já a impenhorabilidade refere-se a bens do patrimônio do devedor que, embora sobre os mesmos se tenha livre disposição, o legislador entendeu adequado excluí-los do âmbito da responsabilidade patrimonial do devedor.

Somente a norma legal expressa institui a impenhorabilidade. Vigora, aqui, o princípio da tipicidade. Assim, não havendo previsão legal atribuindo a determinado bem o predicado da impenhorabilidade, admite-se sua expropriação para satisfazer o direito do credor.

Bom apontar que a impenhorabilidade absoluta é considerada questão de ordem pública, motivo pelo qual pode tanto ser reconhecida de ofício pelo juiz, quanto suscitada a qualquer tempo e grau de jurisdição pelo devedor (STJ, 2ª Turma, AgRg no AREsp 223196/RS, Rel. Min. Humberto Martins, DJ 24.10.2012).

A jurisprudência do STJ, sob o pálio do CPC de 1973, vem admitindo que o caráter absoluto da impenhorabilidade de "vencimentos, soldos e salários (dentre outras verbas destinadas à remuneração do trabalho) é excepcionado pelo § 2º do art. 649 do CPC, quando se tratar de penhora para pagamento de prestações alimentícias" (REsp 1365469/MG, 3ª Turma, Rel. Min. Nancy Andrighi, DJ 26.6.2013).

O art. 833 do NCPC estipula que são impenhoráveis:

I — os bens inalienáveis e os declarados, por ato voluntário, não sujeitos à execução;

II — os móveis, os pertences e as utilidades domésticas que guarnecem a residência do executado, salvo os de elevado valor ou que ultrapassem as necessidades comuns correspondentes a um médio padrão de vida;

III — os vestuários, bem como os pertences de uso pessoal do executado, salvo se de elevado valor;

IV — os vencimentos, os subsídios, os soldos, os salários, as remunerações, os proventos de aposentadoria, as pensões, os pecúlios e os montepios, bem como as quantias recebidas por liberalidade de terceiro e destinadas ao sustento do devedor e de sua família, os ganhos de trabalhador autônomo e os honorários de profissional liberal, *ressalvado o § 2º do art. 833, abaixo indicado;*

V — os livros, as máquinas, as ferramentas, os utensílios, os instrumentos ou outros bens móveis necessários ou úteis ao exercício da profissão do executado;

VI — o seguro de vida;

VII — os materiais necessários para obras em andamento, salvo se estas forem penhoradas;

VIII — a pequena propriedade rural, assim definida em lei, desde que trabalhada pela família;

IX — os recursos públicos recebidos por instituições privadas para aplicação compulsória em educação, saúde ou assistência social;

X — a quantia depositada em caderneta de poupança, até o limite de quarenta salários mínimos;

XI — os recursos públicos do fundo partidário recebidos por partido político, nos termos da lei;

XII — os créditos oriundos de alienação de unidades imobiliárias, sob regime de incorporação imobiliária, vinculados à execução da obra.

A Lei n. 8.009/90 estabelece que o imóvel residencial do casal ou da entidade familiar é impenhorável, na eventualidade de execução de dívida civil de qualquer natureza (art. 1º), salvo exceções ali também previstas (arts. 2º, 3º e 4º). Também estabelece que por residência se deve entender o único imóvel utilizado pelo casal ou pela entidade familiar para moradia permanente.

"O vencimento da dívida exequenda durante a construção de imóvel sobre terreno de propriedade da devedora, não afasta a incidência da Lei n. 8.009/1990, de modo que o imóvel fica a salvo da penhora, por constituir bem e família." (STJ, REsp 1087727/GO, 4ª Turma, Rel. Min. Aldir Passarinho Junior, DJ 16.11.2009)

"A vaga de garagem que possui matrícula própria no registro de imóveis não constitui bem de família para efeito de penhora." (STJ, Súmula n. 449)

"A indicação de bem de família à penhora não implica renúncia ao benefício garantido pela Lei n. 8.009/90." (REsp 511023/PA, 4ª Turma, Rel. Min. Jorge Scartezzini, DJ 12.9.2005)

"É impenhorável o único imóvel residencial do devedor que esteja locado a terceiros, desde que a renda obtida com a locação seja revertida para a subsistência ou a moradia da sua família." (STJ, Súmula n. 486)

Aponte-se, por necessário, que a impenhorabilidade não é oponível à execução de dívida relativa ao próprio bem, inclusive àquela contraída para sua aquisição.

Nos termos do art. 833, § 2º, do novo CPC, o disposto nos incisos IV e X do art. 833, *caput*, supraindicados, não se aplica à hipótese de penhora para pagamento de prestação alimentícia, independentemente de sua origem, bem como relativamente às importâncias excedentes a 50 salários mínimos mensais, devendo a constrição observar o disposto no art. 528, § 7º, e no art. 529, § 3º, do novo CPC, que cuidam do cumprimento da sentença que condena ao pagamento de prestação alimentícia.

Bom dizer que, além do caso de prestação alimentícia, passou-se a admitir a penhora dos chamados rendimentos elevados, ou seja, do valor superior a 50 salários mínimos de verbas com natureza salarial ou remuneratória.

Destaque-se, assim, que, com o novo CPC, é penhorável o valor superior a 50 salários mínimos mensais dos vencimentos, subsídios, soldos, salários, remunerações, proventos de aposentadoria, pensões, pecúlios e montepios, bem como quantias recebidas por liberalidade de terceiro e destinadas ao sustento do devedor e de sua família, ganhos de trabalhador autônomo e honorários de profissional liberal.

Demais disso, a quantia depositada em caderneta de poupança, mesmo que até o limite de quarenta salários mínimos, excepcionalmente, pode ser penhorada para pagamento de prestação alimentícia, independentemente de sua origem.

De alinhavar que se incluem na impenhorabilidade prevista no inciso V do art. 833, *caput*, anteriormente indicado, os equipamentos, implementos e máquinas agrícolas pertencentes à pessoa física ou à empresa individual produtora rural, exceto quando tais bens tenham sido objeto de financiamento e estejam vinculados em garantia a negócio jurídico, ou quando respondam por dívida de natureza alimentar, trabalhista ou previdenciária.

Sob a óptica do CPC/73, já se decidiu:

> "1. Ausente comprovação de que os maquinários (trator e pulverizador) são essenciais como instrumentos de trabalho, senão a mera alegação da parte nesse sentido, deve ser mantida a penhora realizada. 2. Não comete ato atentatório à dignidade da justiça o executado que alega impenhorabilidade do bem, mas não a demonstra. Agravo de instrumento provido parcialmente." (TJPR — 15ª C. Cível — AI — 968316-1 — Iporã — Rel.: Jucimar Novochadlo — Unânime — J. 30.1.2013)

Capítulo 42

Novo CPC e Expropriação dos Bens na Execução

Por meio da modalidade de execução por quantia certa o credor postula ao Judiciário que atue no sentido de buscar a satisfação de seu direito de crédito, expresso numa determinada quantia em dinheiro e registrado num título executivo. Como o devedor não pode, com suas próprias mãos, buscar junto ao devedor a satisfação do direito de crédito que afirma ter, pede ao Judiciário que atue no sentido de cumpri-la. Quando esse direito de crédito está expresso em quantia em dinheiro e representado num título executivo, o procedimento de que se valerá para tanto é o da execução forçada por quantia certa.

Diante do descumprimento da obrigação, o Judiciário se sub-roga na pessoa do credor e, em seu lugar, ingressa no patrimônio do devedor, para ali buscar os bens necessários à satisfação daquele direito de crédito. O dinheiro tem preferência. Caso, porém, o devedor não tenha em seu patrimônio dinheiro disponível, o Judiciário nele buscará outro bem, móvel ou imóvel; corpóreo ou incorpóreo.

Nem todos os bens do devedor respondem à execução, mas apenas aqueles disponíveis (isto é, penhoráveis). Para tanto o Judiciário precisa "transformar" aquele bem em dinheiro, para entregá-lo ao credor, satisfazendo a dívida. Excepcionalmente, porém, essa satisfação poderá ocorrer mediante a entrega ao credor do próprio bem penhorado (adjudicação).

Segundo o NCPC, a execução por quantia certa se realiza pela *expropriação* de bens do executado, ressalvadas execuções especiais.

Vale destacar que expropriação é o ato por meio do qual o Estado-Juiz, após separar do patrimônio do devedor bens mediante o ato de penhora, transfere a outra pessoa o próprio bem ou seus frutos, com o intuito de satisfazer o direito representado no título executivo.

O NCPC, no art. 825, determina que a expropriação consiste em:

— adjudicação;

— alienação;

— apropriação de frutos e rendimentos de empresa ou estabelecimentos e de outros bens.

Outrossim, antes de adjudicados ou alienados os bens, o executado pode, a todo tempo, remir a execução, pagando ou consignando a importância atualizada da dívida, mais juros, custas e honorários advocatícios.

É lícito ao exequente, oferecendo preço não inferior ao da avaliação, requerer que lhe sejam adjudicados os bens penhorados.

Se o valor do crédito for inferior ao dos bens, o requerente da adjudicação deverá depositar imediatamente a diferença, ficando esta à disposição do executado. No caso inverso, ou seja, se o valor do crédito for superior ao dos bens, a execução continuará pelo saldo remanescente.

O mesmo direito de adjudicação pode ser exercido por aqueles indicados no art. 889, incisos II a VIII, do CPC, pelos credores concorrentes que hajam penhorado o mesmo bem, pelo cônjuge, pelo companheiro, pelos descendentes ou pelos ascendentes do executado.

Caso tenha mais de um pretendente, dever-se-á proceder entre eles a licitação, tendo preferência, em caso de igualdade de oferta, o cônjuge, o companheiro, o descendente ou o ascendente, nessa ordem.

No caso de penhora de quota social ou ação de sociedade anônima fechada realizada em favor de exequente alheio à sociedade, esta deve ser intimada, ficando responsável por informar aos sócios a ocorrência da penhora, assegurando-se a estes a preferência.

A alienação é feita:

— por iniciativa particular;

— em leilão judicial eletrônico ou presencial.

Não efetivada a adjudicação, o exequente pode requerer a alienação por sua própria iniciativa ou por intermédio de corretor ou leiloeiro público credenciado perante o órgão jurisdicional.

Tocantemente à alienação por iniciativa do exequente, cabe ao juiz fixar o prazo em que a alienação deve ser efetivada, a forma de publicidade, o preço mínimo, as condições de pagamento e as garantias e, se for o caso, a comissão de corretagem.

A alienação deve ser formalizada por termo nos autos, com a assinatura do juiz, do exequente, do adquirente e, se estiver presente, do executado, expedindo-se: se bem imóvel, a carta de alienação e o mandado de imissão na posse; se bem móvel, ordem de entrega ao adquirente.

Os tribunais poderão editar normas complementares sobre o procedimento da alienação prevista neste artigo, admitindo, quando for o caso, o concurso de meios eletrônicos, e dispor sobre o credenciamento dos corretores e leiloeiros públicos, os quais deverão estar em exercício profissional por não menos que 3 (três) anos.

Nas localidades em que não houver corretor ou leiloeiro público credenciado, a indicação é de livre escolha do exequente.

O NCPC estipula que a alienação deve ser feita em leilão judicial se não efetivada a adjudicação ou a alienação por iniciativa particular.

O leilão do bem penhorado deve ser realizado por leiloeiro público.

Excetuados os casos de alienação a cargo de corretores de bolsa de valores, todos os demais bens devem ser alienados em leilão público.

Apenas se não for possível a sua realização por meio eletrônico é que o leilão deve ser presencial.

A alienação judicial por meio eletrônico deve ser realizada, observando-se as garantias processuais das partes, de acordo com regulamentação específica do Conselho Nacional de Justiça.

A alienação judicial por meio eletrônico deve atender aos requisitos de ampla publicidade, autenticidade e segurança, com observância das regras estabelecidas na legislação sobre certificação digital. O leilão presencial, por sua vez, deve ser realizado no local designado pelo juiz.

Cabe ao juiz a designação do leiloeiro público, que pode ser indicado pelo exequente.

Não será admitido lance que ofereça preço vil.

Quanto ao tema, o novo CPC explicita que se considera vil o preço inferior ao mínimo estipulado pelo juiz e constante do edital. Não tendo sido fixado preço mínimo, considera-se vil o preço inferior a cinquenta por cento do valor da avaliação.

Aponte-se ainda que, se frustradas as tentativas de alienação do bem, o exequente pode renovar o requerimento de adjudicação, possibilitando-se nova avaliação.

Capítulo 43

Defesa do Executado e Ação Autônoma de Impugnação à Arrematação — Novo CPC

Na fase de cumprimento da sentença, ou seja, na execução fundada em título judicial, não mais se admite a oposição de embargos à execução, mas sim a impugnação disciplinada no art. 525 do novo Código de Processo Civil.

Eventuais questões supervenientes à penhora (como nulidade, pagamento, novação, prescrição etc.) podem ser alegadas, no âmbito da execução, por meio de simples petição, conforme o art. 525, § 11, do CPC, sem efeito suspensivo, o qual, excepcionalmente, pode ser obtido por meio de tutela provisória de urgência, caso presentes os requisitos legais.

> "Não se encontrando findo o processo de execução, é lícito ao executado arguir nulidades de natureza absoluta, que porventura maculem o respectivo título exequendo, posto configurar matéria de ordem pública, não se operando sobre elas a preclusão. Tal regra, contudo, só tem aplicação, na hipótese em que essas questões não tenham sido decididas, previamente, em exceção de pré-executividade, cuja decisão desafia a interposição de recurso próprio, o qual, por não ter sido utilizado na hipótese dos autos, inviabilizou a renovação da discussão em embargos do devedor, por ocorrência da preclusão consumativa. [...]." (STJ; 3ª Turma — AgRg. 1098487 — Rel. Min. Sidnei Beneti; Julg. 23.8.2011; DJE 9.9.2011)

Na execução fundada em título extrajudicial, fica estipulado que o executado, independentemente de penhora, depósito ou caução, pode se opor à execução por meio de embargos.

O embargo à execução nada mais é do que uma defesa apresentada pelo executado por meio de ação própria. Trata-se de uma ação incidental autônoma ao processo de execução.

Os embargos à execução devem ser distribuídos por dependência, autuados em apartado e instruídos com cópias das peças processuais relevantes, que podem ser declaradas autênticas pelo próprio advogado, sob sua responsabilidade pessoal.

Na execução por carta, os embargos devem ser oferecidos no juízo deprecante ou no juízo deprecado, mas a competência para julgá-los é do juízo deprecante, salvo se versarem unicamente sobre vícios ou defeitos da penhora, avaliação ou alienação dos bens efetuados no juízo deprecado.

"Na execução por carta, os embargos do devedor serão decididos no juízo deprecante, salvo se versarem unicamente vícios ou defeitos da penhora, avaliação ou alienação de bens." (Súmula n. 46 do STJ)

Mesmo na execução de título extrajudicial, não são mais cabíveis embargos à arrematação, atualmente previstos como ação autônoma, no caso de execução de título extrajudicial, *ex vi* do art. 903, § 4º, do CPC.

Nesse diapasão, após a expedição da carta de arrematação ou da ordem de entrega, a invalidação da arrematação pode ser pleiteada por ação autônoma, em cujo processo o arrematante deve figurar como litisconsorte necessário, juntamente com o executado.

O arrematante pode desistir da arrematação, sendo-lhe imediatamente devolvido o depósito que tiver feito: se demonstrar, nos dez dias seguintes, a existência de ônus real ou gravame não mencionado no edital; se, antes de expedida a carta de arrematação ou a ordem de entrega, o executado alegar alguma das situações previstas no § 1º do art. 903 do CPC; uma vez citado para responder a mencionada ação autônoma de que trata o § 4º do art. 903, desde que apresente a desistência no prazo de que dispõe para responder a essa ação.

Importa anotar que se considera ato atentatório à dignidade da justiça a suscitação infundada de vício com o objetivo de ensejar a desistência do arrematante, que será condenado, sem prejuízo da responsabilidade por perdas e danos, ao pagamento de multa, a ser fixada pelo juiz e devida ao exequente, em montante não superior a vinte por cento do valor atualizado do bem.

CAPÍTULO 44

AÇÃO DE EXIGIR CONTAS

O novo Código de Processo Civil, nos arts. 550 a 553, disciplina a ação de exigir contas.

O novo CPC não mais prevê a ação de prestação de contas, proposta por quem tem o dever de prestá-las, certamente por ausência, em princípio, de interesse processual, no que tange à necessidade e à utilidade da tutela jurisdicional, uma vez que é plenamente possível apresentá-las a quem tem direito de recebê-las, de forma extrajudicial.

Segundo a Súmula n. 259 do STJ: "A ação de prestação de contas pode ser proposta pelo titular de conta corrente bancária".

A ação de prestação de contas, assim, passa a ser chamada de ação de exigir contas, vez que não mais há de se admitir a sua promoção por aquele que detém a obrigação de prestá-la.

A nosso ver, mostra-se em muito desacertada a alteração, importando contrariedade ao almejado alcance de maior efetividade do sistema processual.

Note-se que aquele que deve prestar contas carrega não somente o dever de prestá-las, mas também o direito de fazê-lo, e ver-se livre de uma obrigação, motivo pelo qual deve encontrar, junto ao ordenamento processual, formas de exercê-lo.

A ação de prestação de contas visa à extinção dessa obrigação, motivo pelo qual deve sim estar ao alcance daquele que tem o dever de prestá-las. Se assim não o for, haverá clara violação ao princípio da isonomia, eis que aquele que deseja obter a prestação de contas estará beneficiado com especial procedimento, enquanto o interessado em desincumbir-se do encargo terá de enfrentar um moroso procedimento comum, despreocupado com as particularidades do direito material em questão.

44.1. Jurisprudência sobre ação de prestação de contas sob o pálio do CPC de 1973

"[...] Prestação de contas. Pleito formulado por insolvente contra administrador da massa. Admissibilidade. Declarada a insolvência do devedor, perde ele o direito de administrar os seus bens e de deles dispor (art. 752 do CPC). Continua ele, entretanto, proprietário dos bens que integram o seu patrimônio e nãos e acha obstado dos demais atos da vida civil, desde que as restrições, que lhe são impostas, dizem respeito ao processo de insolvência tão somente." (STJ — REsp 43.372/MG. 4ª Turma. Rel. Ministro Barros Monteiro, j. em 25.3.1998)

"PROCESSO CIVIL. AÇÃO DE PRESTAÇÃO DE CONTAS. CONTAS EXIGIDAS DE EX-PREFEITO.

A prestação de contas de ex-prefeito não pode ser exigida nos termos da ação prevista nos arts. 914 e seguintes do Código de Processo Civil. Recurso especial não conhecido." (STJ. REsp 101530/PR. Rel.: Min. Ari Parendgler, 2ª Turma. Data Julgamento: 5.11.1998)

"DIREITO SOCIETÁRIO. AGRAVO REGIMENTAL NO AGRAVO DE INSTRUMENTO. ART. 535, II, DO CPC. VÍCIO NÃO CONFIGURADO. ABANDONO DE SÓCIO-COTISTA DA SOCIEDADE. RETIRADA NÃO REGISTRADA NA JUNTA COMERCIAL. ART. 914, I, DO CPC. DIREITO À PRESTAÇÃO DE CONTAS. CABIMENTO.

1. Inexiste omissão quando o Tribunal, ao analisar a controvérsia, adota fundamento outro que não aquele defendido pela parte. Não há falar em contrariedade ao art. 535, II, do CPC se o órgão julgador dirimiu as questões pertinentes ao litígio, declinando os fundamentos jurídicos que embasaram sua decisão.

2. Ao mesmo tempo em que recai sobre o sócio cotista, apesar de haver abandonado a administração da sociedade empresária, mas continua formalmente a pertencer ao seu quadro societário, todas as responsabilidades próprias da atividade da pessoa jurídica, mantém ele os direitos decorrentes de sua participação no capital social.

3. A relação jurídica entre os sócios cotistas não fora formalmente desfeita, o que assegura ao sócio recorrido o direito à prestação de contas pleiteada referente ao período em que esteve ausente da administração da sociedade.

4. Agravo regimental não provido." (STJ. AgRg no Ag 1373227/MG. Rel.: Min. Luís Felipe Salomão, 4ª Turma. Data Julgamento: 12.4.2011)

"AGRAVO REGIMENTAL. RECURSO ESPECIAL. AÇÃO DE PRESTAÇÃO DE CONTAS. PRAZO PREVISTO NO ART. 915, § 2º, DO CPC. FLEXIBILIZAÇÃO. POSSIBILIDADE. PRECEDENTE. AGRAVO REGIMENTAL PROVIDO EM PARTE." (STJ. AgRg no REsp 1166505/PR. Rel.: Min. Paulo de Tarso Sanseverino, 3ª Turma. Data Julgamento 20.6.2013)

Capítulo 45

Embargos de Terceiro no Novo CPC

A ação de embargos de terceiro constitui o meio específico para separar bens que não se sujeitam, concretamente, a atos jurisdicionais, em dado processo. Tem natureza constitutiva porque visa modificar a relação jurídica principal, proporcionando o desfazimento do ato judicial que atingiu os bens ou direitos do embargante. Pode ser preventiva, quando há ameaça de constrição, ou repressiva, quando a constrição já se perfez. Visa, enfim, impedir que se concretize a ameaça de constrição, ou obter a liberação ou evitar a alienação de bens judicial e indevidamente constritos.

Na visão do STJ:

"Súmula n. 84 do STJ: É admissível a oposição de embargos de terceiro fundados em alegação de posse advinda do compromisso de compra e venda de imóvel, ainda que desprovido do registro.

Súmula n. 134 do STJ: Embora intimado da penhora em imóvel do casal, o cônjuge do executado pode opor embargos de terceiro para defesa de sua meação.

Súmula n. 308 do STJ: A hipoteca firmada entre a construtora e o agente financeiro, anterior ou posterior à celebração da promessa de compra e venda, não tem eficácia perante os adquirentes do imóvel.

A pessoa jurídica também é legítima para opor embargos de terceiro contra penhora de suas cotas sociais." (STJ — 3ª T. — REsp 248.417/SP — Rel. Min. Eduardo Ribeiro — j. em 27.4.2000; TJPR — 14ª C. Cível — Ap. Civ. 842.477-7 — Rel.: Des. Celso Jair Mainardi — j. em 1º.2.2012 e TJPR — 11ª C.Cível — AgRg 1.023.518-6/01 — Rel.: Des. Fernando Wolff Bodziak — j. em 8.5.2013).

"PROCESSUAL CIVIL. EMBARGOS DE TERCEIRO. LEGITIMIDADE DO FAMILIAR PARA DEFENDER A IMPENHORABILIDADE DO BEM DE FAMÍLIA. IRRELEVÂNCIA DA PENHORA TER RECAÍDO NA METADE IDEAL DO EXECUTADO. 1. Ainda que, no ato de constrição, tenha sido ressalvada a sua parte, a genitora do executado tem legitimidade para opor embargos de terceiro visando à desconstituição da penhora realizada sobre a metade pertencente ao filho, ao fundamento de que se trata de bem de família. 2. Nos termos dos precedentes deste Superior Tribunal de Justiça, 'a legitimidade ativa, na hipótese, não decorre da titularidade (ou da cotitularidade) dos direitos sobre o bem, mas sim da condição de possuidor (ou copossuidor) que o familiar detenha e do interesse de salvaguardar a habitação da família diante da omissão ou da ausência do titular do bem'. (...)." (STJ — 6ª T. — REsp 971.926/SP — Rel. Min. O. G. Fernandes — j. em 2.2.2010)

No NCPC a disciplina dos embargos de terceiro se encontra nos arts. 674 a 681.

Os embargos de terceiro são cabíveis quando ocorre apreensão judicial de bem de terceiro.

Efetivamente, quem, não sendo parte no processo, sofrer constrição ou ameaça de constrição sobre bens que possua ou sobre os quais tenha direito incompatível com o ato constritivo poderá requerer a sua inibição ou o seu desfazimento por meio de embargos de terceiro.

Terceiro é aquele que não é parte na relação processual.

A propósito, vejamos alguns julgados:

"PROCESSUAL CIVIL — AGRAVO REGIMENTAL EM AGRAVO DE INSTRUMENTO — EXECUÇÃO — BEM ALIENADO FIDUCIARIAMENTE — EMBARGOS DE TERCEIRO — LEGITIMIDADE ATIVA DO DEVEDOR EXECUTADO. 1. Por força da expressa previsão do art. 1.046, § 2º, do CPC, é possível a equiparação a terceiro do devedor que figura no polo passivo da execução quando este defende bens que, pelo título de sua aquisição ou pela qualidade em que os possuir, não podem ser atingidos pela penhora, como é o caso daqueles alienados fiduciariamente. (...)." (STJ — 2ª T. — AgRg no Ag 1249564/SP — Rel. Min. Eliana Calmon — j. em 27.4.2010. No mesmo sentido: TJPR — 6ª C. Cível — Ap. Civ. 975.386-4 — Rel.: Des. Prestes Mattar — j. em 19.3.2013)

"Os donatários têm legitimidade para ajuizar embargos de terceiro." (STJ — 4ª T. — REsp 223424/GO — Rel. Min. Sálvio de Figueiredo Teixeira — j. em 14.9.1999 e STJ — 3ª T. — REsp 671.296/PR — Rel. Min. Carlos Alberto Menezes Direito — j. em 5.9.2006)

"PROCESSO CIVIL. EMBARGOS DE TERCEIRO. Quem exerce o comércio em prédio que lhe foi locado pela falida tem legitimidade para opor embargos de terceiro contra o ato de arrecadação do imóvel, impedindo o prosseguimento da atividade empresarial. (...)." (STJ — 3ª T. — REsp 579.490/MA — Rel.: Min. Ari Pargendler — j. em 20.9.2005)

"(...) Os embargos de terceiro são admissíveis não apenas quando tenha ocorrido a efetiva constrição, mas também preventivamente. A simples ameaça de turbação ou esbulho pode ensejar a oposição dos embargos." (STJ — 4ª T. — REsp 389.854/PR — Rel. Min. Sálvio de Figueiredo Teixeira — j. em 3.12.2002)

"A companheira de união estável é parte legítima para oferecer embargos de terceiro com o objetivo de excluir a sua meação." (STJ — 4ª T. — REsp 93.355/PR — Rel. Min. Barros Monteiro — j. em 24.10.2000; STJ — 4ª T. — REsp 264.893/SE — Rel. Min. Aldir Passarinho Junior — j. em 4.10.2001; STJ — 2ª T. — REsp 426.239/RS — Rel. Min. Eliana Calmon — j. em 4.5.2004; STJ — 3ª T. — AgRg no REsp 196.415/RN — Rel. Min. Ari Pargendler — j. em 13.9.2005; TRF4 — 4ª T. — Ap. Civ. 2008.70.08.001803-9 — Rel.:

Juiz Sérgio Renato Tejada Garcia — j. em 14.10.2009; TRF4 — 1ª T. — Ap. Civ. e Reex. 2006.71.00.012453- 4 — Rel.: Des. Joel Ilan Paciornik — j. em 2.12.2009; TJPR — 11ª C. Cível — AR 753.494-3 — Rel.: Des. Vilma Régia Ramos de Rezende — j. em 9.5.2012 e TJPR — 15ª C. Cível — Ap. Civ. 879.933-7 — Rel.: Juíza Elizabeth M. F. Rocha — j. em 25.7.2012)

"(...) O terceiro hipotecante, que não figura na relação processual originária, tem legitimidade para opor embargos de terceiro." (REsp 49.550/RO, Rel. Ministro Carlos Alberto Menezes Direito, 3ª Turma, julgado em 3.9.1996, DJ 30.9.1996). (...) (STJ — 4ª T. — AgRg no AREsp 131.437/PR — Rel. Min. Luis Felipe Salomão — j. em 7.5.2013)

Os embargos podem ser de terceiro proprietário, inclusive fiduciário, ou possuidor.

A posse, no caso, pode ser apenas a indireta, como ocorre com o proprietário de bem objeto de locação, que figura como locador, permanecendo com a posse indireta.

De acordo com o novel CPC, considera-se terceiro, para ajuizamento dos embargos:

— o cônjuge ou companheiro quando defende a posse de bens próprios ou de sua meação, ressalvado o disposto no art. 843 do CPC;

— o adquirente de bens cuja constrição decorreu de decisão que declara a ineficácia da alienação realizada em fraude à execução;

— quem sofre constrição judicial de seus bens por força de desconsideração da personalidade jurídica, de cujo incidente não fez parte;

— *o* credor com garantia real para obstar expropriação judicial do objeto de direito real de garantia, caso não tenha sido intimado, nos termos legais dos atos expropriatórios respectivos.

Se os bens objeto de constrição judicial abrangem a meação do cônjuge, este tem legitimidade para o ajuizamento dos embargos de terceiro.

Os embargos de terceiro podem ter natureza repressiva (isto é, quando já ocorrida a lesão à posse ou ao direito incompatível com o ato constritivo) ou preventiva (quando a lesão à posse, ou ao direito incompatível com o ato constritivo, é iminente).

Nesse diapasão, o novel CPC admite a oposição de embargos de terceiro nos casos de "constrição ou ameaça de constrição" sobre bens que o embargante possua ou sobre os quais tenha direito incompatível com o ato constritivo, podendo, assim, requerer a sua inibição ou o seu desfazimento por meio de embargos de terceiro.

Dessarte, tanto a turbação como o esbulho na posse do bem, por ato de apreensão judicial, autorizam a propositura de embargos de terceiro, com pedido de manutenção ou restituição da posse.

Os embargos de terceiro devem ser distribuídos por dependência e correr em autos distintos perante o mesmo juízo que ordenou a apreensão.

Nas hipóteses de ato de constrição realizado por carta, os embargos serão oferecidos no juízo deprecado, salvo se indicado pelo juízo deprecante o bem constrito ou se já devolvida a carta.

Os embargos de terceiro podem ser opostos a qualquer tempo no processo de conhecimento enquanto não transitada em julgado a sentença, e, no processo de execução, até cinco dias depois da adjudicação, da alienação por iniciativa particular ou da arrematação, mas sempre antes da assinatura da respectiva carta (art. 675 do CPC).

Caso identifique a existência de terceiro titular de interesse em embargar o ato, o juiz deve mandar intimá-lo pessoalmente.

Esse prazo é de natureza de decadência da via processual especial. Não se exclui a via ordinária posterior de anulação do ato judicial, sem, porém, a força dos embargos de terceiro.

Por se tratar de ação sujeita a procedimento especial, na petição inicial, o embargante deve fazer a prova sumária de sua posse ou seu domínio e da qualidade de terceiro, oferecendo documentos e rol de testemunhas (art. 677 do CPC).

Como se pode notar, os embargos de terceiro deixam de ter como fundamento exclusivo a posse, podendo ser, também, a propriedade (ou seja, o domínio), o que é confirmado pela redação mais ampla dos arts. 674, 677, 678 e 680 do novo Código de Processo Civil.

É facultada a prova da posse em audiência preliminar designada pelo juiz. O possuidor direto pode alegar, com a sua posse, domínio alheio.

Admite-se que o possuidor direto, por exemplo, o locatário, que não é proprietário do bem, oponha embargos de terceiro, alegando, assim, que o domínio pertence a outra pessoa.

Ainda quanto ao procedimento dos embargos de terceiro, de acordo com o art. 677, § 3º, do CPC, a citação deve ser pessoal se o embargado não tiver procurador constituído nos autos da ação principal.

Sendo assim, por ser uma ação normalmente ajuizada de forma incidental (por exemplo, à execução), admite-se que o embargado seja citado na pessoa do procurador constituído nos autos da ação principal.

É legitimado passivo o sujeito a quem o ato de constrição aproveita (na execução, o exequente). Também será legitimado passivo o seu adversário no processo principal (na execução, o executado) quando for sua a indicação do bem para a constrição judicial (art. 677, § 4º, do CPC).

Os embargos de terceiro admitem o requerimento de liminar, com natureza de tutela provisória.

Nesse sentido, a decisão que reconhecer suficientemente provado o domínio ou a posse deverá determinar a suspensão das medidas constritivas sobre os bens litigiosos, objeto dos embargos, bem como a manutenção ou a reintegração provisória da posse, se o embargante a houver requerido (art. 678 do CPC).

O juiz pode condicionar a ordem de manutenção ou reintegração provisória de posse à prestação de caução pelo requerente, ressalvada a impossibilidade da parte economicamente hipossuficiente.

Os embargos podem ser contestados no prazo de quinze dias, findo o qual se deve seguir o procedimento comum (art. 679 do CPC).

Na contestação, o embargado pode alegar a existência de fraude à execução, mas não fraude contra credores.

A anulação do negócio jurídico, em razão de fraude contra credores, exige o ajuizamento de ação própria, de natureza constitutiva negativa.

Reza a Súmula n. 195 do STJ: "Em embargos de terceiro não se anula ato jurídico, por fraude contra credores".

Contra os embargos do credor com garantia real, o embargado somente pode alegar que: o devedor comum é insolvente; o título é nulo ou não obriga a terceiro; outra é a coisa dada em garantia.

Acolhido o pedido inicial, o ato de constrição judicial indevida deve ser cancelado, com o reconhecimento do domínio, da manutenção da posse ou da reintegração definitiva do bem ou direito ao embargante.

A sentença nos embargos de terceiro é impugnável por meio de apelação.

Capítulo 46

Oposição e Novo CPC

A oposição era prevista, no Código de Processo Civil de 1973, como hipótese de intervenção voluntária de terceiro (arts. 56 a 61).

No novo Código de Processo Civil, a oposição é disciplinada como procedimento especial, consoante os arts. 682 a 686.

Assim, quem pretender, no todo ou em parte, a coisa ou o direito sobre que controvertem autor e réu, poderá, até ser proferida a sentença, oferecer oposição contra ambos (art. 682 do CPC).

O opoente deve deduzir o seu pedido em consonância com os requisitos exigidos para propositura da ação (art. 683 do CPC).

Distribuída a oposição por dependência, devem ser os opostos citados, na pessoa de seus respectivos advogados.

A contestação deve ser apresentada no prazo comum de quinze dias.

A oposição é processualmente uma nova ação. É um tipo de intervenção espontânea; o opoente ingressa com a oposição se quiser, no processo pendente, apresentando uma pretensão própria sobre a coisa ou o direito objeto da lide; buscando fazer com que sua pretensão (dele opoente) prevaleça sobre as pretensões tanto do autor como do réu.

> "A oposição se acomoda na incompatibilidade entre a pretensão do terceiro e aquela das partes originárias, e visa a excluí-las ao entendimento de que defende o opoente aquilo que lhe pertence." (TJ/MG, Apelação Cível 1.0343.05.900044-2/001, 1ª Câmara Cível, Rel. Des. Gouvêa Rios, j. 21.6.2005, transcrição parcial)

> "O ajuizamento da oposição pressupõe a existência de pretensão da opoente em relação a ambos os opostos, os quais figurarão no polo passivo da ação em litisconsórcio necessário. O pedido da opoente tem que ser formulado contra as pretensões de ambas as partes do processo que ingressa, não sendo possível deduzir pretensão somente em relação a um dos opostos." (TJ/MG, Apelação Cível 000.177.366-2/00, 3ª Câmara Cível, Rel. Des. Aloysio Nogueira, j. 5.10.2006)

Ao tempo do CPC de 1973, a oposição podia ser classificada em: interventiva, caso deduzida antes da audiência (art. 59 do CPC de 1973), hipótese em que corria simultaneamente com a ação principal, com julgamento pela mesma sentença; e autônoma, se formulada após o início da audiência (art. 60 do CPC de 1973), seguindo o procedimento ordinário, sendo julgada sem prejuízo da causa principal, embora o juiz possa sobrestar o andamento do processo principal, pelo prazo de até 90 dias, para o julgamento conjunto com a oposição. Em verdade, apenas a primeira hipótese era de modalidade de intervenção de terceiro, tratando-se de incidente ao processo pendente. A oposição autônoma dava origem a um novo processo.

> "PROCESSUAL CIVIL. OPOSIÇÃO. JULGAMENTO SIMULTÂNEO COM A CAUSA PRINCIPAL. INVERSÃO DA ORDEM DE CONHECIMENTO DOS PEDIDOS. ART. 61 DO CPC. NULIDADE. INEXISTÊNCIA. APLICAÇÃO DO PRINCÍPIO DA INSTRUMENTALIDADE DAS FORMAS. 1. Não obstante tenha sido a causa principal decidida antes da oposição, em afronta a letra do art. 61 do CPC, a sentença deu a cada parte o que lhe era de direito. Apesar de não obedecida a forma, criada, aliás, por uma questão de lógica, o fim visado pelo dispositivo foi atingido. Aplicação do princípio da instrumentalidade das formas. 2. Recurso não conhecido." (STJ, REsp 420216/SP, 6ª Turma, Rel. Min. Fernando Gonçalves, Julg.1º.10.2002)

No novo Código de Processo Civil, a oposição não é mais modalidade de intervenção de terceiro, tendo natureza de ação, inserida no âmbito dos procedimentos especiais.

Dessarte, uma vez admitido o processamento da oposição, esta deve ser apensada aos autos e tramitar simultaneamente à ação originária, sendo ambas julgadas pela mesma sentença.

Se a oposição for proposta após o início da audiência de instrução, o juiz deverá suspender o curso do processo ao fim da produção das provas, salvo se concluir que a unidade da instrução (da ação principal e da oposição) melhor atende ao princípio da duração razoável do processo.

Cabendo ao juiz decidir simultaneamente a ação originária e a oposição, desta deverá conhecer em primeiro lugar.

Capítulo 47

Habilitação e o Novo CPC

O novo Código de Processo Civil disciplina a habilitação como procedimento especial.

Denomina-se "habilitação" ao procedimento que tem como escopo promover o ingresso do sucessor *causa mortis* no processo pendente.

"PROCESSUAL CIVIL. MORTE DO AUTOR. SUBSTITUIÇÃO PROCESSUAL. INEXISTÊNCIA DE PATRIMÔNIO. HABILITAÇÃO DOS HERDEIROS. CPC, ART. 43.

— Embora no caso de morte do autor da ação seja efetuada a substituição processual pelo seu espólio, é admissível a simples habilitação dos seus herdeiros na hipótese de inexistência de patrimônio susceptível de abertura de inventário.

— Inteligência do art. 43 do Código de Processo Civil.

— Recurso especial não conhecido." (REsp 254180/RJ, Rel. Ministro Vicente Leal, 6ª Turma, julgado em 11.9.2001, DJ 15.10.2001, p. 304)

"AGRAVO REGIMENTAL NOS EMBARGOS À EXECUÇÃO EM MANDADO DE SEGURANÇA. HABILITAÇÃO DE HERDEIRA COLATERAL. POSSIBILIDADE. INEXISTÊNCIA DE HERDEIROS NECESSÁRIOS. RECURSO A QUE SE NEGA PROVIMENTO.

1. É possível a habilitação de herdeira colateral, nos termos do art. 1.060, inciso I, do Código de Processo Civil, de modo a possibilitar o prosseguimento da execução quando comprovada a inexistência de herdeiros necessários, não havendo que se falar em prejuízo a eventuais herdeiros que não constem do processo na medida em que o precatório só pode ser expedido com a apresentação da certidão de inventariança ou do formal e da certidão de partilha.

2. Agravo regimental a que se nega provimento." (STJ. AgRg nos EmbExeMS 11849/DF. Rel.: Min. Maria Thereza de Assis Moura, 3ª Seção. Data Julgamento: 13.3.2013)

A habilitação tem lugar quando, por falecimento de qualquer das partes, os interessados houverem de suceder-lhe no processo (art. 687 do CPC).

A habilitação pode ser requerida:

— pela parte, em relação aos sucessores do falecido;

— pelos sucessores do falecido, em relação à parte (art. 688, II, do CPC).

Deve-se proceder à habilitação *nos autos do processo principal e na instância em que ela se encontrar,* suspendendo-se, a partir de então, o processo (art. 689 do CPC).

Efetivamente, conforme o art. 313, inciso I, e § 1º, do CPC, suspende-se o processo pela morte de qualquer das partes, hipótese em que o juiz deve suspender o processo, nos termos do art. 689 do CPC.

Com o novo Código de Processo Civil, a habilitação, em regra, é *incidente,* processada nos autos do processo principal.

Recebida a petição inicial, cabe ao juiz ordenar a citação dos requeridos para se pronunciarem no prazo de cinco dias. A citação deverá ser pessoal se a parte não tiver procurador constituído nos autos.

Consoante o art. 691 do CPC, se o pedido de habilitação for impugnado e houver necessidade de dilação probatória diversa da documental, o juiz deverá determinar que o pedido seja autuado em apenso e dispor sobre a instrução. Caso contrário, deverá decidir imediatamente.

Transitada em julgado a sentença de habilitação, a causa principal deve retomar o seu curso.

Capítulo 48

Mudança Quanto à Ação Monitória

No CPC de 1973, o processo monitório é um instrumento processual voltado à satisfação célere do direito do credor que possui prova escrita, sem eficácia executiva, de que o demandado está obrigado a lhe pagar determinada soma em dinheiro, entregar-lhe coisa fungível ou entregar-lhe determinado bem móvel. Sua função é tutelar o credor munido de uma prova pré-constituída de seu direito, mas desprovido de título executivo.

Ainda sob a óptica do CPC de 1973, o processo monitório é uma espécie de processo que se soma aos processos de conhecimento, execução e cautelar. Ao contrário do processo de conhecimento, o processo monitório não se volta à obtenção de uma sentença de mérito, mas à expedição de um mandado de pagamento fundada em uma cognição sumária da verossimilhança do direito do autor. Por outro lado, diferencia-se do processo de execução ao permitir a expedição do mandado de pagamento sem que o credor esteja munido de um título executivo. Processo monitório, procedimento monitório e tutela monitória designam fenômenos distintos e complementares. O processo monitório se desenvolve pelo procedimento monitório previsto em lei, tendo como resultado almejado a concessão da tutela monitória.

Na visão da jurisprudência:

> Súmula n. 247 do STJ: "O contrato de abertura de crédito em conta corrente, acompanhado do demonstrativo de débito, constitui documento hábil para o ajuizamento da ação monitória".
>
> Súmula n. 299 do STJ: "É admissível a ação monitória fundada em cheque prescrito".
>
> Súmula n. 339 do STJ: "É cabível ação monitória contra a Fazenda Pública".
>
> Súmula n. 384 do STJ: "Cabe ação monitória para haver saldo remanescente oriundo de venda extrajudicial de bem alienado fiduciariamente em garantia".

Enunciado n. 4 do TJ/PR: "O prazo prescricional da pretensão deduzida em ação monitória para cobrança de dívida líquida constante de instrumento público ou particular (como ocorre, por exemplo, com os títulos de crédito sem eficácia executiva) é de 5 (cinco) anos, contado do vencimento do débito, salvo quando se tratar de cheque, onde a contagem se inicia no 31ª (trigésimo primeiro) ou 61ª (sexagésimo primeiro) dia, inclusive, após sua emissão, a depender da coincidência ou não com o local onde houver de ser pago".

No NCPC, a ação monitória é disciplinada nos arts. 700 a 702.

A ação monitória pode ser ajuizada por aquele que afirmar, com base em prova escrita sem eficácia de título executivo, ter direito de exigir do devedor capaz: o pagamento de quantia em dinheiro; a entrega de coisa fungível ou infungível ou de bem móvel ou imóvel; o adimplemento de obrigação de fazer ou de não fazer.

Em princípio, para o cabimento da ação monotória, exigem-se a existência e a juntada, pelo autor, de prova escrita sem eficácia de título executivo. Entretanto, essa prova escrita pode consistir em prova oral documentada, produzida antecipadamente nos termos do art. 381 do CPC.

Entende-se por "prova escrita" todo documento escrito que ampare a pretensão do autor ao pagamento de soma em dinheiro, entrega de coisa fungível ou entrega de bem móvel. Qualquer documento escrito deve ser aceito, desde que comprove a obrigação apontada pelo autor em sua petição inicial. Não se exige do documento a demonstração cabal da obrigação; exige-se, sim, que dele se possa presumir o direito do autor.

De modo geral, a prova escrita deve ter sido produzida pelo próprio devedor ou com a sua participação. A exigência de participação do devedor pode ser afastada quando a natureza do documento ou o procedimento de sua formação forem suficientes para conferir presunção de veracidade às alegações do autor em sua petição inicial. De acordo com jurisprudência já consolidada, mesmo documentos produzidos unilateralmente pelo credor podem servir como prova escrita da obrigação.

De acordo com o art. 381 do NCPC, a produção antecipada da prova deve ser admitida nos casos em que: haja fundado receio de que venha a se tornar impossível ou muito difícil a verificação de certos fatos na pendência da ação; a prova a ser produzida seja suscetível de viabilizar tentativa de autocomposição ou de outro meio adequado de solução de conflito; o prévio conhecimento dos fatos possa justificar ou evitar o ajuizamento de ação. Além disso, para o cabimento da ação monotória, o devedor precisa ser capaz.

Essa modalidade de ação é adequada nos casos de pedido de pagamento de quantia em dinheiro, de entrega de coisa fungível ou infungível ou de bem móvel ou imóvel e de adimplemento de obrigação de fazer ou de não fazer.

Consoante a Súmula n. 339 do STJ, "é cabível ação monitória contra a Fazenda Pública".

O NCPC expressamente prevê ser admissível ação monitória em face da Fazenda Pública.

Sendo a ré Fazenda Pública, se não forem apresentados os embargos previstos no art. 702 do CPC, aplicar-se-á o disposto no art. 496 do mesmo diploma legal, que versa sobre a remessa necessária (reexame de ofício ou duplo grau de jurisdição obrigatório), devendo-se observar, a seguir, no que couber, o Título II do Livro I da Parte Especial do CPC (arts. 513 e seguintes), que trata do cumprimento da sentença.

A ação monitória, na verdade, possibilita a obtenção de tutela jurisdicional diferenciada, cabível quando presente "prova escrita sem eficácia de título executivo", tratando-se de pretensão relativa a pagamento de quantia em dinheiro, entrega de coisa fungível ou infungível ou de bem móvel ou imóvel, adimplemento de obrigação de fazer ou de não fazer.

Na exordial, incumbe ao autor explicitar, conforme o caso:

I — a importância devida, instruindo-a com memória de cálculo;

II — o valor atual da coisa reclamada;

III — o conteúdo patrimonial em discussão ou o proveito econômico *perseguido pelo autor* (art. 700, § 2º, do CPC).

Além das hipóteses do art. 330 do Código de Processo Civil, a petição inicial da ação monitória deve ser indeferida quando não atendido o disposto no art. 700, § 2º, do CPC.

O art. 330 do CPC prevê que a petição inicial deve ser indeferida quando:

I — for inepta;

II — a parte for manifestamente ilegítima;

III — o autor carecer de interesse processual;

IV — não forem atendidas as prescrições dos arts. 106 e 321 do CPC.

Registre-se que se considera inepta a petição inicial quando: I — lhe faltar pedido ou causa de pedir; II — o pedido for indeterminado, ressalvadas as hipóteses legais em que se permite o pedido genérico; III — da narração dos fatos não decorrer logicamente a conclusão; IV — contiver pedidos incompatíveis entre si.

"[...] Quando existente razoável dúvida a respeito da ocorrência ou não de prescrição do título executivo, é possível o ajuizamento de ação monitória, sabendo que a solução que prestigia a economia processual e não prejudica o direito de ampla defesa do suposto devedor. Precedentes. [...]." (STJ — 3ª Turma — REsp 839.454/MT — Rel. Ministro Sidnei Beneti — DJe 1º.7.2010)

Havendo dúvida quanto à idoneidade da prova documental apresentada pelo autor da ação monitória, o juiz deve intimá-lo para, querendo, emendar a petição inicial para adaptá-la ao procedimento comum (art. 700, § 5º, do CPC).

"RECURSO ESPECIAL REPETITIVO (ART. 543-C DO CÓDIGO DE PROCESSO CIVIL) [...] III — Para fins do art. 543-C do Código de Processo Civil, é inadmissível a conversão, de ofício ou a requerimento das partes, da execução em ação monitória após ter ocorrido a citação, em razão da estabilização da relação processual a partir do referido ato. [...]." (STJ — 2ª Seção — REsp 1129938/PE — Rel. Ministro Massami Uyeda — DJe 28.3.2012)

Aplicando-se ao caso o art. 321 do CPC, o prazo para a emenda da petição inicial da ação monitória é de quinze dias úteis. Se o autor não cumprir a diligência, o magistrado deverá indeferir a petição inicial.

Na ação monitória é admitida a citação por qualquer dos meios permitidos para o procedimento comum.

Segundo a Súmula n. 282 do STJ, "cabe a citação por edital em ação monitória".

"[...] É possível a citação por edital do réu em ação monitória. No caso de revelia, nomear-se-á curador especial para exercer a defesa do réu por meio de embargos." (STJ — 2ª Seção — REsp 297.421/MG, Rel. Ministro Sálvio de Figueiredo Teixeira — DJ 12.11.2001)

Quando cabível, a ação monitória é considerada uma via processual facultativa ao autor, dotada de maior celeridade do que o ajuizamento de demanda simplesmente condenatória, uma vez que autoriza, se evidente o direito do autor, o deferimento pelo juiz, da "expedição de mandado de pagamento, de entrega de coisa ou para execução de obrigação de fazer ou de não fazer".

Sendo evidente o direito do autor, o juiz deferirá a expedição de mandado de pagamento, de entrega de coisa ou para execução de obrigação de fazer ou de não fazer, concedendo ao réu prazo de quinze dias para o cumprimento e, caso sejam cabíveis, o pagamento de honorários advocatícios de cinco por cento do valor atribuído à causa.

Por se exigir a evidência quanto ao direito do autor, nos termos do art. 311 do CPC, a tutela da evidência deverá ser concedida, independentemente da demonstração de perigo da demora da prestação da tutela jurisdicional, quando ficar caracterizado o abuso do direito de defesa ou o manifesto propósito protelatório da parte; as alegações de fato puderem ser comprovadas apenas documentalmente e houver tese firmada em julgamento de casos repetitivos ou em súmula vinculante; tratar-se de pedido reipersecutório fundado em prova documental adequada do contrato de depósito, caso em que será decretada a ordem de entrega do objeto custodiado, sob cominação de multa; a petição inicial for instruída com prova documental suficiente dos fatos constitutivos do direito do autor, a que o réu não oponha prova capaz de gerar dúvida razoável.

O réu fica isento do pagamento das custas processuais se cumprir o mandado (de pagamento, de entrega de coisa ou para execução de obrigação de fazer ou de não fazer) no prazo (de quinze dias).

Constitui-se de pleno direito o título executivo judicial, independentemente de qualquer formalidade, se não realizado o pagamento e não apresentados os embargos à ação monotória, previstos no art. 702 do CPC, observando-se, no que couber, o Título II do Livro I da Parte Especial do CPC (arts. 513 e seguintes), que trata do cumprimento da sentença.

Será cabível ação rescisória da decisão prevista no art. 701, *caput*, do CPC (ou seja, que defere a expedição de mandado de pagamento, de entrega de coisa ou para execução de obrigação de fazer ou de não fazer), quando ocorrer o caso de constituição, de pleno direito, de título executivo judicial, se não realizado o pagamento e não apresentados os embargos previstos no art. 702 do CPC.

No prazo previsto no art. 701 do CPC (isto é, de 15 dias), independentemente de prévia segurança do juízo, o réu pode oferecer embargos à ação monotória, nos próprios autos (art. 702 do CPC).

Contudo, a critério do magistrado, os embargos devem ser autuados em apartado, se parciais, constituindo-se de pleno direito o título executivo judicial em relação à parcela não embargada.

Importante dizer que os embargos à ação monotória podem se fundar em matéria passível de alegação como defesa no procedimento comum.

"[...] Porém, nada impede que o requerido, em embargos à monitória, discuta a *causa debendi*, cabendo-lhe a iniciativa do contraditório e o ônus da prova — mediante apresentação de fatos impeditivos, modificativos ou extintivos do direito do autor. [...]." (STJ — 4ª Turma — REsp 1162207/RS — Rel. Ministro Luis Felipe Salomão — DJe 11.4.2013)

Dessarte, todas as matérias de defesa podem ser alegadas pelo réu nos embargos à ação monitória, não sofrendo restrições, pois eles não se confundem com a impugnação do executado na fase de cumprimento da sentença.

Quando o réu alegar que o autor pleiteia quantia superior à devida, cumprir-lhe-á declarar de imediato o valor que entende correto, apresentando demonstrativo discriminado e atualizado da dívida.

Não apontado o valor correto ou não apresentado o demonstrativo, os embargos devem ser liminarmente rejeitados, se esse for o seu único fundamento. Se houver outro fundamento, os embargos deverão ser processados, mas o magistrado deixará de examinar a alegação de excesso.

A oposição dos embargos suspende o curso da ação monotória até o julgamento em primeiro grau. O autor deve ser intimado para responder aos embargos no prazo de quinze dias.

Na ação monitória admite-se a reconvenção. Não caberá reconvenção à reconvenção.

Segundo a Súmula n. 292 do STJ: "A reconvenção é cabível na ação monitória, após a conversão do procedimento em ordinário".

Rejeitados os embargos, constitui-se de pleno direito o título executivo judicial, prosseguindo-se o processo em observância ao disposto no Título II do Livro I da Parte Especial do CPC (arts. 513 e seguintes), que disciplina o cumprimento da sentença, ou seja, a *execução de título judicial*, no que for aplicável.

Cabe apelação contra a sentença que acolhe ou rejeita os embargos.

Nítida a *natureza de ação* dos embargos à ação monotória, apresentados pelo réu.

O magistrado deve condenar o autor de ação monotória proposta indevidamente e de má-fé ao pagamento, em favor do réu, de multa de até dez por cento sobre o valor da causa.

O magistrado deve condenar o réu que, de má-fé, opuser embargos à ação monotória ao pagamento de multa de até dez por cento sobre o valor atribuído à causa, em favor do autor.

Aplica-se à ação monotória, no que couber, o art. 916 do CPC, que dispõe sobre o *parcelamento do crédito* do exequente, no caso, do autor.

Sendo assim, no prazo para os embargos à ação monotória, se houver reconhecimento do crédito e comprovação do depósito de trinta por cento do valor em execução, mais custas e, se forem cabíveis, honorários de advogado, facultar-se-á ao réu da ação monotória requerer, de forma motivada, seja admitido a pagar o restante em até seis parcelas mensais, acrescidas de correção monetária e juros de um por cento ao mês.

Caso os embargos à ação monotória sejam acolhidos, o processo relativo à ação monotória será julgado extinto (com ou sem resolução do mérito), absolvendo-se o réu.

Contudo, se os embargos forem rejeitados, constituir-se-á de pleno direito o título executivo judicial.

Constituído o título executivo judicial, os arts. 701, § 2º, e 702, § 8º, do CPC determinam o prosseguimento do processo "em observância ao disposto no Título II do Livro I da Parte Especial, no que for cabível".

Dessarte, passa a ser aplicável o regramento do cumprimento da sentença, ou seja, da execução fundada em título executivo judicial, de obrigação de pagar quantia certa, de obrigação de fazer, de não fazer e de entregar coisa.

Havendo a constituição de título executivo judicial (se os embargos à ação monotória não forem opostos, ou se forem rejeitados), este, na realidade, não decorre de demanda condenatória tradicional.

Após a constituição do título executivo judicial, na fase de cumprimento da sentença, defende-se a possibilidade de apresentação de impugnação, mesmo se a parte não tiver apresentado embargos à ação monotória (art. 701, § 2º, do CPC), ou se estes foram rejeitados (art. 702, § 8º, do CPC).

Dessarte, a impugnação do executado, apresentada na fase de cumprimento da sentença do procedimento monitório, que tem início com a constituição de pleno direito do título executivo judicial, somente pode tratar de matérias relativas à fase de cumprimento da sentença.

Como a lei determina, de forma clara e expressa, a constituição de pleno direito do "título executivo judicial" (arts. 701, § 2º, e 702, § 8º, do CPC), a impugnação do executado necessariamente deve se restringir às matérias mencionadas no art. 525, § 1º, do novo CPC.

Capítulo 49

Novo CPC e a Ação de Dissolução Parcial da Sociedade

A inclusão foi muito bem procedida, haja vista que vem suprir lacuna legislativa até hoje existente e que ocasiona a inconveniente vigência dos arts. 655 a 674 do Código de Processo Civil de 1939, por força da norma constante no art. 1.218, VII, do vigente diploma processual.

A opção por incluir esse procedimento especial não constava no anteprojeto da comissão de juristas, pois nesta prevaleceu o intento de não trazer procedimentos especiais em demasia, privilegiando o procedimento comum, escolhendo-se por afastar a incidência das empoeiradas regras da década de 1930, mas submeter a dissolução de sociedades ao procedimento comum.

O Código de Processo Civil de 1973, no art. 1.218, inciso VII, estipulava que continuava em vigor até serem incorporados nas leis especiais os procedimentos regulados pelo Decreto-Lei n. 1.608, de 18 de setembro de 1939 (ou seja, pelo CPC de 1939), concernentes à dissolução e liquidação das sociedades (arts. 655 a 674).

O novel Código de Processo Civil, no art. 1.046, § 3º, reza que as causas mencionadas no art. 1.218 da Lei n. 5.869, de 11 de janeiro de 1973 (ou seja, do CPC de 1973), que ainda não tenham sido incorporadas por lei, submetem-se ao procedimento comum previsto no novo CPC, como ocorre no caso da ação de dissolução (total) das sociedades.

Contudo, especificamente quanto à ação de dissolução parcial de sociedade, é disciplinada nos arts. 599 a 609 do novo Código de Processo Civil, no âmbito dos procedimentos especiais.

É importante apontar que a dissolução parcial da sociedade se justifica, dado que permite a conservação da atividade econômica realizada pela empresa.

A chamada Dissolução Parcial, ora analisada, na verdade corresponde à retirada, ao recesso ou à saída de um sócio quando ocorre uma situação que lhe dê causa, conforme numerosas hipóteses previstas em lei.

Muito já se discutiu a respeito da dissolução da sociedade por vontade exclusiva de um ou mais sócios, especialmente à época em que vigoravam o art. 335, § 5º, do Código Comercial de 1850, e o art. 1.399, V, do Código Civil de 1916, que foram revogados pelo novo Código Civil de 2002.

Entretanto é questão já positivada e pacificada pela jurisprudência de que, havendo interesse e possibilidade de preservação da empresa, deve-se proceder em sua dissolução parcial, convertendo-se, na verdade, o processo de dissolução em apuração de haveres com o pagamento, ao sócio retirante, do valor da sua quota.

O professor Fábio Ulhoa Coelho, em artigo publicado no Jornal Valor Econômico, esboçou sua opinião quanto à inclusão do procedimento especial ora em comento. Acenando de maneira bastante positiva, afirmou ele:

> "O senador Valter Pereira, em seu erudito relatório apresentado em 24 de novembro, convencido da importância do procedimento especial para a ação de dissolução parcial de sociedade, incorporou-o ao futuro Código (projeto, arts. 585 a 595). Foram aproveitadas partes daquela minuta que apresentei à comissão redatora do anteprojeto, bem como de sugestões de institutos e juristas, de vários pontos do país, que partilhavam de igual preocupação. O competente parlamentar relator do projeto aprimorou os textos originários destas iniciativas e chegou a uma disciplina moderna, ágil, coerente e mais que adequada para o instituto.
>
> A aprovação desta disciplina da ação de dissolução parcial de sociedade representará, certamente, um enorme avanço para a solução em juízo dos conflitos entre os sócios, garantindo que a energia e o tempo de muitos empresários brasileiros não se desperdicem com a eternização de medidas judiciais, e possam ser utilmente aproveitados na atividade econômica, em proveito de toda a sociedade brasileira."[20]

Desse modo, nos termos do art. 599 do novo CPC, a ação de dissolução parcial de sociedade pode ter por objeto:

— a resolução da sociedade empresária contratual ou simples em relação ao sócio falecido, excluído ou que exerceu o direito de retirada ou recesso; e

— *a apuração dos haveres do* sócio falecido, excluído ou que exerceu o direito de retirada ou recesso; *ou*

— somente a resolução ou a apuração de haveres.

A exordial deve ser necessariamente instruída com o contrato social consolidado.

Cumpre anotar que a ação de dissolução parcial de sociedade também pode ter por objeto a sociedade anônima de capital fechado quando demonstrado, por acionista ou acionistas que representem cinco por cento ou mais do capital social, que não pode preencher o seu fim.

---

(20) COELHO, Fábio Ulhoa. A dissolução das sociedades e o novo CPC. *Valor Econômico*, 2.12.2010, p. E-2. Disponível em: <http://www.ulhoacoelho.com.br/site/pt/artigos/direito-e-politica/88-a-acao-de-dissolucao-de-sociedades-e-o-projeto-de-novo-cpc.html>. Acesso em: 10.7.2015.

Capítulo 50

Homologação de Decisão Estrangeira e Concessão do Exequatur às Cartas Rogatórias

Primeira observação a ser feita, por excesso de zelo e ainda que uma obviedade, é que a homologação pretendida recai sobre exclusivamente decisões estrangeiras, sejam elas oriundas da jurisdição pública, sejam proferidas em sede de juízo arbitral.

A Constituição da República, no art. 105, inciso I, *i*, incluído pela Emenda Constitucional n. 45/2004, prevê que compete ao Superior Tribunal de Justiça processar e julgar, originariamente, a homologação de sentenças estrangeiras e a concessão de *exequatur* às cartas rogatórias.

Nesse diapasão, o novo Código de Processo Civil regra a disciplina nos arts. 960 a 965.

A homologação de decisão estrangeira deve ser requerida por ação de homologação de decisão estrangeira, salvo disposição especial em sentido contrário prevista em tratado.

A decisão interlocutória estrangeira pode ser executada no Brasil por meio de carta rogatória.

Insta dizer que homologação deve obedecer ao que dispuserem os tratados em vigor no Brasil e o regimento interno do Superior Tribunal de Justiça.

Por sua vez, a homologação de decisão arbitral estrangeira, por seu turno, deve atender ao disposto em tratado e na lei, aplicando-se, subsidiariamente, as disposições do Código de Processo Civil.

Cumpre anotar que a decisão estrangeira somente tem eficácia no Brasil após a homologação de sentença estrangeira ou a concessão do *exequatur* às cartas rogatórias, salvo disposição em sentido contrário em lei ou tratado.

É passível de homologação a decisão judicial definitiva, bem como a não judicial que, pela lei brasileira, teria natureza jurisdicional.

Anote-se que decisão estrangeira pode ser homologada parcialmente.

Bom apontar que a autoridade judiciária brasileira pode deferir pedidos de urgência e realizar atos de execução provisória no processo de homologação de decisão estrangeira.

Haverá homologação de decisão estrangeira para fins de execução fiscal, quando prevista em tratado ou em promessa de reciprocidade apresentada à autoridade brasileira.

Registre-se que a sentença estrangeira de divórcio consensual produz efeitos no Brasil, independentemente de homologação pelo Superior Tribunal de Justiça. Nesse caso, compete a qualquer órgão jurisdicional examinar a validade da decisão, em caráter principal ou incidental, quando essa questão for suscitada em processo de sua competência.

Deve-se acentuar que é passível de execução a decisão estrangeira concessiva de medida de urgência.

A execução no Brasil de decisão interlocutória estrangeira concessiva de medida de urgência deve se dar por carta rogatória.

A tutela de urgência concedida sem audiência do réu pode ser executada, desde que garantido o contraditório em momento posterior.

O juízo sobre a urgência da medida compete exclusivamente à autoridade jurisdicional prolatora da decisão estrangeira.

Quando dispensada a homologação para que a sentença estrangeira produza efeitos no Brasil, a decisão concessiva de medida de urgência depende, para produzir efeitos, de ter sua validade expressamente reconhecida pelo *órgão jurisdicional competente para dar-lhe cumprimento*, dispensada a homologação pelo Superior Tribunal de Justiça.

Constituem requisitos indispensáveis à homologação da decisão:

— ser proferida por autoridade competente;

— ser precedida de citação regular, ainda que verificada a revelia;

— ser eficaz no país em que foi proferida;

— não ofender a coisa julgada brasileira;

— estar acompanhada de tradução oficial, salvo disposição que a dispense prevista em tratado;

— não haver manifesta ofensa à ordem pública (art. 963 do CPC).

O art. 17 da Lei de Introdução às Normas do Direito Brasileiro reza que "as leis, os atos e as sentenças de outro país, bem como quaisquer declarações de vontade, não terão eficácia no Brasil quando ofenderem a soberania nacional, a ordem pública e os bons costumes".

Para a concessão do *exequatur às* cartas rogatórias, devem ser atendidos os pressupostos previstos anteriormente e no art. 962, § 2º, do CPC.

Não deve ser homologada a decisão estrangeira na hipótese de competência exclusiva da autoridade judiciária brasileira. Essa regra também se aplica à concessão do *exequatur* à carta rogatória.

Nesse sentido, conforme o art. 23 do novo Código de Processo Civil, compete à autoridade judiciária brasileira, com exclusão de qualquer outra:

— conhecer de ações relativas a imóveis situados no Brasil:

— em matéria de *sucessão hereditária*, proceder à confirmação de testamento particular, inventário e partilha de *bens situados no Brasil*, ainda que o autor da herança seja de nacionalidade estrangeira ou tenha domicílio fora do território nacional;

— em *divórcio, separação judicial ou dissolução de união estável*, proceder à partilha de *bens situados no Brasil*, ainda que o titular seja de nacionalidade estrangeira ou tenha domicílio fora do território nacional.

Vencida a homologação, o que se dá no âmbito do Superior Tribunal de Justiça, o processo será distribuído para o juízo de primeiro grau, na Justiça Federal, respeitadas agora as regras de competência interna, estabelecidas pelo próprio Código de Processo Civil.

O pedido de execução deve ser instruído com cópia autenticada da decisão homologatória ou do *exequatur*, conforme o caso.

Vejamos, por oportuno, os Enunciados do Fórum Permanente de Processualistas Civis:

"Enunciado n. 85: Deve prevalecer a regra de direito mais favorável na homologação de sentença arbitral estrangeira em razão do princípio da máxima eficácia." (art. 7º da Convenção de New York — Decreto n. 4.311/2002)

"Enunciado n. 86: O art. 976 não se aplica à homologação da sentença arbitral estrangeira que se sujeita aos tratados em vigor no País e à legislação aplicável, na fora do § 3º do art. 972 [art. 964 e art. 960, § 3º, do Novo CPC, respectivamente]."

Capítulo 51

Jurisdição Voluntária

A doutrina tradicionalmente concebia a jurisdição como atividade estatal declaratória, prestada para a resolução de litígios entre os cidadãos, com vistas à pacificação social. Nesse contexto, classificou-se como jurisdição voluntária a tutela estatal prestada em situações nas quais não havia litígio e em que, mais do que declarar direitos, era preciso criá-los ou modificá-los. O objetivo da jurisdição voluntária, segundo essa concepção, seria a administração pública de interesses privados. Sua natureza seria administrativa, não jurisdicional.

Atualmente, contudo, sabe-se que a jurisdição é exercida mesmo quando não há litígio. Como a função da jurisdição é tutelar direitos, o que também ocorre na jurisdição voluntária, a natureza jurisdicional desta é inequívoca, ainda que marcada por características especiais. Na jurisdição voluntária não há lide, e, consequentemente, não há ação, não há litispendência e não há partes. O juiz pode investigar livremente as provas, decidir por equidade, e a coisa julgada material não incide no conteúdo do provimento jurisdicional.

Quando se fala que na jurisdição voluntária não há ação nem partes, mas procedimento e interessados, a premissa é que a ação seria o direito subjetivo de provocar o Poder Judiciário para resolver um litígio, sendo partes os sujeitos que integrassem a relação processual então instaurada. Inexistindo litígio no âmbito da jurisdição voluntária, consequentemente não há ação, nem partes.

Todavia, se o conceito de ação for ampliado para todas as hipóteses em que houver necessidade de tutela jurisdicional, desvinculando-o da ideia de provocação do Judiciário exclusivamente para a resolução de litígios, não haverá problema em aplicá-lo também à jurisdição voluntária. Do mesmo modo, caso o conceito de parte seja aplicado a todo cidadão que recorrer ao Judiciário em busca de proteção de direitos, mesmo em situações nas quais inexiste litígio, não será incorreta sua aplicação aos sujeitos da jurisdição voluntária.

De todo modo, a condição de interessados assegura aos partícipes dos procedimentos de jurisdição voluntária o acesso a juiz imparcial e competente, assim como ao devido processo legal.

Os procedimentos de jurisdição voluntária têm início por provocação do interessado, do Ministério Público ou da Defensoria Pública, cabendo-lhes formular o pedido devidamente instruído com os documentos necessários e com a indicação da providência judicial.

Ressalte-se que, na jurisdição voluntária, a medida judicial não tem caráter contencioso ou litigioso.

"[...] II — A 'jurisdição voluntária' distingue-se da contenciosa por algumas características, a saber: na voluntária não há ação, mas pedido; não há processo, mas apenas procedimento; não há partes, mas interessados; não produz coisa julgada, nem há lide [...]." (STJ — 4ª T.– REsp n. 238.573/SE — Rel. Min. Sálvio de Figueiredo Teixeira — j. em 29.8.2000)

"[...] No procedimento de jurisdição voluntária, ao juiz é lícito investigar livremente os fatos (Cód. de Pr. Civil, art. 1.109) [...]." (STJ — 3ª T. — REsp n. 95.861/RJ — Rel. Min. Nilson Naves — j. em 4.3.1999)

Não há, portanto, lide, no sentido de conflito de interesses entre as partes, qualificado por pretensão resistida.

Nos procedimentos de jurisdição voluntária, devem ser citados todos os interessados, bem como intimado o Ministério Público, nos casos do art. 180 do CPC, para que se manifestem, querendo, no prazo de quinze dias.

A Fazenda Pública deve ser sempre ouvida nos casos em que tiver interesse.

O magistrado deve decidir o pedido no prazo de dez dias.

Ainda nos procedimentos de jurisdição voluntária, o juiz não é obrigado a observar critério de legalidade estrita, podendo adotar em cada caso a solução que considerar mais conveniente ou oportuna.

Em outras palavras, a lei autoriza, de forma expressa, que a decisão, especificamente nos procedimentos de jurisdição voluntária, seja proferida de acordo com os critérios de equidade e justiça.

Na jurisdição voluntária o juiz poderá investigar livremente as provas, prevalecendo o princípio inquisitivo. Permite-se que o juiz julgue por equidade.

Poderá o juiz decidir com fundamento em juízo de equidade. O art. 723, parágrafo único, do CPC se refere ao momento da decisão, não sendo correto entender que a não obrigatoriedade de observância do princípio da legalidade estrita se referiria aos atos processuais, que poderiam ser praticados livremente. Reitere-se: é à decisão que o preceptivo legal se refere.

Poder-se-ia interpretar o dispositivo processual de modo a compreender que ele apenas autorizaria o juiz a decidir com discricionariedade. Mas também essa solução não satisfaz, pois atualmente prevalece na doutrina o entendimento de que o juiz sempre se encontra diante de mais de uma decisão possível, de modo que os provimentos jurisdicionais sempre seriam discricionários. Resta, portanto, a ideia de que nos procedimentos de jurisdição voluntária o juiz poderia decidir com base na equidade, adotando a solução mais justa ao caso concreto. É evidente que soluções pautadas no critério da equidade deverão ser pormenorizadamente motivadas, a fim de que possam ser controladas pelo interessado.

Obviamente o juízo de equidade não pode se transformar em arbítrio do juiz, que deverá indicar as razões pelas quais o caso concreto deve ser julgado por equidade.

Contra a sentença proferida é cabível apelação (art. 724 do CPC).

Ademais, como já mencionado, entende-se não ser cabível ação rescisória contra a decisão proferida em procedimento de jurisdição voluntária, conclusão esta que não foi modificada pelo novo Código de Processo Civil.

51.1. Notificação, interpelação e protesto judicial

A notificação tem como objetivo manifestar formalmente a vontade a outrem sobre assunto juridicamente relevante.

Importa dizer que a interpelação é dirigida a alguém, para que faça ou deixe de fazer aquilo que o requerente entenda ser o seu direito.

O protesto, por sua vez, tem como norte prevenir responsabilidade, conservar e ressalvar direitos.

No Código de Processo Civil de 1973, o protesto, a interpelação e a notificação eram disciplinados no âmbito das medidas cautelares.

Nos termos do art. 867 do CPC de 1973, aquele que desejar prevenir responsabilidade, conservar seus direitos ou manifestar formalmente qualquer intenção poderá formular seu protesto em petição dirigida ao juiz, requerendo que este intime a quem de direito. Embora desprovida de natureza verdadeiramente cautelar, podendo ser requerida até mesmo extrajudicialmente, a medida foi incluída pelo legislador entre as cautelares típicas (ou nominadas), adotando-se o mesmo rito das providências de notificação e interpelação, atendidos os prazos específicos.

De forma mais acertada, a notificação e a interpelação são tratadas no novo Código de Processo Civil no âmbito dos procedimentos de jurisdição voluntária, voltados à administração pública de interesses privados.

A notificação, a interpelação e o protesto, portanto, são medidas judiciais sem caráter contencioso ou litigioso.

Vejamos o que diz a jurisprudência:

"MEDIDA CAUTELAR — AVERBAÇÃO DE PROTESTO CONTRA ALIENAÇÃO DE BENS — INADMISSIBILIDADE. O protesto, assim como a notificação e a interpelação, não dá nem tira direito, de modo que, inalterado o registro, não comporta averbação imobiliária." (TJPR, 3ª Câmara Cível, AG 24.813-9/PR, Rel. Nunes do Nascimento, julg. 9.3.1993)

"AGRAVO REGIMENTAL. PROCESSUAL CIVIL E TRIBUTÁRIO. PROTESTO JUDICIAL. INTIMAÇÃO PESSOAL DO CONTRIBUINTE. CITAÇÃO POR EDITAL APÓS ESGOTAMENTO DE OUTRAS MODALIDADES DE CITAÇÃO. Os contribuintes devem ser citados pessoalmente na ação de protesto judicial, sendo admitida a citação por edital, tão somente, após o esgotamento das outras modalidades de citação. Precedentes. Agravo regimental improvido." (STJ, 2ª Turma, AgRg no Ag 1.327.857/SP, Rel. Min. Cesar Asfor Rocha, julg. 8.2.2011)

"DIREITO PROCESSUAL CIVIL. RECURSO ESPECIAL. MEDIDA CAUTELAR DE PROTESTO INTERRUPTIVO DE PRAZO PRESCRICIONAL. AUSÊNCIA DE LEGÍTIMO INTERESSE. — Medida cautelar de protesto ajuizada para interromper prazo prescricional referente a contrato de financiamento habitacional. — Deve ser indeferido por falta de legítimo interesse o protesto formulado por quem não demonstra vínculo com a relação jurídica invocada. — Negado provimento ao recurso especial." (STJ, 3ª Turma, REsp. 1200075/RJ, Rel. Min. Nancy Andrighi, julg. 23.10.2012)

Tocantemente quanto à *notificação*, quem tiver interesse em manifestar formalmente sua vontade a outrem sobre assunto juridicamente relevante poderá *notificar* pessoas participantes da mesma relação jurídica para dar-lhes ciência de seu propósito.

Se a pretensão for a de dar conhecimento geral ao público, mediante edital, o juiz só a deferirá se a tiver por fundada e necessária ao resguardo de direito.

Os arts. 726 a 729 do CPC também se aplicam, naquilo que couber, ao *protesto judicial*.

Pode ainda o interessado *interpelar*, na hipótese do art. 726 do CPC, para que o requerido faça ou deixe de fazer aquilo que o requerente entenda do seu direito.

O requerido deve ser previamente ouvido antes do deferimento da notificação ou do respectivo edital:

— se houver suspeita de que o requerente, por meio da notificação ou do edital, pretende alcançar fim ilícito (art. 728,1, do CPC);

— se tiver sido requerida a averbação da notificação em registro público (art. 728, II, do CPC).

Uma vez deferida e realizada a notificação ou interpelação, os autos devem ser entregues ao requerente.

51.2. Divórcio e separação consensuais, extinção consensual de união estável e alteração do regime de bens do matrimônio

A Lei n. 11.114/07 alterou o CPC de 1973, possibilitando a realização de inventário, partilha, separação consensual e divórcio consensual por via administrativa. Esse procedimento serve para desafogar o judiciário sobrecarregado e oportunizar ao juízo examinar demandas que têm carga maior de litígio, além de tornar mais rápido a solução, na via não judiciária.

A Constituição da República, no art. 226, § 6º, com redação dada pela Emenda Constitucional n. 66/2010, dispõe que "o casamento civil pode ser dissolvido pelo divórcio".

A Emenda Constitucional n. 66, de 14 de julho de 2010, modificou o art. 226, § 6º, da Constituição, retirando dele a referência à separação judicial por mais de um ano e à separação de fato por mais de dois anos. Desde então, limita-se a Constituição a estabelecer que o casamento civil pode ser dissolvido pelo divórcio.

Assim, após a EC n. 66/2010 entrou em discussão a permanência da separação no ordenamento jurídico brasileiro. Antes da referida emenda era pacífico o entendimento de que o divórcio punha fim ao vínculo matrimonial. A separação, nas modalidades judicial litigiosa, judicial consensual ou extrajudicial consensual, punha fim aos deveres de coabitação e de fidelidade e ao regime de bens.

Encerrava-se, com a separação, a sociedade conjugal. Contudo, os cônjuges permaneciam ligados pelo vínculo matrimonial, que só se extinguiria com a morte de um deles ou com o divórcio, que poderia ser requerido após um ano da separação ou depois de dois anos da separação de fato. Com a modificação da Constituição, a doutrina que sustenta o fim da separação no direito brasileiro argumenta que o instituto teria deixado de existir em razão da possibilidade de que os cônjuges desde logo extingam o vínculo por meio do divórcio. Seria desnecessário se separar previamente, para só então requerer o divórcio. Ademais, seria notável contrassenso permitir que os cônjuges se divorciassem a qualquer tempo, após o casamento, mas exigir que eles só pudessem se separar consensualmente após um ano da união (CC, art. 1.574).

Por outro lado, quem defende a permanência da separação alega que não foram revogados os dispositivos infraconstitucionais que regulam a matéria. A Constituição, assim, teria apenas permitido que o legislador modificasse o tema no plano infraconstitucional, o que até o momento não ocorreu. Os cônjuges teriam interesse na separação, pois esta facultaria a qualquer tempo o restabelecimento da sociedade conjugal (CC, art. 1.577). Para o que aqui interessa, basta dizer que o interesse processual dos cônjuges é diferente quando requerem o divórcio e quando postulam a separação, precisamente porque esta modalidade permite a restituição da sociedade conjugal a qualquer tempo, o que não ocorre no divórcio, que desde logo desfaz o liame conjugal. No momento em que essas anotações são escritas, segue vivo o debate na jurisprudência e na doutrina. Tudo o que segue abaixo tem como premissa a manutenção da separação no ordenamento jurídico brasileiro mesmo após a EC n. 66/2010.

Demais disso, o art. 226, § 3º, da Constituição Federal de 1988 prevê que, "para efeito da proteção do Estado, é reconhecida a união estável entre o homem e a mulher como entidade familiar, devendo a lei facilitar sua conversão em casamento".

Dessa forma, o novo Código de Processo Civil, no âmbito do mesmo procedimento de jurisdição voluntária, também inclui a extinção consensual de união estável.

O Novo CPC estabelece que a homologação do divórcio ou da separação consensuais, observados os requisitos legais, pode ser requerida em petição assinada por ambos os cônjuges, da qual devem constar:

— as disposições relativas à descrição e à partilha dos bens comuns;

— as disposições relativas à pensão alimentícia entre os cônjuges;

— o acordo relativo à guarda dos filhos incapazes e ao regime de visitas; e

— o valor da contribuição para criar e educar os filhos.

Impõe dizer que se os cônjuges não acordarem sobre a partilha dos bens, esta deve ser feita depois de homologado o divórcio, nos termos descritos nos arts. 647 a 658 do CPC, que dispõem sobre a partilha, no âmbito do inventário.

Aponte-se que as disposições relativas ao processo de homologação judicial de divórcio consensual aplicam-se, no que couber, ao processo de homologação judicial da separação consensual e da extinção consensual da união estável.

O novo CPC manteve a disposição de que o divórcio e a separação consensuais e a extinção consensual de união estável, *não havendo nascituro, filhos incapazes e observados os requisitos legais, podem ser realizados por* escritura pública, da qual devem constar as disposições de que trata o art. 731 do mesmo diploma legal, supraindicado.

A escritura não depende de homologação judicial e constitui título hábil para qualquer ato de registro e, bem assim, para levantamento de importância depositada em instituições financeiras.

O tabelião somente deve lavrar a escritura se os interessados estiverem assistidos por advogado comum ou advogados de cada um deles ou por defensor público, cuja qualificação e assinatura constarão do ato notarial.

A alteração do regime de bens do casamento, observados os requisitos legais, pode ser requerida, motivadamente, em petição assinada por ambos os cônjuges, na qual devem ser expostas as razões que justificam a alteração, ressalvados os direitos de terceiros (art. 734 do CPC).

Impõe dizer que, ao receber a petição inicial, o magistrado deve ordenar a intimação do Ministério Público e a publicação de edital que divulgue a pretendida alteração de bens, somente podendo decidir depois de escoado o prazo de trinta dias da publicação do edital. Os cônjuges, na petição inicial ou em petição avulsa, podem propor ao juiz meio alternativo de divulgação da alteração do regime de bens, a fim de resguardar direitos de terceiros.

Após o trânsito em julgado da sentença, devem ser expedidos mandados de averbação aos cartórios de registro civil e de imóveis e, caso qualquer dos cônjuges seja empresário, ao registro público de empresas mercantis.

Note-se que, ao tratar os procedimentos especiais, o novel CPC também cuida das ações de família (arts. 693 a 699), cujas normas aplicam-se aos processos contenciosos de divórcio, separação, reconhecimento e extinção de união estável, guarda, visitação e filiação.

CAPÍTULO 52

REMESSA NECESSÁRIA E NOVO CPC

A remessa necessária ou o reexame de ofício não se trata de "recurso (ou apelação) *ex officio*", mas condição, imposta pela lei, para que a sentença possa transitar em julgado e assumir sua eficácia definitiva e imutabilidade. Nas hipóteses previstas nessa regra, sem que haja o reexame, não há trânsito em julgado (STF, Súmula n. 423) nem consequentemente coisa julgada.

Nos casos em que a lei não prevê efeito suspensivo para o recurso voluntário, a previsão de reexame necessário não impede que a sentença seja desde logo provisoriamente eficaz.

Havendo sucumbência parcial, apenas o(s) capítulo(s) contrário(s) à Fazenda Pública é(são) objeto de reexame, desde que presentes quanto a esse(s) capítulo(s) todos os requisitos previstos na norma em exame. Por isso, no reexame, a decisão desfavorável à Fazenda não pode ser reformada para agravar a situação dessa (STJ, Súmula n. 45).

Sob a óptica do CPC de 1973, o STJ decidiu:

"PROCESSUAL CIVIL. EXECUÇÃO CONTRA A FAZENDA PÚBLICA. EMBARGOS DA EXECUTADA. SENTENÇA QUE OS REJEITA. REMESSA *EX OFFICIO*. DESCABIMENTO. ALCANCE DOS ARTS. 475, II E 520, V, DO CPC. I — A sentença que rejeita ou julga improcedentes os embargos à execução opostos pela Fazenda Pública não está sujeita ao reexame necessário (art. 475, II, do CPC). Precedentes: EREsp 254.920/SP, Rel. Min. Francisco Peçanha Martins, Corte Especial, DJ de 2.8.2004; EREsp 234.319/SC, Rel. Min. Humberto Gomes de Barros, Corte Especial, DJ de 12.11.2001; EREsp 250.555/SC, Rel. Min. Humberto Gomes de Barros, Corte Especial, DJ de 17.9.2001. II — Agravo regimental improvido." (STJ, Agravo no REsp 1.079.310/SP, 1ª T., Rel. Min. Franciso Falcão, DJe 17.11.2008)

Vejamos súmulas sobre remessa necessária:

Súmula n. 275 do STF: "Está sujeita a recurso *ex officio* sentença concessiva de reajustamento pecuniário anterior à vigência da Lei n. 2.804, de 25.6.1956".

Súmula n. 423 do STF: "Não transita em julgado a sentença por haver omitido o recurso *ex officio*, que se considera interposto *ex lege*".

Súmula n. 620 do STF: "A sentença proferida contra autarquias não está sujeita a reexame necessário, salvo quando sucumbente em execução de dívida ativa".

Súmula n. 45 do STJ: "No reexame necessário, é defeso, ao Tribunal, agravar a condenação imposta à Fazenda Pública".

Súmula n. 253 do STJ: "O art. 557 do CPC, que autoriza o relator a decidir o recurso, alcança o reexame necessário".

Súmula n. 325 do STJ: "A remessa oficial devolve ao Tribunal o reexame de todas as parcelas da condenação suportadas pela Fazenda Pública, inclusive dos honorários de advogado".

Súmula n. 390 do STJ: "Nas decisões por maioria, em reexame necessário, não se admitem embargos infringentes".

Súmula n. 490 do STJ: "A dispensa de reexame necessário, quando o valor da condenação ou do direito controvertido for inferior a sessenta salários mínimos, não se aplica a sentenças ilíquidas".

O novo Código de Processo Civil, no art. 496, especificou e ampliou os casos e os valores em que não se aplica a remessa necessária.

Nesse sentido, está sujeita ao duplo grau de jurisdição, não produzindo efeito senão depois de confirmada pelo tribunal, a sentença:

— proferida contra a União, os Estados, o Distrito Federal, os Municípios e as suas respectivas autarquias e fundações de direito público;

— que julgar procedentes, no todo ou em parte, os embargos à execução fiscal.

Nas hipóteses *já* disciplinadas, ultrapassado o prazo sem que a apelação tenha sido interposta, o juiz deve ordenar a remessa dos autos ao tribunal. Se não o fizer, o presidente do respectivo tribunal deverá avocá-los. Em qualquer desses casos, o tribunal deve julgar a remessa necessária.

O art. 12 da MP n. 2.180-35/2001 também exclui o reexame necessário das "sentenças proferidas contra a União, suas autarquias e fundações públicas, quando a respeito da controvérsia o Advogado-Geral da União ou outro órgão administrativo competente houver editado súmula ou instrução normativa determinando a não interposição de recurso voluntário".

Bom dizer que não se aplica esse reexame de ofício quando a condenação ou o proveito econômico obtido na causa for de valor certo e líquido inferior a:

— **mil salários mínimos** para União e as respectivas autarquias e fundações de direito público;

— **quinhentos salários mínimos** para os Estados, o Distrito Federal, as respectivas autarquias e fundações de direito público, e os Municípios que constituam capitais dos Estados;

— **cem salários mínimos** para todos os demais municípios e as respectivas autarquias e fundações de direito público.

Igualmente não se aplica a remessa necessária quando a sentença estiver fundada em:

— súmula de tribunal superior (STF ou STJ);

— acórdão proferido pelo Supremo Tribunal Federal ou pelo Superior Tribunal de Justiça em julgamento de recursos repetitivos;

— entendimento firmado em incidente de resolução de demandas repetitivas ou de assunção de competência;

— entendimento coincidente com orientação vinculante firmada no âmbito administrativo do próprio ente público, consolidada em manifestação, parecer ou súmula administrativa.

Observa-se, portanto, que não apenas os valores foram diferenciados conforme a natureza do ente público, mas as hipóteses em que não se aplica a remessa de ofício também foram ampliadas.

Vejamos Enunciados do Fórum Permanente de Processualistas Civis:

"Enunciado n. 164: (art. 507) A sentença arbitral contra a Fazenda não está sujeita à remessa necessária (Grupo: Arbitragem).

Enunciado n. 311: (art. 507; art. 1.059). A regra sobre remessa necessária é aquela vigente ao tempo da prolação da sentença, de modo que a limitação de seu cabimento no CPC não prejudica os reexames estabelecidos no regime do art. 475 do CPC/1973 (Grupo: Direito intertemporal e disposições finais e transitórias).

Enunciado n. 342: (art. 988). O incidente de resolução de demandas repetitivas aplica-se a recurso, a remessa necessária ou a qualquer causa de competência originária (Grupo: Precedentes)."

Capítulo 53

Mudanças Atinentes ao Efeito Devolutivo dos Recursos

Os recursos no NCPC passam a ser: a) apelação; b) agravo de instrumento; c) agravo interno; d) embargos de declaração; e) recurso ordinário; f) recurso especial; g) recurso extraordinário; h) agravo em recurso especial ou extraordinário; i) embargos de divergência.

Consta no novo CPC que as decisões geram efeitos imediatamente, mas que estes podem ser sustados por decisão judicial.

Não há alterações na legitimidade para recorrer no novo CPC.

É mantido o recurso interposto pela via adesiva na apelação, no recurso especial e no recurso extraordinário.

A desistência pode ser manifestada sem que haja anuência de qualquer outra parte, mas não obstará a análise da questão cuja repercussão geral já tenha sido reconhecida em recurso extraordinário ou especial repetitivos.

É mantido que não cabe recurso de despacho.

Demais disso, os recursos poderão ser interpostos via correio, sendo considerado o prazo da postagem. Todos os recursos devem ser interpostos em 15 (quinze) dias, com exceção dos embargos de declaração.

A análise do recolhimento das custas (incluindo preparo e recolhimento de porte de remessa e retorno, salvo processos eletrônicos) é feita exclusivamente perante o tribunal. É admitida a complementação do preparo parcial apenas uma vez.

É mantido o efeito substitutivo.

Impende apontar que o efeito devolutivo dos recursos significa submeter a matéria impugnada ao órgão *ad quem*, para reexame.

Bom apontar que o efeito devolutivo pode ser analisado na extensão e na profundidade.

A extensão do efeito devolutivo é prevista no art. 1.013, *caput*, do novo Código de Processo Civil, referindo-se ao objeto da decisão, isto é, ao limite da matéria impugnada.

Consoante referido preceptivo legal, a "a apelação devolverá ao tribunal o conhecimento da matéria impugnada".

A decisão, dessarte, pode ser impugnada no todo ou em parte.

Demais disso, o art. 1.014 do novel CPC admite que as questões de fato não propostas no juízo inferior sejam suscitadas na apelação se a parte provar que deixou de fazê-lo por motivo de força maior.

Destaque-se que a profundidade do efeito devolutivo, por sua vez, é traçada no art. 1.013, §§ 1º e 2º, ao estipular os fundamentos que podem ser utilizados para se julgar o recurso, ou seja, a matéria que pode ser considerada para a decisão na esfera recursal.

Nesse diapasão, o art. 1.013, §§ 1º e 2º, do novel CPC, assim reza:

"§ 1º Serão, porém, objeto de apreciação e julgamento pelo tribunal todas as questões suscitadas e discutidas no processo, ainda que não tenham sido solucionadas, desde que relativas ao capítulo impugnado.

§ 2º Quando o pedido ou a defesa tiver mais de um fundamento e o juiz acolher apenas um deles, a apelação devolverá ao tribunal o conhecimento dos demais."

Como se observa, o efeito devolutivo, na profundidade, é, de certa forma, *amplíssimo*.

Dessarte, torna-se nítido que o efeito devolutivo do recurso tem os dois enfoques mencionados: a extensão (aspecto horizontal) e a profundidade (aspecto vertical).

Se apenas um dos capítulos da sentença for impugnado, somente essa matéria será "devolvida" ao tribunal (art. 1.013, *caput*, do CPC). Dentro desse limite horizontal, o órgão *ad quem* tem liberdade para apreciar todas as questões suscitadas e discutidas no processo, ainda que a sentença não as tenha julgado por inteiro (art. 1.013, § 2º, do CPC). Outrossim, ficam "devolvidos" ao tribunal, unicamente nos limites horizontais mencionados, os diversos fundamentos do pedido e da defesa, ainda que o juiz tenha acolhido apenas um deles (art. 1.013, § 2º, do CPC).

Note-se que a diferenciação das duas dimensões do efeito devolutivo do recurso está em consonância justamente com a garantia da coisa julgada. Com efeito, evita a *reformatio in pejus*.

Por exemplo, suponha-se petição inicial pleiteando A, B, C e D, com sentença condenando apenas em A e B.

Insatisfeito, o autor interpõe apelação, visando à condenação do réu em C e D. O réu não recorre da sentença, nem de forma autônoma, nem adesiva. Conhecido do recurso, o tribunal, de ofício, reconhece a inexistência de interesse processual. Esta, no entanto, apenas abrange o capítulo da decisão devolvido ao órgão *ad quem*, sob pena não só de ofensa à coisa julgada, mas de *reformatio in pejus*, pois o autor apenas recorreu para acrescer parcelas autônomas à condenação (C e D), e não excluir as demais (*A e B*).

Embora a questão possa gerar controvérsia, o chamado efeito *translativo* do recurso, que permite ao órgão *ad quem* conhecer de questões não objeto de impugnação, não possibilita desconstituir a coisa julgada material de capítulos autônomos da sentença.

Cuida-se, na realidade, do conhecido efeito devolutivo, especificamente quanto à sua profundidade. Ou seja (apenas) nos limites do capítulo da decisão remetido ao tribunal por meio do recurso, este pode conhecer de questões de ordem pública.

Ainda que a ausência das condições da ação possa ser reconhecida "em qualquer tempo e grau de jurisdição", a coisa julgada material deve ser respeitada, tratando-se de garantia constitucional.

Tanto isso é verdadeiro que o art. 485, § 3º, do CPC expressamente reza que o magistrado deve conhecer de ofício da matéria constante dos incisos IV (ausência de pressupostos processuais), V (perempção, litispendência ou coisa julgada), VI (ausência de legitimidade ou de interesse processual) e IX (morte da parte, sendo a ação considerada intransmissível por disposição legal) do art. 485 do CPC, em qualquer tempo e grau de jurisdição, mas enquanto não ocorrer o trânsito em julgado.

Bom apontar que o art. 1.013, § 1º, do novel CPC determina que devem ser objeto de apreciação e julgamento pelo tribunal todas as questões suscitadas e discutidas no processo, ainda que não tenham sido solucionadas, mas desde que relativas ao capítulo impugnado.

Se o recurso expressamente aduz a existência de preliminar ou de prejudicial que torne a decisão insubsistente, sem dúvida que o seu provimento deve atingir a decisão em seu todo.

Nessa hipótese, o recorrente terá impugnado toda a decisão, embora por meio de alegação de preliminar ou prejudicial. Aqui, o efeito devolutivo, em seu aspecto horizontal (extensão), abrange todos os capítulos da sentença.

Contudo, imagine-se que o recorrente se insurja apenas quanto a um dos capítulos de mérito da sentença, sem impugnar os demais, também de natureza condenatória. Estes transitarão em julgado de imediato. Ainda que a parte alegue em seu recurso a ausência de condição da ação restrita ao único capítulo da decisão objeto de recurso, se a irresignação restringe-se a apenas um capítulo da condenação, seu acolhimento não atingirá os demais, não impugnados, em face do seu trânsito em julgado.

No que diz respeito ao prazo da ação rescisória, embora exista recurso parcial, com alegação de questão preliminar, como o acolhimento desta somente atinge o capítulo impugnado e "devolvido" ao tribunal, em relação aos demais, já transitados em julgado anteriormente, teve início, em momento anterior e distinto, o prazo decadencial para a rescisória.

Em razão dessas ponderações, caso não se fizesse essa distinção, dar-se-ia margem a admitir rescisão de capítulo relativamente autônomo da decisão, transitado em julgado antes dos demais, e com o prazo decadencial para a ação rescisória há muito tempo já transcorrido.

Discute-se, ainda, quanto à hipótese em que a prescrição é reconhecida pela sentença, mas o tribunal, ao julgar a apelação, afasta-a.

Considerando que a prescrição é considerada matéria de mérito, a rigor, cabe ao tribunal prosseguir no exame da apelação, uma vez que todas as demais questões suscitadas e discutidas no processo, ainda que a sentença não as tenha julgado por inteiro, são devolvidas ao órgão *ad quem*, em razão do efeito devolutivo, no aspecto da profundidade. Demais disso, mesmo quando o pedido ou a defesa tiver mais de um fundamento e o magistrado acolher apenas um deles, a apelação devolve ao tribunal o conhecimento dos demais.

Contudo, na prática, na época da vigência do CPC de 1973, muitos julgados decidiam pelo retorno dos autos ao juízo de piso, para que, uma vez afastada a prescrição, decidisse a respeito dos pedidos formulados, sob o fundamento de ser vedada a "supressão de instância".

Hodiernamente, o novel CPC, de forma correta, expressamente reza que, quando reformar sentença que reconheça a decadência ou a prescrição, o tribunal, se *possível*, julgará o mérito, examinando as demais questões, sem determinar o retorno do processo ao juízo de primeiro grau.

O art. 1.013, § 3º, do novel CPC, por sua vez, estipula que:

"Se o processo estiver em condições de imediato julgamento, o tribunal deve decidir desde logo o mérito quando:

— reformar sentença fundada no art. 485;

— decretar a nulidade da sentença por não ser ela congruente com os limites do pedido ou da causa de pedir;

— constatar a omissão no exame de um dos pedidos, hipótese em que poderá julgá-lo;

— decretar a nulidade de sentença por falta de fundamentação."

Impõe dizer que, mesmo que a sentença seja de extinção do processo sem resolução do mérito, interposta a apelação, o tribunal deve julgar desde logo o mérito, "se a causa estiver em condições de imediato julgamento".

O tribunal também tem o dever de decidir desde logo o mérito quando decretar a nulidade da sentença considerada *ultra petita* ou *extra perita*, ou seja, por não ser ela congruente com os limites do pedido ou da causa de pedir.

Igualmente, o mérito deve ser julgado desde logo quando o tribunal constatar que a sentença é *citra petita*, isto é, omissão no exame de um dos pedidos, hipótese em que pode julgá-lo.

Demais disso, o tribunal deve decidir desde logo o mérito quando decretar a nulidade de sentença por falta de fundamentação.

Julgar "desde logo o mérito" quer dizer justamente a apreciação do pedido, ou seja, da pretensão deduzida em juízo. Em termos processuais, mérito corresponde a pedido (pretensão), que, por sua vez, constitui o objeto do processo.

Outrora, extinto o processo sem resolução do mérito, a apelação apenas devolvia a matéria impugnada, que necessariamente teria de se restringir a essa extinção.

Em razão do efeito devolutivo, em sua extensão, do recurso, ainda que o tribunal entendesse não ser o caso de extinção do processo sem resolução do mérito, era-lhe vedado prosseguir no julgamento, analisando a pretensão, o que só poderia ser feito, pela primeira vez, pelo juízo de origem. Com o § 3º do art. 1.013 do CPC, é admitido que o juízo *ad quem* profira acórdão julgando a pretensão de imediato.

Bom destacar que tal previsão não fere a Constituição. A delimitação dos efeitos dos recursos (no caso, o devolutivo) é matéria de lei infraconstitucional (Código de Processo Civil), a qual foi, no caso, alterada por lei posterior (Lei de Introdução às Normas do Direito Brasileiro, art. 2º, § 1º). A Constituição Federal de 1988, embora minuciosa em certos temas, não trata dos efeitos dos recursos propriamente. Quanto ao princípio do duplo grau de jurisdição, além de não ser uma garantia obrigatória para toda e qualquer decisão judicial, não é afrontado, pois é justamente por meio do recurso, concretizando esse princípio, que o tribunal profere o seu julgamento. Demais disso, não há qualquer norma *constitucional* determinando que a questão de mérito seja apreciada pelo juiz de primeiro grau para, apenas posteriormente, o ser pelo juízo *ad quem*, tema este objeto de previsão por lei federal (art. 22, inciso I, da Constituição de 1988). A disciplina e a concretização do princípio do duplo grau de jurisdição, ademais, advêm de normas processuais infraconstitucionais, previstas, no caso, no Código de Processo Civil.

Como o art. 1.013, § 3º, utiliza o verbo "deve" (e não pode), discute-se se a aplicação desse preceito é uma faculdade ou um dever do órgão julgador.

Pode-se entender que cabe a este decidir, de forma fundamentada, a respeito da presença dos pressupostos para o julgamento imediato. Entretanto, uma vez presentes, o tribunal deve aplicar o mandamento legal previsto no art. 1.013, § 3º, do CPC.

Estar em condições para o julgamento refere-se ao processo estar pronto para tanto, isto é, sem a necessidade de outras diligências, como ocorre, por exemplo, quando a causa envolve apenas questão de direito, ou seja, a interpretação e a aplicação de normas jurídicas, contrapondo-se às questões de fato, as quais são os pontos controvertidos que não dependem de prova.

Questão de direito envolve a interpretação e a aplicação de normas jurídicas, contrapondo-se às questões de fato, as quais são os pontos controvertidos que não dependem de prova.

Contudo, consoante a expressa previsão do art. 1.013, § 3º, do CPC, não se exige que a pretensão seja referente à questão *exclusivamente* de direito e, ao mesmo tempo, que o processo esteja em condições de julgamento imediato.

O preceptivo legal é expresso no sentido de ser necessário, apenas, que a causa esteja em condições de imediato julgamento.

Tenciona-se, com isso, abreviar as decisões judiciais, evitando-se o retorno dos autos ao juízo *a quo*, quando o tribunal já tem todas as condições para o julgamento do mérito.

O art. 938, § 1º, do CPC reza:

> "Constatada a ocorrência de vício sanável, inclusive aquele que possa ser conhecido de ofício, o relator determinará a realização ou a renovação do ato processual, no próprio tribunal ou em primeiro grau de jurisdição, intimadas as partes."

Essa previsão está de acordo com a teoria das nulidades processuais, em especial com o princípio da instrumentalidade das formas, bem como em harmonia com o princípio da celeridade processual.

A norma em destaque reza, no âmbito recursal, medidas para suprir, sanar, repetir ou convalidar atos processuais, podendo incidir, conforme o caso, tanto em hipóteses de nulidade absoluta como relativa.

Com efeito, em vez de declarar a nulidade (certamente anulando a sentença recorrida), sendo esta sanável, o novo CPC permite ao tribunal, antes de julgar o mérito do recurso, determinar a realização ou a renovação do ato processual viciado, no próprio tribunal ou em primeiro grau, observando-se a exigência de intimação das partes, tendo em vista a garantia constitucional do contraditório.

Importante destacar que a previsão pode ser aplicada, em tese, não apenas à apelação, mas também em outros recursos, seja porque a disposição é inerente à teoria geral das nulidades processuais, seja porque o próprio art. 938 do novo CPC está inserido no âmbito das disposições gerais, relativas à ordem dos processos no tribunal, aplicáveis, assim, a todos os recursos.

Não se trata, no caso, de mera faculdade do relator do recurso no tribunal.

A interpretação coerente com a instrumentalidade do processo é no sentido de que, sendo sanável a nulidade, por meio da realização ou renovação do ato processual, esta conduta deve ser adotada pelo tribunal, em consonância com o art. 5º, inciso LXXVIII, da Constituição da República (acrescentado pela EC n. 45/2004). Tanto isso é verídico que o art. 938, § 1º, do CPC estipula, de forma expressa, que o relator "determinará a realização ou a renovação do ato processual".

A decisão que aplica o § 1º do art. 938 do CPC tem natureza interlocutória.

Em face da incidência dos diversos princípios relativos às nulidades processuais, em especial os da instrumentalidade, do prejuízo ou da transcendência, do interesse de agir e da preclusão (sendo estes últimos mais apropriados para as nulidades relativas), a repetição ou o suprimento da falta apenas devem ser determinados se necessários, tendo em vista as disposições dos arts. 276 a 283 do CPC.

Conforme a previsão em destaque, uma vez cumprida a diligência, "sempre que possível", deve-se prosseguir no julgamento do recurso. Isso significa a ausência de nova distribuição do recurso, o que se mostra justo e correto, atendendo à celeridade na sua apreciação.

Como se observa, a norma procura evitar, se possível, a anulação da sentença, determinando, logo que cumprida a diligência, o prosseguimento da apreciação do recurso.

Imagine-se o exemplo de embargos de declaração opostos no primeiro grau de jurisdição, mas não apreciados pelo juiz, por entender serem intempestivos. Nesse caso, o embargante pode interpor a apelação, alegando nulidade por negativa de prestação jurisdicional. Se o tribunal verificar que o recorrente está com razão, pois tempestivos os mencionados embargos, e, nos termos do § 1º do art. 938, determinar o suprimento da nulidade processual (com a intimação das partes), ter-se-á a nova apreciação dos embargos de declaração, em seu mérito. Nesse caso, não há razão para se anular a própria sentença pertinente à fase de conhecimento; somente a decisão dos embargos é que necessitou ser renovada (princípio da conservação dos atos processuais). Obviamente, as partes devem ser intimadas dessa nova decisão. Mesmo assim, após o suprimento da nulidade e das demais medidas cabíveis, os autos devem ser reencaminhados ao tribunal, para prosseguir no julgamento da apelação.

Anote-se que a referida norma, corretamente, estatui esse prosseguimento, desde logo, no julgamento do recurso, "sempre que possível", pois há situações em que outros atos processuais, dependentes, serão atingidos, acarretando a necessidade de sua repetição.

Ainda exemplificando, reconhecida a nulidade da citação, ou da decisão que determinou o desentranhamento da contestação, os atos processuais seguintes deverão ser refeitos, pois prejudicados, o que implicará, inclusive, a necessidade de ser proferida nova sentença, a qual, por seu turno, possibilitará a interposição de apelação pelas partes interessadas.

Os exemplos de aplicabilidade da norma em questão podem ser diversos, podendo-se encerrar com a hipótese de decisão de embargos de declaração que, embora tenha deferido efeito modificativo à sentença, não intimou previamente a parte adversa. Interposto o recurso em que se alegue a nulidade por ausência de contraditório quanto à decisão modificativa dos embargos, entendendo o tribunal que a intimação prévia era necessária (art. 1.023, § 2º, do CPC), ao aplicar o § 1º do art. 938 do CPC, deve-se determinar a renovação do ato viciado (decisão de embargos), após possibilitar, ao embargado, manifestar-se sobre os embargos de declaração com pedido de efeito modificativo. Cumprida a diligência (e, no caso, após intimação da nova decisão de embargos de declaração), o tribunal deve prosseguir no julgamento do recurso.

Outrossim, em situações de nulidades pertinentes a provas indeferidas, ou produzidas com vícios, no primeiro grau de jurisdição, nem sempre será possível a aplicação do dispositivo comentado. Alegada a nulidade no recurso (por exemplo, por cerceamento de defesa), caso o tribunal verifique, efetivamente, a sua presença, determinando a realização ou a renovação da prova, parece mais adequado, em tese, defender que a sentença fica prejudicada, por ser ato processual posterior àquele com vício de nulidade. Nessa hipótese, prolatada nova sentença, não se torna possível prosseguir no julgamento do recurso original (art. 938, § 1º, segunda parte), restando às partes o direito de interpor novel recurso.

A hipótese relatada, contudo, não se confunde com a determinação feita pelo relator, ou pelo juízo *ad quem*, no sentido de se complementar a prova, com o objetivo de esclarecer algum aspecto debatido nos autos, o que é inerente ao poder de instrução, visando a concretizar o ideal de justiça nas decisões. Nesses casos, não se cogita de nulidade processual, mas apenas de complemento probatório (como, por exemplo, um esclarecimento pericial), deferido ou determinado no âmbito recursal.

Nesse diapasão, de acordo com o art. 938, § 3º, do novo CPC, reconhecida a necessidade de produção de prova, o relator deve *converter o ligamento em diligência,* que se realizará no tribunal ou em instância inferior, decidindo-se o recurso após a conclusão da instrução.

Anote-se, ainda, que as providências alinhavadas nos §§ 1º e 3º do art. 938 do CPC, anteriormente citadas, quando não tiverem sido determinadas pelo relator, podem ser determinadas pelo órgão competente para julgamento do recurso (art. 938, § 4º, do CPC).

CAPÍTULO 54

O Juízo de Admissibilidade dos Recursos

Consoante o art. 1.009 do novo Código de Processo Civil, da sentença cabe apelação.

As questões resolvidas na fase de conhecimento, se a decisão a seu respeito não comportar agravo de instrumento, têm de ser impugnadas em apelação, eventualmente interposta contra a sentença, ou nas contrarrazões. Sendo suscitadas em contrarrazões, o recorrente deve ser intimado para, em quinze dias, manifestar-se a respeito delas.

Essa impugnação pressupõe a prévia apresentação de protesto específico contra a decisão no primeiro momento que couber à parte falar nos autos, sob pena de preclusão. As razões do protesto têm de ser apresentadas na apelação ou nas contrarrazões de apelação, supraditas.

A apelação, interposta por petição dirigida ao juízo de primeiro grau, deve conter (art. 1.010 do CPC):

— os nomes e a qualificação das partes;

— a exposição do fato e do direito;

— as razões do pedido de reforma ou de decretação de nulidade;

— o pedido de nova decisão.

O apelado deve ser intimado para apresentar contrarrazões no prazo de quinze dias úteis.

Se o apelado interpuser apelação adesiva, o juiz deverá intimar o apelante para apresentar contrarrazões.

Após as formalidades mencionadas, os autos devem ser remetidos ao tribunal pelo juiz, independentemente de juízo de admissibilidade.

Recebido o recurso de apelação no tribunal e distribuído imediatamente, o relator:

— decidi-lo-á monocraticamente apenas nas hipóteses do art. 932, incisos III a V, do CPC;

— se não for o caso de decisão monocrática, elaborará seu voto para julgamento do recurso pelo órgão colegiado (art. 1.011 do novo CPC).

Na apelação, após a intimação do recorrido para apresentar contrarrazões, e a sua apresentação ou o transcurso do seu respectivo prazo, bem como, se o recorrido interpuser apelação adesiva, depois da intimação do recorrente para apresentar contrarrazões, e a sua apresentação ou o decurso do seu prazo, os autos devem ser remetidos ao tribunal pelo juiz, independentemente de juízo de admissibilidade (art. 1.010, § 3º, do CPC).

Dessarte, não cabe mais ao juízo de primeiro grau examinar os pressupostos recursais da apelação, nem negar seguimento ao recurso.

Nesse sentido, o Enunciado n. 99 do Fórum dos Processualistas Civis (art. 1.023, § 3º). O órgão *a quo* não fará juízo de admissibilidade da apelação (Grupo: Ordem dos Processos no Tribunal, Teoria Geral dos Recursos, Apelação e Agravo).

Importante dizer que o recurso extraordinário e o recurso especial, nos casos previstos na Constituição Federal, devem ser interpostos perante o presidente ou o vice-presidente do tribunal recorrido, em petições distintas contendo:

— a exposição do fato e do direito;

— a demonstração do cabimento do recurso interposto;

— as razões do pedido de reforma ou de invalidação da decisão recorrida (art. 1.029 do CPC).

Quando o recurso fundar-se em dissídio jurisprudencial, o recorrente deverá fazer a prova da divergência com a certidão, cópia ou citação do repositório de jurisprudência, oficial ou credenciado, inclusive em mídia eletrônica, em que houver sido publicado o acórdão divergente, ou ainda com a reprodução de julgado disponível na rede mundial de computadores, com indicação da respectiva fonte. Em qualquer caso, as circunstâncias que identifiquem ou assemelhem os casos confrontados devem ser mencionadas.

Observe-se que o Supremo Tribunal Federal ou o Superior Tribunal de Justiça podem desconsiderar vício formal de recurso tempestivo ou determinar sua correção, desde que não o repute grave.

Ainda acerca dos recursos especial e extraordinário, reza o novo CPC:

"Art. 1.030. Recebida a petição do recurso pela secretaria do tribunal, o recorrido será intimado para apresentar contrarrazões no prazo de 15 (quinze) dias, findo o qual os autos serão conclusos ao presidente ou ao vice-presidente do tribunal recorrido, que deverá: (Redação dada pela Lei n. 13.256, de 2016)

I — negar seguimento; (Incluído pela Lei n. 13.256, de 2016)

a) a recurso extraordinário que discuta questão constitucional à qual o Supremo Tribunal Federal não tenha reconhecido a existência de repercussão geral ou a recurso extraordinário interposto contra acórdão que esteja em conformidade com entendimento do Supremo Tribunal Federal exarado no regime de repercussão geral; (Incluída pela Lei n. 13.256, de 2016)

b) a recurso extraordinário ou a recurso especial interposto contra acórdão que esteja em conformidade com entendimento do Supremo Tribunal Federal ou do Superior Tribunal de Justiça, respectivamente, exarado no regime de julgamento de recursos repetitivos; (Incluída pela Lei n. 13.256, de 2016)

II — encaminhar o processo ao órgão julgador para realização do juízo de retratação, se o acórdão recorrido divergir do entendimento do Supremo Tribunal Federal ou do Superior Tribunal de Justiça exarado, conforme o caso, nos regimes de repercussão geral ou de recursos repetitivos; (Incluído pela Lei n. 13.256, de 2016)

III — sobrestar o recurso que versar sobre controvérsia de caráter repetitivo ainda não decidida pelo Supremo Tribunal Federal ou pelo Superior Tribunal de Justiça, conforme se trate de matéria constitucional ou infraconstitucional; (Incluído pela Lei n. 13.256, de 2016)

IV — selecionar o recurso como representativo de controvérsia constitucional ou infraconstitucional, nos termos do § 6º do art. 1.036; (Incluído pela Lei n. 13.256, de 2016)

V — realizar o juízo de admissibilidade e, se positivo, remeter o feito ao Supremo Tribunal Federal ou ao Superior Tribunal de Justiça, desde que: (Incluído pela Lei n. 13.256, de 2016)

a) o recurso ainda não tenha sido submetido ao regime de repercussão geral ou de julgamento de recursos repetitivos; (Incluída pela Lei n. 13.256, de 2016)

b) o recurso tenha sido selecionado como representativo da controvérsia; ou (Incluída pela Lei n. 13.256, de 2016)

c) o tribunal recorrido tenha refutado o juízo de retratação. (Incluída pela Lei n. 13.256, de 2016)

§ 1º Da decisão de inadmissibilidade proferida com fundamento no inciso V caberá agravo ao tribunal superior, nos termos do art. 1.042. (Incluído pela Lei n. 13.256, de 2016)

§ 2º Da decisão proferida com fundamento nos incisos I e III caberá agravo interno, nos termos do art. 1.021. (Incluído pela Lei n. 13.256, de 2016).

Art. 1.031. Na hipótese de interposição conjunta de recurso extraordinário e recurso especial, os autos serão remetidos ao Superior Tribunal de Justiça.

§ 1º Concluído o julgamento do recurso especial, os autos serão remetidos ao Supremo Tribunal Federal para apreciação do recurso extraordinário, se este não estiver prejudicado.

§ 2º Se o relator do recurso especial considerar prejudicial o recurso extraordinário, em decisão irrecorrível, sobrestará o julgamento e remeterá os autos ao Supremo Tribunal Federal.

§ 3º Na hipótese do § 2º, se o relator do recurso extraordinário, em decisão irrecorrível, rejeitar a prejudicialidade, devolverá os autos ao Superior Tribunal de Justiça para o julgamento do recurso especial.

Art. 1.032. Se o relator, no Superior Tribunal de Justiça, entender que o recurso especial versa sobre questão constitucional, deverá conceder prazo de 15 (quinze) dias para que o recorrente demonstre a existência de repercussão geral e se manifeste sobre a questão constitucional.

Parágrafo único. Cumprida a diligência de que trata o *caput*, o relator remeterá o recurso ao Supremo Tribunal Federal, que, em juízo de admissibilidade, poderá devolvê-lo ao Superior Tribunal de Justiça.

Art. 1.033. Se o Supremo Tribunal Federal considerar como reflexa a ofensa à Constituição afirmada no recurso extraordinário, por pressupor a revisão da interpretação de lei federal ou de tratado, remetê-lo-á ao Superior Tribunal de Justiça para julgamento como recurso especial.

Art. 1.034. Admitido o recurso extraordinário ou o recurso especial, o Supremo Tribunal Federal ou o Superior Tribunal de Justiça julgará o processo, aplicando o direito.

Parágrafo único. Admitido o recurso extraordinário ou o recurso especial por um fundamento, devolve-se ao tribunal superior o conhecimento dos demais fundamentos para a solução do capítulo impugnado.

Art. 1.035. O Supremo Tribunal Federal, em decisão irrecorrível, não conhecerá do recurso extraordinário quando a questão constitucional nele versada não tiver repercussão geral, nos termos deste artigo.

§ 1º Para efeito de repercussão geral, será considerada a existência ou não de questões relevantes do ponto de vista econômico, político, social ou jurídico que ultrapassem os interesses subjetivos do processo.

§ 2º O recorrente deverá demonstrar a existência de repercussão geral para apreciação exclusiva pelo Supremo Tribunal Federal.

§ 3º Haverá repercussão geral sempre que o recurso impugnar acórdão que:

I — contrarie súmula ou jurisprudência dominante do Supremo Tribunal Federal;

II — (Revogado); (Redação dada pela Lei n. 13.256, de 2016)

III — tenha reconhecido a inconstitucionalidade de tratado ou de lei federal, nos termos do art. 97 da Constituição Federal.

§ 4º O relator poderá admitir, na análise da repercussão geral, a manifestação de terceiros, subscrita por procurador habilitado, nos termos do Regimento Interno do Supremo Tribunal Federal.

§ 5º Reconhecida a repercussão geral, o relator no Supremo Tribunal Federal determinará a suspensão do processamento de todos os processos pendentes, individuais ou coletivos, que versem sobre a questão e tramitem no território nacional.

§ 6º O interessado pode requerer, ao presidente ou ao vice-presidente do tribunal de origem, que exclua da decisão de sobrestamento e inadmita o recurso extraordinário que tenha sido interposto intempestivamente, tendo o recorrente o prazo de 5 (cinco) dias para manifestar-se sobre esse requerimento.

§ 7º Da decisão que indeferir o requerimento referido no § 6º ou que aplicar entendimento firmado em regime de repercussão geral ou em julgamento de recursos repetitivos caberá agravo interno. (Redação dada pela Lei n. 13.256, de 2016)

§ 8º Negada a repercussão geral, o presidente ou o vice-presidente do tribunal de origem negará seguimento aos recursos extraordinários sobrestados na origem que versem sobre matéria idêntica.

§ 9º O recurso que tiver a repercussão geral reconhecida deverá ser julgado no prazo de 1 (um) ano e terá preferência sobre os demais feitos, ressalvados os que envolvam réu preso e os pedidos de *habeas corpus*.

§ 10. (Revogado). (Redação dada pela Lei n. 13.256, de 2016)

§ 11. A súmula da decisão sobre a repercussão geral constará de ata, que será publicada no diário oficial e valerá como acórdão."

Capítulo 55

Agravo e Novo CPC

O novel *Código de Processo Civil* traz inovação tocantemente ao cabimento de recurso de imediato contra decisões interlocutórias, restringido as hipóteses de admissão do agravo de instrumento.

O Novel CPC passou a autorizar a interposição de agravo de instrumento somente em situações de maior urgência, nas quais seria inviável aguardar a decisão final para se permitir a impugnação, por meio de apelação, de decisão relativa à questão incidental.

Dessarte, passa-se a afastar a incidência da preclusão quanto a certas decisões interlocutórias, autorizando a sua impugnação, posteriormente, no mesmo recurso cabível contra a sentença.

Impõe dizer que as questões resolvidas na fase de conhecimento, se a decisão a seu respeito não comportar agravo de instrumento, *não ficam cobertas pela preclusão e devem ser suscitadas em preliminar de apelação, eventualmente interposta contra a decisão final, ou nas contrarrazões.*

Demais disso, se a sentença também decidir questões incidentais, o recurso cabível será um só, qual seja, a apelação.

Dessarte, a previsão legal no sentido de que contra a sentença cabe apelação é aplicável mesmo quando as questões mencionadas no art. 1.015 do CPC (que dispõe sobre as decisões interlocutórias recorríveis por meio de agravo de instrumento) integrarem capítulo da sentença (art. 1.009, § 3º, do novo CPC).

Assim, consoante o art. 1.015 do novo CPC, cabe agravo de instrumento contra as decisões interlocutórias que versarem sobre:

— tutelas provisórias;

— mérito da causa;

— rejeição da alegação de convenção de arbitragem;

— incidente de desconsideração da personalidade jurídica;

— rejeição do pedido de gratuidade da justiça ou acolhimento do pedido de sua revogação;

— exibição ou posse de documento ou coisa;

— exclusão de litisconsorte;

— rejeição do pedido de limitação do litisconsórcio;

— admissão ou inadmissão de intervenção de terceiros;

— concessão, modificação ou revogação do efeito suspensivo aos embargos à execução;

— redistribuir o ônus da prova nos termos do art. 373, § 1º, do novo CPC;

— outros casos expressamente referidos em lei.

O agravo de instrumento se presta a impugnar decisões interlocutórias em situações delineadas por lei.

Foram criadas novas formas de interposição, como pela via postal ou em protocolo realizado na própria comarca ou seção judiciária.

Outrossim, também cabe agravo de instrumento contra decisões interlocutórias proferidas na fase de liquidação de sentença ou de cumprimento de sentença, no processo de execução e no processo de inventário (art. 1.015, parágrafo único).

Não sendo cabível o agravo de instrumento, como visto anteriormente, a decisão interlocutória, sobre questão incidental, poderá ser impugnada em preliminar de apelação, se interposta contra a decisão final, ou nas suas contrarrazões.

Deixa de existir o agravo retido.

A falta de qualquer peça obrigatória pode ser regularizada. Se o processo for eletrônico, o acompanhamento de tais peças é dispensado.

Mantém-se a obrigatoriedade de juntar cópia do agravo na primeira instância em três dias, sob pena das mesmas consequências atuais (agravo ter que arguir o não cumprimento e implicar na inadmissibilidade do recurso).

O relator pode liminarmente inadmitir o recurso ou admitir e negar provimento apenas. Para dar provimento monocraticamente, primeiro terá que intimar o agravo para se manifestar. O relator também poderá dar efeito suspensivo ou ativo ao agravo. A novidade é que esta decisão quanto ao efeito poderá ser impugnada por agravo interno, diferentemente do CPC/73. O restante do processamento é idêntico.

Vejamos alguns enunciados do Fórum Permanente de Processualistas Civis:

"Enunciado n. 9: (arts. 108; 380, § 1º; 1.022, §§ 1º e 2º). A decisão que não redistribui o ônus da prova não é impugnável por agravo de instrumento, conforme dispõem os arts. 380, § 1º, e 108, havendo preclusão na ausência de protesto, na forma do art. 1.022, §§ 1º e 2º (Grupo: Direito Probatório).

Enunciado n. 22: (art. 218, § 4º; art. 1.016). O Tribunal não poderá julgar extemporâneo ou intempestivo recurso, na instância ordinária ou na extraordinária, interposto antes da abertura do prazo (Grupo: Ordem dos Processos no Tribunal, Teoria Geral dos Recursos, Apelação e Agravo).

Enunciado n. 29: (art. 299, parágrafo único; art. 1.028, I). A decisão que condicionar a apreciação da tutela antecipada incidental ao recolhimento de custas ou a outra exigência não prevista em lei equivale a negá-la, sendo impugnável por agravo de instrumento (Grupo: Tutela Antecipada).

Enunciado n. 103: (art. 1028, II; art. 203, § 2º; art. 361, parágrafo único; art. 363, § 4º). A decisão parcial proferida no curso do processo com fundamento no art. 497, I, sujeita-se a recurso de agravo de instrumento (Grupo: Sentença, Coisa Julgada e Ação Rescisória; redação revista no III FPPC Rio).

Enunciado n. 104: (art. 1.037, § 2º). O princípio da fungibilidade recursal é compatível com o CPC e alcança todos os recursos, sendo aplicável de ofício (Grupo: Ordem dos Processos no Tribunal, Teoria Geral dos Recursos, Apelação e Agravo).

Enunciado n.142: (art. 299; art. 1.034). Da decisão monocrática do relator que concede ou nega o efeito suspensivo ao agravo de instrumento ou que concede, nega, modifica ou revoga, no todo ou em parte, a tutela jurisdicional nos casos de competência originária ou recursal, cabe o recurso de agravo interno nos termos do art. 1.034 do CPC (Grupo: Tutela Antecipada).

Enunciado n. 154: (art. 361, parágrafo único; art. 363, § 4º; art. 1.028, *caput* e inciso XII). É cabível agravo de instrumento contra ato decisório que indefere parcialmente a petição inicial ou a reconvenção (Grupo: Coisa Julgada, Ação Rescisória e Sentença).

Enunciado n. 177: (art. 564, § 5º; art. 1.028, inc. II). A decisão interlocutória que julga procedente o pedido para condenar o réu a prestar contas, por ser de mérito, é recorrível por agravo de instrumento (Grupo: Procedimentos Especiais).

Enunciado n. 355: (art. 1.022, § 1º; art. 1.059). Se, no mesmo processo, houver questões resolvidas na fase de conhecimento em relação às quais foi interposto agravo retido na vigência do CPC/1973, e questões resolvidas na fase de conhecimento em relação às quais não se operou a preclusão por força do art. 1.022, § 1º, do CPC, aplicar se á ao recurso de apelação o art. 523, § 1º, do CPC/1973 em relação àquelas, e o art. 1.022, § 1º, do CPC em relação a estas (Grupo: Direito intertemporal e disposições finais e transitórias)."

55.1. *Agravo interno e agravo em recurso especial e extraordinário*

O agravo interno é usado para impugnar decisões monocráticas do relator, no prazo de 15 (quinze) dias. Após as contrarrazões, o relator poderá se retratar. Do contrário, será apreciado pelo órgão colegiado. A inadmissibilidade ou negativa de provimento do agravo interno gera imposição de multa de 1% a 5% ao agravado, tornando-se o seu recolhimento prévio uma condição de admissibilidade para os demais recursos, com exceção aos beneficiários de gratuidade de justiça e Fazenda Pública, que farão o pagamento ao final.

Por sua vez, quanto ao agravo em recurso especial e extraordinário, assim dispõe o novel CPC:

"Art. 1.042. Cabe agravo contra decisão do presidente ou do vice-presidente do tribunal recorrido que inadmitir recurso extraordinário ou recurso especial, salvo quando fundada na aplicação de entendimento firmado em regime de repercussão geral ou em julgamento de recursos repetitivos. (Redação dada pela Lei n. 13.256, de 2016)

...

§ 2º A petição de agravo será dirigida ao presidente ou ao vice-presidente do tribunal de origem e independe do pagamento de custas e despesas postais, aplicando-se a ela o regime de repercussão geral e de recursos repetitivos, inclusive quanto à possibilidade de sobrestamento e do juízo de retratação. (Redação dada pela Lei n. 13.256, de 2016)

§ 3º O agravado será intimado, de imediato, para oferecer resposta no prazo de 15 (quinze) dias.

§ 4º Após o prazo de resposta, não havendo retratação, o agravo será remetido ao tribunal superior competente.

§ 5º O agravo poderá ser julgado, conforme o caso, conjuntamente com o recurso especial ou extraordinário, assegurada, neste caso, sustentação oral, observando-se, ainda, o disposto no regimento interno do tribunal respectivo.

§ 6º Na hipótese de interposição conjunta de recursos extraordinário e especial, o agravante deverá interpor um agravo para cada recurso não admitido.

§ 7º Havendo apenas um agravo, o recurso será remetido ao tribunal competente, e, havendo interposição conjunta, os autos serão remetidos ao Superior Tribunal de Justiça.

§ 8º Concluído o julgamento do agravo pelo Superior Tribunal de Justiça e, se for o caso, do recurso especial, independentemente de pedido, os autos serão remetidos ao Supremo Tribunal Federal para apreciação do agravo a ele dirigido, salvo se estiver prejudicado."

CAPÍTULO 56

EMBARGOS DE DECLARAÇÃO E NOVO CPC

O Novo CPC cria uma nova hipótese de cabimento: correção de erro material (curiosamente, o erro material pode ser corrigido de ofício a qualquer momento). É recurso interposto em 5 (cinco) dias, com possibilidade de dobra caso haja litisconsortes com diferentes procuradores. Haverá contrarrazões do embargado se existir risco de efeito modificativo.

O NCPC consagra o princípio da fungibilidade, ao permitir que o relator transforme os embargos de declaração em agravo interno no tribunal, mas desde que o recorrente seja intimado previamente para regularizar sua peça.

É admitida a possibilidade de a parte que já tiver recorrido complementar seu recurso anterior caso os embargos de declaração interpostos pela outra venha a ser conhecido e provido. Nesta mesma situação, se os embargos forem rejeitados, o recurso já interposto pela outra parte se processa independentemente de ratificação.

Passa a permitir, expressamente, que os embargos de declaração possam ser utilizados para fins de prequestionamento, inclusive o ficto.

Os embargos de declaração têm efeito interruptivo quanto ao prazo dos demais recursos.

Embargos protelatórios permitem multa de 2% do valor da causa ao embargado. Se houver reiteração, poderá aumentar para 10% e passar a ser condição para recebimento dos futuros recursos, exceto aos beneficiários de gratuidade e Fazenda Pública, que só a recolherão ao final.

Capítulo 57

O Fim dos Embargos Infringentes

O novo Código de Processo Civil, em seu art. 942, passa a prever que, quando o resultado da apelação for não unânime, o julgamento deverá ter prosseguimento em sessão a ser designada com a presença de outros julgadores, a serem convocados nos termos previamente definidos no regimento interno, em número suficiente para garantir a possibilidade de inversão do resultado inicial, assegurado às partes e a eventuais terceiros o direito de sustentar oralmente suas razões perante os novos julgadores.

Esse preceptivo cuida do que, de forma imprópria, por vezes se tem chamado de "embargos infringentes automáticos".

Efetivamente, com o novo CPC, a previsão em destaque deixa de ter natureza de recurso propriamente, por não ser interposto voluntariamente pela parte, operando, na verdade, de modo automático, caso ocorra a hipótese prevista no art. 942.

Esse dispositivo estabelece, assim, um mecanismo que substitui os embargos infringentes, anteriormente previstos no CPC de 1973.

Com isso, se o resultado da "apelação" for não unânime, o julgamento deverá prosseguir em sessão a ser designada com a presença de outros julgadores, em número suficiente para garantir a possibilidade de inversão do resultado inicial. Como se pode notar, trata-se de previsão imperativa e automática.

Ainda de acordo com a mencionada sistemática do CPC, sendo possível, o prosseguimento do julgamento deve se dar na mesma sessão, colhendo-se os votos de outros julgadores que porventura componham o órgão colegiado.

Os julgadores que já tiverem votado podem rever seus votos por ocasião do prosseguimento do julgamento.

A técnica de julgamento prevista acima se aplica, igualmente, ao julgamento não unânime proferido em: I — ação rescisória, quando o resultado for a rescisão da sentença; neste caso, deve o seu prosseguimento ocorrer em órgão de maior composição previsto no regimento interno; II — agravo de instrumento, quando houver reforma da decisão que julgar parcialmente o mérito.

Não se aplica o dito anteriormente ao julgamento do incidente de assunção de competência e ao de resolução de demandas repetitivas nem ao julgamento da remessa necessária.

Outrossim, nos tribunais em que o órgão que proferiu o julgamento não unânime for o plenário ou a corte especial, não se aplica o disposto no art. 942 do CPC, já examinado.

Capítulo 58

Novo CPC e a Uniformização da Jurisprudência

A jurisprudência apresenta relevância cada vez mais acentuada no Direito.

A jurisprudência é o conjunto de decisões uniformes e constantes dos tribunais, proferidas para a solução judicial de conflitos, envolvendo casos semelhantes.

Assim, jurisprudência é "a forma de revelação do Direito" resultante do exercício da jurisdição, decorrente de uma "sucessão harmônica de decisões dos tribunais".

Bom dizer que a jurisprudência muitas vezes acaba inovando em matéria jurídica, estabelecendo normas concretas que se diferenciam daquelas estritamente previstas nas leis, ao interpretar e aplicar diferentes preceitos normativos de forma lógica e sistemática. Essa função "normativa" da jurisprudência é mais acentuada nos casos de lacuna, ou seja, omissão de lei expressa para o caso específico, bem como quando a lei autoriza o juiz a decidir por equidade.

Em princípio, o Direito criado pela jurisprudência tem a sua obrigatoriedade restrita ao caso em que proferida a decisão, mas também serve como parâmetro para outros julgamentos, envolvendo questões iguais ou semelhantes.

Importa dizer que a jurisprudência também exerce o importante papel de atualizar as disposições legais, tornando-as compatíveis com a evolução social.

Deve-se destacar, ainda, a função "criadora" da jurisprudência, desenvolvida pela interpretação, integração e correção das leis, ajustando a ordem jurídica em consonância com a evolução dos fatos e dos valores no decorrer do tempo.

Registre-se que os tribunais aprovam súmulas, enunciando de forma resumida o entendimento já firmado sobre certas matérias, após terem sido objeto de decisões reiteradas no mesmo sentido. As súmulas proporcionam mais estabilidade à jurisprudência, constituindo forma de expressão jurídica.

Ainda sobre o tema, dignas de nota são as súmulas vinculantes do Supremo Tribunal Federal, previstas no art. 103-A da Constituição Federal de 1988, acrescentado pela Emenda Constitucional n. 45/2004 e regulamentado pela Lei n. 11.417/2006.

No caso das súmulas vinculantes, além de normalmente se apresentarem na forma de disposições genéricas e abstratas, têm caráter nitidamente obrigatório.

Considerando a importância da jurisprudência, o Código de Processo Civil de 1973 disciplinava o chamado incidente de uniformização da jurisprudência.

O art. 926 do novel *Código de Processo Civil*, por seu turno, reza que os tribunais devem uniformizar a sua jurisprudência e mantê-la estável, íntegra e coerente.

Exige-se, assim, que a jurisprudência tenha certa estabilidade, evitando mudanças bruscas, repentinas, injustificadas, para que seja respeitada a segurança jurídica.

Isso não significa, contudo, a completa estagnação e a impossibilidade de evolução do entendimento jurisprudencial, o qual deve acompanhar a evolução social e jurídica.

Exige-se da jurisprudência a integridade, de modo que as decisões dos juízes e tribunais estejam em consonância com o sistema jurídico, integrado, de forma harmônica, por regras e princípios, em que merecem destaque os preceitos constitucionais. Efetivamente, no exercício da jurisdição, não se admite que, a pretexto de decidir de maneira supostamente mais justa, se imponham a vontade e o sentimento pessoal do julgador, em manifesta contrariedade aos comandos do ordenamento jurídico.

A jurisprudência, ainda, deve atender à necessidade de coerência. Nesse sentido, questões iguais devem ser tratadas e decididas com isonomia, aplicando-se a mesma tese aos casos que envolvam idêntica questão jurídica, como forma de concretização da justiça. Em outras palavras, seria incoerente decidir certo caso de um modo, mas outro, substancialmente igual, de maneira diversa, em afronta ao princípio da igualdade material.

Na forma e segundo os pressupostos fixados no regimento interno, os tribunais devem editar enunciados de súmula correspondentes a sua jurisprudência dominante.

Note-se que o novo Código termina com a súmula impeditiva de recursos.

Ao editar enunciados de súmula, os tribunais devem ater-se às circunstâncias fáticas dos precedentes que motivaram sua criação.

A súmula em questão, no entanto, não se confunde com a já mencionada Súmula Vinculante, aprovada pelo STF, nos termos do art. 103-A da Constituição da República.

> "Art. 103-A. O Supremo Tribunal Federal poderá, de ofício ou por provocação, mediante decisão de dois terços dos seus membros, após reiteradas decisões sobre matéria constitucional, aprovar súmula que, a partir de sua publicação na imprensa oficial, terá efeito vinculante em relação aos demais órgãos do Poder Judiciário e à administração pública direta e indireta, nas esferas federal, estadual e municipal, bem como proceder à sua revisão ou cancelamento, na forma estabelecida em lei. § 1º A súmula terá por objetivo a validade, a interpretação e a eficácia de normas determinadas, acerca das quais haja controvérsia atual entre órgãos judiciários ou entre esses e a administração pública que acarrete grave insegurança jurídica e relevante multiplicação de processos sobre questão idêntica. § 2º Sem prejuízo do que vier a ser estabelecido em lei, a aprovação, revisão ou cancelamento de súmula poderá ser provocada por aqueles que podem propor a ação direta de inconstitucionalidade."

Ainda quanto ao tema, visando à segurança e estabilidade nas relações jurídicas objeto da jurisdição, o art. 927 do novo CPC prevê que os juízes e os tribunais devem observar:

I — *as* decisões do Supremo Tribunal Federal em controle concentrado de constitucionalidade;

II — *os* enunciados de súmula vinculante;

III — *os* acórdãos em incidente de assunção de competência ou de resolução de demandas repetitivas e em julgamento de recursos extraordinário e especial repetitivos;

IV — *os* enunciados das súmulas do Supremo Tribunal Federal em matéria constitucional e do Superior Tribunal de Justiça em matéria infraconstitucional;

V — *a* orientação do plenário ou do órgão especial aos quais estiverem vinculados.

Os juízes e os tribunais devem observar o disposto no art. 10 e no art. 489, § 1º, ambos do Código de Processo Civil, quando decidirem com fundamento no art. 925, aqui analisado.

Anote-se, ainda, que os tribunais devem dar publicidade a seus precedentes, organizando-os por questão jurídica decidida e divulgando-os, preferencialmente, na rede mundial de computadores.

A jurisprudência, de todo modo, não é estática, devendo evoluir conforme as mudanças normativas e a dialética das relações sociais.

Impõe dizer que a alteração de tese jurídica adotada em enunciado de súmula ou em julgamento de casos repetitivos pode ser precedida de audiências públicas e da participação de pessoas, órgãos ou entidades que possam contribuir para a rediscussão da tese.

Na hipótese de alteração de jurisprudência dominante do Supremo Tribunal Federal e dos tribunais superiores ou daquela oriunda de julgamento de casos repetitivos, pode haver modulação dos efeitos da alteração no interesse social e no da segurança jurídica.

Registre-se que a modificação de enunciado de súmula, de jurisprudência pacificada ou da tese adotada em julgamento de casos repetitivos deve observar a necessidade de fundamentação adequada e específica, considerando os princípios da segurança jurídica, da proteção da confiança e da isonomia.

Anote-se que, para os fins do Código de Processo Civil, considera-se julgamento de casos repetitivos a decisão proferida em:

— incidente de resolução de demandas repetitivas;

— recursos especial e extraordinário repetitivos (art. 928, II, do CPC).

O julgamento de casos repetitivos tem por objeto questão de direito material ou processual.

Capítulo 59

Incidente de Resolução de Demandas Repetitivas

Trata-se de um novo incidente inspirado em um modelo adotado na Alemanha (*Musterverfahren*), de uso mais restrito e levemente diferenciado. Para que o mesmo seja instaurado é necessário que haja repetição de processos que contenham controvérsia sobre a mesma questão unicamente de direito e risco à isonomia e à segurança jurídica.

A legitimidade para este incidente pode ser das próprias partes da demanda, bem como pelo Ministério Público, pela Defensoria Pública ou até mesmo de ofício. O MP atuará como fiscal da Lei nos casos em que não houver a iniciativa.

Este requerimento deverá ser dirigido à presidência do tribunal, devidamente instruído com os documentos necessários à demonstração do preenchimento dos pressupostos para a sua instauração. Há isenção de custas.

O órgão responsável pelo julgamento é aquele que o regimento interno indicar dentre aqueles que tratam da uniformização de jurisprudência do próprio tribunal.

A inadmissão do incidente pode ser motivada por já existir quando o tribunal superior já tiver afetado recurso para definição de tese sobre questão de direito material ou processual repetitiva.

Pode também ser fundada, por exemplo, na ausência de risco à isonomia. Contudo, a inadmissão não impede a instauração de novo procedimento, caso sejam regularizadas as pendências.

Após a instauração, haverá publicidade do incidente, bem como do tema que trata.

Admitido o incidente, o relator suspenderá os processos individuais ou coletivos pendentes, que tramitam em sua área de jurisdição, bem como requisitar informações a órgãos em cujo juízo tramita processo no qual se discute o objeto do incidente.

Os requerimentos de tutelas de urgência podem ser apresentados nos próprios processos sobrestados e serão enfrentados nos respectivos juízos.

Este sobrestamento pode durar até 1 (um) ano. Findo o prazo sem solução, todos os processos voltam a tramitar, o que é extremamente salutar, pois a indefinição na solução atenta contra o tempo razoável de duração do processo. Porém a suspensão pode permanecer se o relator assim determinar e motivar.

O relator poderá admitir e ouvir terceiros na qualidade de *amicus curiae*. Também poderá designar audiência pública para a oitiva de pessoas com experiência e conhecimento na matéria.

Após a instrução, será designada data para julgamento. No dia, o relator fará a exposição do fato e na sequência será dado o direito de sustentação oral, pelo prazo de trinta minutos, que poderá ser ampliado dependendo dos números de inscritos para sustentar.

A decisão proferida pelo órgão competente de firmar a tese jurídica também deve analisar o recurso, a remessa necessária ou a causa de competência originária de que se originou este incidente.

Esta decisão será aplicada aos demais processos que versem sobre o mesmo tema na área em que o tribunal tem competência, inclusive perante os juizados especiais, o que soa inconstitucional quando confrontado com o art. 98 da CRFB, pois este estabelece que compete à turma, composta de juízes de primeiro grau, ser a instância revisora das decisões do sistema dos juizados. Também é aplicável aos futuros processos, que poderão ser resolvidos liminarmente.

A falta de observância da decisão do incidente motivará o uso da via de reclamação ao mesmo tribunal.

Também o poder executivo deve observar o teor da decisão neste incidente, em casos envolvendo a prestação de serviço concedido, permitido ou autorizado, razão pela qual se deve efetuar comunicação à agência reguladora competente para a fiscalização da efetiva aplicação.

A decisão deste incidente não gera coisa julgada ou preclusão quanto à tese firmada, embora gere coisa julgada no caso concreto que foi apreciado na sequência. No entanto é possível a revisão da tese no mesmo tribunal e pelos mesmos legitimados (*overruled*).

Esta decisão pode ser impugnada por recurso extraordinário ou especial, conforme o caso, muito embora estes passem a ter efeito suspensivo com presunção de existência de repercussão geral.

Capítulo 60

Recurso Ordinário, Especial e Extraordinário

60.1. Recurso ordinário

O NCPC passa a disciplinar o cabimento do recurso ordinário à luz do art. 102, inciso II c/c art. 105, inciso II, ambos da CRFB.

O NCPC permite agravo de instrumento diretamente no STJ quando se tratar de decisão interlocutória proferida nos processos mencionados no art. 109, II, CRFB. Obviamente, este agravo de instrumento não será para impugnar qualquer decisão, devendo ser observadas aquelas hipóteses em que o NCPC autoriza a interposição deste recurso.

O NCPC passa a estipular, expressamente, a aplicação da teoria da causa madura no recurso ordinário, o que conflita com entendimento atual do STF.

Indica, por fim, os órgãos de encaminhamento do recurso ordinário, dependendo da hipótese de cabimento envolvida. Também prevê a necessidade de intimação do recorrido para contrarrazões.

60.2. Recurso extraordinário e especial

O NCPC permite que o STF e o STJ desconsiderem vício formal e admitam um recurso tempestivo, desde que não o repute grave.

O recurso extraordinário e o recurso especial, nos casos previstos na Constituição Federal, serão interpostos perante o presidente ou o vice-presidente do tribunal recorrido, em petições distintas que conterão:

I — a exposição do fato e do direito;

II — a demonstração do cabimento do recurso interposto;

III — as razões do pedido de reforma ou de invalidação da decisão recorrida.

Quando o recurso fundar-se em dissídio jurisprudencial, o recorrente fará a prova da divergência com a certidão, cópia ou citação do repositório de jurisprudência, oficial ou credenciado, inclusive em mídia eletrônica, em que houver sido publicado o acórdão divergente, ou ainda com a reprodução de julgado disponível na rede mundial de computadores, com indicação da respectiva fonte, devendo-se, em qualquer caso, mencionar as circunstâncias que identifiquem ou assemelhem os casos confrontados.

Quando, por ocasião do processamento do incidente de resolução de demandas repetitivas, o presidente do Supremo Tribunal Federal ou do Superior Tribunal de Justiça receber requerimento de suspensão de processos em que se discuta questão federal constitucional ou infraconstitucional, poderá, considerando razões de segurança jurídica ou de excepcional interesse social, estender a suspensão a todo o território nacional, até ulterior decisão do recurso extraordinário ou do recurso especial a ser interposto.

O pedido de concessão de efeito suspensivo a recurso extraordinário ou a recurso especial poderá ser formulado por requerimento dirigido:

I — ao tribunal superior respectivo, no período compreendido entre a publicação da decisão de admissão do recurso e sua distribuição, ficando o relator designado para seu exame prevento para julgá-lo;

II — ao relator, se já distribuído o recurso;

III — ao presidente ou ao vice-presidente do tribunal recorrido, no período compreendido entre a interposição do recurso e a publicação da decisão de admissão do recurso, assim como no caso de o recurso ter sido sobrestado, nos termos do art. 1.037.

Recebida a petição do recurso pela secretaria do tribunal, o recorrido será intimado para apresentar contrarrazões no prazo de 15 (quinze) dias, findo o qual os autos serão conclusos ao presidente ou ao vice-presidente do tribunal recorrido, que deverá:

I — negar seguimento:

a) a recurso extraordinário que discuta questão constitucional à qual o Supremo Tribunal Federal não tenha reconhecido a existência de repercussão geral ou a recurso extraordinário interposto contra acórdão que esteja em conformidade com entendimento do Supremo Tribunal Federal exarado no regime de repercussão geral;

b) a recurso extraordinário ou a recurso especial interposto contra acórdão que esteja em conformidade com entendimento do Supremo Tribunal Federal ou do Superior Tribunal de Justiça, respectivamente, exarado no regime de julgamento de recursos repetitivos;

II — encaminhar o processo ao órgão julgador para realização do juízo de retratação, se o acórdão recorrido divergir do entendimento do Supremo Tribunal Federal ou do Superior Tribunal de Justiça exarado, conforme o caso, nos regimes de repercussão geral ou de recursos repetitivos;

III — sobrestar o recurso que versar sobre controvérsia de caráter repetitivo ainda não decidida pelo Supremo Tribunal Federal ou pelo Superior Tribunal de Justiça, conforme se trate de matéria constitucional ou infraconstitucional;

IV — selecionar o recurso como representativo de controvérsia constitucional ou infraconstitucional, nos termos do § 6º do art. 1.036 do CPC;

V — realizar o juízo de admissibilidade e, se positivo, remeter o feito ao Supremo Tribunal Federal ou ao Superior Tribunal de Justiça, desde que:

a) o recurso ainda não tenha sido submetido ao regime de repercussão geral ou de julgamento de recursos repetitivos;

b) o recurso tenha sido selecionado como representativo da controvérsia; ou

c) o tribunal recorrido tenha refutado o juízo de retratação.

Da decisão de inadmissibilidade proferida com fundamento no inciso V do art. 1.030 caberá agravo ao tribunal superior, nos termos do art. 1.042 do CPC.

Da decisão proferida com fundamento nos incisos I e III do art. 1.030 caberá agravo interno, nos termos do art. 1.021 do CPC.

Na hipótese de interposição conjunta de recurso extraordinário e recurso especial, os autos serão remetidos ao Superior Tribunal de Justiça.

Concluído o julgamento do recurso especial, os autos serão remetidos ao Supremo Tribunal Federal para apreciação do recurso extraordinário, se este não estiver prejudicado.

Se o relator do recurso especial considerar prejudicial o recurso extraordinário, em decisão irrecorrível, sobrestará o julgamento e remeterá os autos ao Supremo Tribunal Federal. Nesta hipótese, se o relator do recurso extraordinário, em decisão irrecorrível, rejeitar a prejudicialidade, devolverá os autos ao Superior Tribunal de Justiça para o julgamento do recurso especial.

Se o relator, no Superior Tribunal de Justiça, entender que o recurso especial versa sobre questão constitucional, deverá conceder prazo de 15 (quinze) dias para que o recorrente demonstre a existência de repercussão geral e se manifeste sobre a questão constitucional.

> Parágrafo único. Cumprida a diligência de que trata o *caput*, o relator remeterá o recurso ao Supremo Tribunal Federal, que, em juízo de admissibilidade, poderá devolvê-lo ao Superior Tribunal de Justiça.

Se o Supremo Tribunal Federal considerar como reflexa a ofensa à Constituição afirmada no recurso extraordinário, por pressupor a revisão da interpretação de lei federal ou de tratado, remetê-lo-á ao Superior Tribunal de Justiça para julgamento como recurso especial.

Admitido o recurso extraordinário ou o recurso especial, o Supremo Tribunal Federal ou o Superior Tribunal de Justiça julgará o processo, aplicando o direito.

Admitido o recurso extraordinário ou o recurso especial por um fundamento, devolve-se ao tribunal superior o conhecimento dos demais fundamentos para a solução do capítulo impugnado.

O Supremo Tribunal Federal, em decisão irrecorrível, não conhecerá do recurso extraordinário quando a questão constitucional nele versada não tiver repercussão geral, nos termos deste artigo.

Para efeito de repercussão geral, será considerada a existência ou não de questões relevantes do ponto de vista econômico, político, social ou jurídico que ultrapassem os interesses subjetivos do processo.

O recorrente deverá demonstrar a existência de repercussão geral para apreciação exclusiva pelo Supremo Tribunal Federal.

Haverá repercussão geral sempre que o recurso impugnar acórdão que: a) contrarie súmula ou jurisprudência dominante do Supremo Tribunal Federal; b) tenha reconhecido a inconstitucionalidade de tratado ou de lei federal, nos termos do art. 97 da Constituição Federal.

O relator poderá admitir, na análise da repercussão geral, a manifestação de terceiros, subscrita por procurador habilitado, nos termos do Regimento Interno do Supremo Tribunal Federal.

Reconhecida a repercussão geral, o relator no Supremo Tribunal Federal determinará a suspensão do processamento de todos os processos pendentes, individuais ou coletivos, que versem sobre a questão e tramitem no território nacional.

O interessado pode requerer, ao presidente ou ao vice-presidente do tribunal de origem, que exclua da decisão de sobrestamento e inadmita o recurso extraordinário que tenha sido interposto intempestivamente, tendo o recorrente o prazo de 5 (cinco) dias para manifestar-se sobre esse requerimento.

Da decisão que indeferir o requerimento referido no § 6º ou que aplicar entendimento firmado em regime de repercussão geral ou em julgamento de recursos repetitivos caberá agravo interno.

Negada a repercussão geral, o presidente ou o vice-presidente do tribunal de origem negará seguimento aos recursos extraordinários sobrestados na origem que versem sobre matéria idêntica.

O recurso que tiver a repercussão geral reconhecida deverá ser julgado no prazo de 1 (um) ano e terá preferência sobre os demais feitos, ressalvados os que envolvam réu preso e os pedidos de *habeas corpus*.

A súmula da decisão sobre a repercussão geral constará de ata, que será publicada no diário oficial e valerá como acórdão.

Acerca do julgamento dos recursos extraordinário e especial repetitivos, assim reza o CPC:

> "Art. 1.036. Sempre que houver multiplicidade de recursos extraordinários ou especiais com fundamento em idêntica questão de direito, haverá afetação para julgamento de acordo com as disposições desta Subseção, observado o disposto no Regimento Interno do Supremo Tribunal Federal e no do Superior Tribunal de Justiça.
>
> § 1º O presidente ou o vice-presidente de tribunal de justiça ou de tribunal regional federal selecionará 2 (dois) ou mais recursos representativos da controvérsia, que serão encaminhados ao Supremo Tribunal Federal ou ao Superior Tribunal de Justiça para fins de afetação, determinando a suspensão do trâmite de todos os processos pendentes, individuais ou coletivos, que tramitem no Estado ou na região, conforme o caso.
>
> § 2º O interessado pode requerer, ao presidente ou ao vice-presidente, que exclua da decisão de sobrestamento e inadmita o recurso especial ou o recurso extraordinário que tenha sido interposto intempestivamente, tendo o recorrente o prazo de 5 (cinco) dias para manifestar-se sobre esse requerimento.
>
> § 3º Da decisão que indeferir o requerimento referido no § 2º caberá apenas agravo interno. (Redação dada pela Lei n. 13.256, de 2016)
>
> § 4º A escolha feita pelo presidente ou vice-presidente do tribunal de justiça ou do tribunal regional federal não vinculará o relator no tribunal superior, que poderá selecionar outros recursos representativos da controvérsia.
>
> § 5º O relator em tribunal superior também poderá selecionar 2 (dois) ou mais recursos representativos da controvérsia para julgamento da questão de direito independentemente da iniciativa do presidente ou do vice-presidente do tribunal de origem.

§ 6º Somente podem ser selecionados recursos admissíveis que contenham abrangente argumentação e discussão a respeito da questão a ser decidida.

Art. 1.037. Selecionados os recursos, o relator, no tribunal superior, constatando a presença do pressuposto do *caput* do art. 1.036, proferirá decisão de afetação, na qual:

I — identificará com precisão a questão a ser submetida a julgamento;

II — determinará a suspensão do processamento de todos os processos pendentes, individuais ou coletivos, que versem sobre a questão e tramitem no território nacional;

III — poderá requisitar aos presidentes ou aos vice-presidentes dos tribunais de justiça ou dos tribunais regionais federais a remessa de um recurso representativo da controvérsia.

§ 1º Se, após receber os recursos selecionados pelo presidente ou pelo vice-presidente de tribunal de justiça ou de tribunal regional federal, não se proceder à afetação, o relator, no tribunal superior, comunicará o fato ao presidente ou ao vice-presidente que os houver enviado, para que seja revogada a decisão de suspensão referida no art. 1.036, § 1º.

§ 2º (Revogado pela Lei n. 13.256, de 2016).

§ 3º Havendo mais de uma afetação, será prevento o relator que primeiro tiver proferido a decisão a que se refere o inciso I do *caput*.

§ 4º Os recursos afetados deverão ser julgados no prazo de 1 (um) ano e terão preferência sobre os demais feitos, ressalvados os que envolvam réu preso e os pedidos de habeas corpus.

§ 5º (Revogado pela Lei n. 13.256, de 2016).

§ 6º Ocorrendo a hipótese do § 5º, é permitido a outro relator do respectivo tribunal superior afetar 2 (dois) ou mais recursos representativos da controvérsia na forma do art. 1.036.

§ 7º Quando os recursos requisitados na forma do inciso III do *caput* contiverem outras questões além daquela que é objeto da afetação, caberá ao tribunal decidir esta em primeiro lugar e depois as demais, em acórdão específico para cada processo.

§ 8º As partes deverão ser intimadas da decisão de suspensão de seu processo, a ser proferida pelo respectivo juiz ou relator quando informado da decisão a que se refere o inciso II do *caput*.

§ 9º Demonstrando distinção entre a questão a ser decidida no processo e aquela a ser julgada no recurso especial ou extraordinário afetado, a parte poderá requerer o prosseguimento do seu processo.

§ 10. O requerimento a que se refere o § 9º será dirigido:

I — ao juiz, se o processo sobrestado estiver em primeiro grau;

II — ao relator, se o processo sobrestado estiver no tribunal de origem;

III — ao relator do acórdão recorrido, se for sobrestado recurso especial ou recurso extraordinário no tribunal de origem;

IV — ao relator, no tribunal superior, de recurso especial ou de recurso extraordinário cujo processamento houver sido sobrestado.

§ 11. A outra parte deverá ser ouvida sobre o requerimento a que se refere o § 9º, no prazo de 5 (cinco) dias.

§ 12. Reconhecida a distinção no caso:

I — dos incisos I, II e IV do § 10, o próprio juiz ou relator dará prosseguimento ao processo;

II — do inciso III do § 10, o relator comunicará a decisão ao presidente ou ao vice-presidente que houver determinado o sobrestamento, para que o recurso especial ou o recurso extraordinário seja encaminhado ao respectivo tribunal superior, na forma do art. 1.030, parágrafo único.

§ 13. Da decisão que resolver o requerimento a que se refere o § 9º caberá:

I — agravo de instrumento, se o processo estiver em primeiro grau;

II — agravo interno, se a decisão for de relator.

Art. 1.038. O relator poderá:

I — solicitar ou admitir manifestação de pessoas, órgãos ou entidades com interesse na controvérsia, considerando a relevância da matéria e consoante dispuser o regimento interno;

II — fixar data para, em audiência pública, ouvir depoimentos de pessoas com experiência e conhecimento na matéria, com a finalidade de instruir o procedimento;

III — requisitar informações aos tribunais inferiores a respeito da controvérsia e, cumprida a diligência, intimará o Ministério Público para manifestar-se.

§ 1º No caso do inciso III, os prazos respectivos são de 15 (quinze) dias, e os atos serão praticados, sempre que possível, por meio eletrônico.

§ 2º Transcorrido o prazo para o Ministério Público e remetida cópia do relatório aos demais ministros, haverá inclusão em pauta, devendo ocorrer o julgamento com preferência sobre os demais feitos, ressalvados os que envolvam réu preso e os pedidos de *habeas corpus*.

§ 3º O conteúdo do acórdão abrangerá a análise dos fundamentos relevantes da tese jurídica discutida. (Redação dada pela Lei n. 13.256, de 2016)

Art. 1.039. Decididos os recursos afetados, os órgãos colegiados declararão prejudicados os demais recursos versando sobre idêntica controvérsia ou os decidirão aplicando a tese firmada.

Parágrafo único. Negada a existência de repercussão geral no recurso extraordinário afetado, serão considerados automaticamente inadmitidos os recursos extraordinários cujo processamento tenha sido sobrestado.

Art. 1.040. Publicado o acórdão paradigma:

I — o presidente ou o vice-presidente do tribunal de origem negará seguimento aos recursos especiais ou extraordinários sobrestados na origem, se o acórdão recorrido coincidir com a orientação do tribunal superior;

II — o órgão que proferiu o acórdão recorrido, na origem, reexaminará o processo de competência originária, a remessa necessária ou o recurso anteriormente julgado, se o acórdão recorrido contrariar a orientação do tribunal superior;

III — os processos suspensos em primeiro e segundo graus de jurisdição retomarão o curso para julgamento e aplicação da tese firmada pelo tribunal superior;

IV — se os recursos versarem sobre questão relativa a prestação de serviço público objeto de concessão, permissão ou autorização, o resultado do julgamento será comunicado ao órgão, ao ente ou à agência reguladora competente para fiscalização da efetiva aplicação, por parte dos entes sujeitos a regulação, da tese adotada.

§ 1º A parte poderá desistir da ação em curso no primeiro grau de jurisdição, antes de proferida a sentença, se a questão nela discutida for idêntica à resolvida pelo recurso representativo da controvérsia.

§ 2º Se a desistência ocorrer antes de oferecida contestação, a parte ficará isenta do pagamento de custas e de honorários de sucumbência.

§ 3º A desistência apresentada nos termos do § 1º independe de consentimento do réu, ainda que apresentada contestação.

Art. 1.041. Mantido o acórdão divergente pelo tribunal de origem, o recurso especial ou extraordinário será remetido ao respectivo tribunal superior, na forma do art. 1.036, § 1º.

§ 1º Realizado o juízo de retratação, com alteração do acórdão divergente, o tribunal de origem, se for o caso, decidirá as demais questões ainda não decididas cujo enfrentamento se tornou necessário em decorrência da alteração.

§ 2º Quando ocorrer a hipótese do inciso II do *caput* do art. 1.040 e o recurso versar sobre outras questões, caberá ao presidente ou ao vice-presidente do tribunal recorrido, depois do reexame pelo órgão de origem e independentemente de ratificação do recurso, sendo positivo o juízo de admissibilidade, determinar a remessa do recurso ao tribunal superior para julgamento das demais questões. (Redação dada pela Lei n. 13.256, de 2016)."

Capítulo 61

Reclamação e Novo CPC

Caberá reclamação da parte interessada ou do Ministério Público para:

I — preservar a competência do tribunal;

II — garantir a autoridade das decisões do tribunal;

III — garantir a observância de enunciado de súmula vinculante e de decisão do Supremo Tribunal Federal em controle concentrado de constitucionalidade;

IV — garantir a observância de acórdão proferido em julgamento de incidente de resolução de demandas repetitivas ou de incidente de assunção de competência.

A reclamação pode ser proposta perante qualquer tribunal, e seu julgamento compete ao órgão jurisdicional cuja competência se busca preservar ou cuja autoridade se pretenda garantir.

A reclamação deverá ser instruída com prova documental e dirigida ao presidente do tribunal.

Assim que recebida, a reclamação será autuada e distribuída ao relator do processo principal, sempre que possível.

As hipóteses dos incisos III e IV acima descritas compreendem a aplicação indevida da tese jurídica e sua não aplicação aos casos que a ela correspondam.

É inadmissível a reclamação:

I — proposta após o trânsito em julgado da decisão reclamada;

II — proposta para garantir a observância de acórdão de recurso extraordinário com repercussão geral reconhecida ou de acórdão proferido em julgamento de recursos extraordinário ou especial repetitivos, quando não esgotadas as instâncias ordinárias.

A inadmissibilidade ou o julgamento do recurso interposto contra a decisão proferida pelo órgão reclamado não prejudica a reclamação.

Ao despachar a reclamação, o relator:

I — requisitará informações da autoridade a quem for imputada a prática do ato impugnado, que as prestará no prazo de 10 (dez) dias;

II — se necessário, ordenará a suspensão do processo ou do ato impugnado para evitar dano irreparável;

III — determinará a citação do beneficiário da decisão impugnada, que terá prazo de 15 (quinze) dias para apresentar a sua contestação.

Qualquer interessado poderá impugnar o pedido do reclamante.

Na reclamação que não houver formulado, o Ministério Público terá vista do processo por 5 (cinco) dias, após o decurso do prazo para informações e para o oferecimento da contestação pelo beneficiário do ato impugnado.

Julgando procedente a reclamação, o tribunal cassará a decisão exorbitante de seu julgado ou determinará medida adequada à solução da controvérsia.

O presidente do tribunal determinará o imediato cumprimento da decisão, lavrando-se o acórdão posteriormente.

ANEXOS

INSTRUÇÃO NORMATIVA N. 39 — TST

RESOLUÇÃO N. 203, DE 15 DE MARÇO DE 2016. Edita a Instrução Normativa n. 39, que dispõe sobre as normas do Código de Processo Civil de 2015 aplicáveis e inaplicáveis ao Processo do Trabalho, de forma não exaustiva.

O EGRÉGIO PLENO DO TRIBUNAL SUPERIOR DO TRABALHO, em Sessão Extraordinária hoje realizada, sob a Presidência do Excelentíssimo Senhor Ministro Ives Gandra da Silva Martins Filho, Presidente do Tribunal, presentes os Excelentíssimos Senhores Ministros Emmanoel Pereira, Vice-Presidente do Tribunal, Renato de Lacerda Paiva, Corregedor-Geral da Justiça do Trabalho, João Oreste Dalazen, Antonio José de Barros Levenhagen, João Batista Brito Pereira, Maria Cristina Irigoyen Peduzzi, Aloysio Corrêa da Veiga, Luiz Philippe Vieira de Mello Filho, Alberto Luiz Bresciani de Fontan Pereira, Maria de Assis Calsing, Dora Maria da Costa, Guilherme Augusto Caputo Bastos, Márcio Eurico Vitral Amaro, Walmir Oliveira da Costa, Maurício Godinho Delgado, Kátia Magalhães Arruda, Augusto César Leite de Carvalho, José Roberto Freire Pimenta, Delaíde Alves Miranda Arantes, Hugo Carlos Scheuermann, Alexandre de Souza Agra Belmonte, Cláudio Mascarenhas Brandão, Douglas Alencar Rodrigues, Maria Helena Mallmann e a Excelentíssima Vice-Procuradora-Geral do Trabalho, Drª Cristina Aparecida Ribeiro Brasiliano,

> considerando a vigência de novo Código de Processo Civil (Lei n. 13.105, de 17.3.2015) a partir de 18 de março de 2016, considerando a imperativa necessidade de o Tribunal Superior do Trabalho posicionar-se, ainda que de forma não exaustiva, sobre as normas do Código de Processo Civil de 2015 aplicáveis e inaplicáveis ao Processo do Trabalho,
>
> considerando que as normas dos arts. 769 e 889 da CLT não foram revogadas pelo art. 15 do CPC de 2015, em face do que estatui o art. 2º, § 2º, da Lei de Introdução às Normas do Direito Brasileiro,
>
> considerando a plena possibilidade de compatibilização das normas em apreço,
>
> considerando o disposto no art. 1.046, § 2º, do CPC, que expressamente preserva as "disposições especiais dos procedimentos regulados em outras leis", dentre as quais sobressaem as normas especiais que disciplinam o Direito Processual do Trabalho,

considerando o escopo de identificar apenas questões polêmicas e algumas das questões inovatórias relevantes para efeito de aferir a compatibilidade ou não de aplicação subsidiária ou supletiva ao Processo do Trabalho do Código de Processo Civil de 2015,

considerando a exigência de transmitir segurança jurídica aos jurisdicionados e órgãos da Justiça do Trabalho, bem assim o escopo de prevenir nulidades processuais em detrimento da desejável celeridade,

considerando que o Código de Processo Civil de 2015 não adota de forma absoluta a observância do princípio do contraditório prévio como vedação à decisão surpresa, como transparece, entre outras, das hipóteses de julgamento liminar de improcedência do pedido (art. 332, *caput* e § 1º, conjugado com a norma explícita do parágrafo único do art. 487), de tutela provisória liminar de urgência ou da evidência (parágrafo único do art. 9º) e de indeferimento liminar da petição inicial (CPC, art. 330),

considerando que o conteúdo da aludida garantia do contraditório há que se compatibilizar com os princípios da celeridade, da oralidade e da concentração de atos processuais no Processo do Trabalho, visto que este, por suas especificidades e pela natureza alimentar das pretensões nele deduzidas, foi concebido e estruturado para a outorga rápida e impostergável da tutela jurisdicional (CLT, art. 769),

considerando que está *sub judice* no Tribunal Superior do Trabalho a possibilidade de imposição de multa pecuniária ao executado e de liberação de depósito em favor do exequente, na pendência de recurso, o que obsta, de momento, qualquer manifestação da Corte sobre a incidência no Processo do Trabalho das normas dos arts. 520 a 522 e § 1º do art. 523 do CPC de 2015,

considerando que os enunciados de súmulas dos Tribunais do Trabalho a que se referem os incisos V e VI do § 1º do art. 489 do CPC de 2015 são exclusivamente os que contenham os fundamentos determinantes da decisão (*ratio decidendi* — art. 926, § 2º),

Resolve

Aprovar a Instrução Normativa n. 39, nos seguintes termos:

Instrução Normativa n. 39/2016

Dispõe sobre as normas do Código de Processo Civil de 2015 aplicáveis e inaplicáveis ao Processo do Trabalho, de forma não exaustiva.

Art. 1º Aplica-se o Código de Processo Civil, subsidiária e supletivamente, ao Processo do Trabalho, em caso de omissão e desde que haja compatibilidade com as normas e princípios do Direito Processual do Trabalho, na forma dos arts. 769 e 889 da CLT e do art. 15 da Lei n. 13.105, de 17.3.2015.

§ 1º Observar-se-á, em todo caso, o princípio da irrecorribilidade em separado das decisões interlocutórias, de conformidade com o art. 893, § 1º da CLT e Súmula n. 214 do TST.

§ 2º O prazo para interpor e contra-arrazoar todos os recursos trabalhistas, inclusive agravo interno e agravo regimental, é de oito dias (art. 6º da Lei n. 5.584/70 e art. 893 da CLT), exceto embargos de declaração (CLT, art. 897-A).

Art. 2º Sem prejuízo de outros, não se aplicam ao Processo do Trabalho, em razão de inexistência de omissão ou por incompatibilidade, os seguintes preceitos do Código de Processo Civil:

I — art. 63 (modificação da competência territorial e eleição de foro);

II — art. 190 e parágrafo único (negociação processual);

III — art. 219 (contagem de prazos em dias úteis);

IV — art. 334 (audiência de conciliação ou de mediação);

V — art. 335 (prazo para contestação);

VI — art. 362, III (adiamento da audiência em razão de atraso injustificado superior a 30 minutos);

VII — art. 373, §§ 3º e 4º (distribuição diversa do ônus da prova por convenção das partes);

VIII — arts. 921, §§ 4º e 5º, e 924, V (prescrição intercorrente);

IX — art. 942 e parágrafos (prosseguimento de julgamento não unânime de apelação);

X — art. 944 (notas taquigráficas para substituir acórdão);

XI — art. 1.010, § 3º (desnecessidade de o juízo *a quo* exercer controle de admissibilidade na apelação);

XII — arts. 1.043 e 1.044 (embargos de divergência);

XIII — art. 1.070 (prazo para interposição de agravo).

Art. 3º Sem prejuízo de outros, aplicam-se ao Processo do Trabalho, em face de omissão e compatibilidade, os preceitos do Código de Processo Civil que regulam os seguintes temas:

I — art. 76, §§ 1º e 2º (saneamento de incapacidade processual ou de irregularidade de representação);

II — art. 138 e parágrafos (*amicus curiae*);

III — art. 139, exceto a parte final do inciso V (poderes, deveres e responsabilidades do juiz);

IV — art. 292, V (valor pretendido na ação indenizatória, inclusive a fundada em dano moral);

V — art. 292, § 3º (correção de ofício do valor da causa);

VI — arts. 294 a 311 (tutela provisória);

VII — art. 373, §§ 1º e 2º (distribuição dinâmica do ônus da prova);

VIII — art. 485, § 7º (juízo de retratação no recurso ordinário);

IX — art. 489 (fundamentação da sentença);

X — art. 496 e parágrafos (remessa necessária);

XI — arts. 497 a 501 (tutela específica);

XII — arts. 536 a 538 (cumprimento de sentença que reconheça a exigibilidade de obrigação de fazer, de não fazer ou de entregar coisa);

XIII — arts. 789 a 796 (responsabilidade patrimonial);

XIV — art. 805 e parágrafo único (obrigação de o executado indicar outros meios mais eficazes e menos onerosos para promover a execução);

XV — art. 833, incisos e parágrafos (bens impenhoráveis);

XVI — art. 835, incisos e §§ 1º e 2º (ordem preferencial de penhora);

XVII — art. 836, §§ 1º e 2º (procedimento quando não encontrados bens penhoráveis);

XVIII — art. 841, §§ 1º e 2º (intimação da penhora);

XIX — art. 854 e parágrafos (BacenJUD);

XX — art. 895 (pagamento parcelado do lanço);

XXI — art. 916 e parágrafos (parcelamento do crédito exequendo);

XXII — art. 918 e parágrafo único (rejeição liminar dos embargos à execução);

XXIII — arts. 926 a 928 (jurisprudência dos tribunais);

XXIV — art. 940 (vista regimental);

XXV — art. 947 e parágrafos (incidente de assunção de competência);

XXVI — arts. 966 a 975 (ação rescisória);

XXVII — arts. 988 a 993 (reclamação);

XXVIII — arts. 1.013 a 1.014 (efeito devolutivo do recurso ordinário — força maior);

XXIX — art. 1.021 (salvo quanto ao prazo do agravo interno).

Art. 4º Aplicam-se ao Processo do Trabalho as normas do CPC que regulam o princípio do contraditório, em especial os arts. 9º e 10, no que vedam a decisão surpresa.

§ 1º Entende-se por "decisão surpresa" a que, no julgamento final do mérito da causa, em qualquer grau de jurisdição, aplicar fundamento jurídico ou embasar-se em fato não submetido à audiência prévia de uma ou de ambas as partes.

§ 2º Não se considera "decisão surpresa" a que, à luz do ordenamento jurídico nacional e dos princípios que informam o Direito Processual do Trabalho, as partes tinham obrigação de prever, concernente às condições da ação, aos pressupostos de admissibilidade de recurso e aos pressupostos processuais, salvo disposição legal expressa em contrário.

Art. 5º Aplicam-se ao Processo do Trabalho as normas do art. 356, §§ 1º a 4º, do CPC que regem o julgamento antecipado parcial do mérito, cabendo recurso ordinário de imediato da sentença.

Art. 6º Aplica-se ao Processo do Trabalho o incidente de desconsideração da personalidade jurídica regulado no Código de Processo Civil (arts. 133 a 137), assegurada a iniciativa também do juiz do trabalho na fase de execução (CLT, art. 878).

§ 1º Da decisão interlocutória que acolher ou rejeitar o incidente:

I — na fase de cognição, não cabe recurso de imediato, na forma do art. 893, § 1º, da CLT;

II — na fase de execução, cabe agravo de petição, independentemente de garantia do juízo;

III — cabe agravo interno se proferida pelo Relator, em incidente instaurado originariamente no tribunal (CPC, art. 932, inciso VI).

§ 2º A instauração do incidente suspenderá o processo, sem prejuízo de concessão da tutela de urgência de natureza cautelar de que trata o art. 301 do CPC.

Art. 7º Aplicam-se ao Processo do Trabalho as normas do art. 332 do CPC, com as necessárias adaptações à legislação processual trabalhista, cumprindo ao juiz do trabalho julgar liminarmente improcedente o pedido que contrariar:

I — enunciado de súmula do Supremo Tribunal Federal ou do Tribunal Superior do Trabalho (CPC, art. 927, inciso V);

II — acórdão proferido pelo Supremo Tribunal Federal ou pelo Tribunal Superior do Trabalho em julgamento de recursos repetitivos (CLT, art. 896-B; CPC, art. 1.046, § 4º);

III — entendimento firmado em incidente de resolução de demandas repetitivas ou de assunção de competência;

IV — enunciado de súmula de Tribunal Regional do Trabalho sobre direito local, convenção coletiva de trabalho, acordo coletivo de trabalho, sentença normativa ou regulamento empresarial de observância obrigatória em área territorial que não exceda à jurisdição do respectivo Tribunal (CLT, art. 896, "b", a *contrario sensu*).

Parágrafo único. O juiz também poderá julgar liminarmente improcedente o pedido se verificar, desde logo, a ocorrência de decadência.

Art. 8º Aplicam-se ao Processo do Trabalho as normas dos arts. 976 a 986 do CPC que regem o Incidente de Resolução de Demandas Repetitivas (IRDR).

§ 1º Admitido o incidente, o relator suspenderá o julgamento dos processos pendentes, individuais ou coletivos, que tramitam na Região, no tocante ao tema objeto de IRDR, sem prejuízo da instrução integral das causas e do julgamento dos eventuais pedidos distintos e cumulativos igualmente deduzidos em tais processos, inclusive, se for o caso, do julgamento antecipado parcial do mérito.

§ 2º Do julgamento do mérito do incidente caberá recurso de revista para o Tribunal Superior do Trabalho, dotado de efeito meramente devolutivo, nos termos dos arts. 896 e 899 da CLT.

§ 3º Apreciado o mérito do recurso, a tese jurídica adotada pelo Tribunal Superior do Trabalho será aplicada no território nacional a todos os processos, individuais ou coletivos, que versem sobre idêntica questão de direito.

Art. 9º O cabimento dos embargos de declaração no Processo do Trabalho, para impugnar qualquer decisão judicial, rege-se pelo art. 897-A da CLT e, supletivamente, pelo Código de Processo Civil (arts. 1.022 a 1.025; §§ 2º, 3º e 4º do art. 1.026), excetuada a garantia de prazo em dobro para litisconsortes (§ 1º do art. 1.023).

Parágrafo único. A omissão para fins do prequestionamento ficto a que alude o art. 1.025 do CPC dá-se no caso de o Tribunal Regional do Trabalho, mesmo instado mediante embargos de declaração, recusar-se a emitir tese sobre questão jurídica pertinente, na forma da Súmula n. 297, item III, do Tribunal Superior do Trabalho.

Art. 10. Aplicam-se ao Processo do Trabalho as normas do parágrafo único do art. 932 do CPC, §§ 1º a 4º do art. 938 e §§ 2º e 7º do art. 1.007.

Parágrafo único. A insuficiência no valor do preparo do recurso, no Processo do Trabalho, para os efeitos do § 2º do art. 1.007 do CPC, concerne unicamente às custas processuais, não ao depósito recursal.

Art. 11. Não se aplica ao Processo do Trabalho a norma do art. 459 do CPC no que permite a inquirição direta das testemunhas pela parte (CLT, art. 820).

Art. 12. Aplica-se ao Processo do Trabalho o parágrafo único do art. 1.034 do CPC. Assim, admitido o recurso de revista por um fundamento, devolve-se ao Tribunal Superior do Trabalho o conhecimento dos demais fundamentos para a solução apenas do capítulo impugnado.

Art. 13. Por aplicação supletiva do art. 784, I (art. 15 do CPC), o cheque e a nota promissória emitidos em reconhecimento de dívida inequivocamente de natureza trabalhista também são títulos extrajudiciais para efeito de execução perante a Justiça do Trabalho, na forma do art. 876 e segs. da CLT.

Art. 14. Não se aplica ao Processo do Trabalho o art. 165 do CPC, salvo nos conflitos coletivos de natureza econômica (Constituição Federal, art. 114, §§ 1º e 2º).

Art. 15. O atendimento à exigência legal de fundamentação das decisões judiciais (CPC, art. 489, § 1º) no Processo do Trabalho observará o seguinte:

I — por força dos arts. 332 e 927 do CPC, adaptados ao Processo do Trabalho, para efeito dos incisos V e VI do § 1º do art. 489 considera-se "precedente" apenas:

a) acórdão proferido pelo Supremo Tribunal Federal ou pelo Tribunal Superior do Trabalho em julgamento de recursos repetitivos (CLT, art. 896-B; CPC, art. 1.046, § 4º);

b) entendimento firmado em incidente de resolução de demandas repetitivas ou de assunção de competência;

c) decisão do Supremo Tribunal Federal em controle concentrado de constitucionalidade;

d) tese jurídica prevalecente em Tribunal Regional do Trabalho e não conflitante com súmula ou orientação jurisprudencial do Tribunal Superior do Trabalho (CLT, art. 896, § 6º);

e) decisão do plenário, do órgão especial ou de seção especializada competente para uniformizar a jurisprudência do tribunal a que o juiz estiver vinculado ou do Tribunal Superior do Trabalho.

II — para os fins do art. 489, § 1º, incisos V e VI, do CPC, considerar-se-ão unicamente os precedentes referidos no item anterior, súmulas do Supremo Tribunal Federal, orientação jurisprudencial e súmula do Tribunal Superior do Trabalho, súmula de Tribunal Regional do Trabalho não conflitante com súmula ou orientação jurisprudencial do TST, que contenham explícita referência aos fundamentos determinantes da decisão (*ratio decidendi*).

III — não ofende o art. 489, § 1º, inciso IV, do CPC a decisão que deixar de apreciar questões cujo exame haja ficado prejudicado em razão da análise anterior de questão subordinante.

IV — o art. 489, § 1º, IV, do CPC não obriga o juiz ou o Tribunal a enfrentar os fundamentos jurídicos invocados pela parte, quando já tenham sido examinados na formação dos precedentes obrigatórios ou nos fundamentos determinantes de enunciado de súmula.

V — decisão que aplica a tese jurídica firmada em precedente, nos termos do item I, não precisa enfrentar os fundamentos já analisados na decisão paradigma, sendo suficiente, para fins de atendimento das exigências constantes no art. 489, § 1º, do CPC, a correlação fática e jurídica entre o caso concreto e aquele apreciado no incidente de solução concentrada.

VI — é ônus da parte, para os fins do disposto no art. 489, § 1º, V e VI, do CPC, identificar os fundamentos determinantes ou demonstrar a existência de distinção no caso em julgamento ou a superação do entendimento, sempre que invocar precedente ou enunciado de súmula.

Art. 16. Para efeito de aplicação do § 5º do art. 272 do CPC, não é causa de nulidade processual a intimação realizada na pessoa de advogado regularmente habilitado nos autos, ainda que conste pedido expresso para que as comunicações dos atos processuais sejam feitas em nome de outro advogado, se o profissional indicado não se encontra previamente cadastrado no Sistema de Processo Judicial Eletrônico, impedindo a serventia judicial de atender ao requerimento de envio da intimação direcionada. A decretação de nulidade não pode ser acolhida em favor da parte que lhe deu causa (CPC, art. 276).

Art. 17. Sem prejuízo da inclusão do devedor no Banco Nacional de Devedores Trabalhistas (CLT, art. 642-A), aplicam-se à execução trabalhista as normas dos arts. 495, 517 e 782, §§ 3º, 4º e 5º do CPC, que tratam respectivamente da hipoteca judiciária, do protesto de decisão judicial e da inclusão do nome do executado em cadastros de inadimplentes.

Art. 18. Esta Instrução Normativa entrará em vigor na data da sua publicação.

Ministro Ives Gandra da Silva Martins Filho
Presidente do Tribunal Superior do Trabalho

Breve Exposição de Motivos à Instrução Normativa n. 39 do TST

A preocupação com os profundos impactos do novo Código de Processo Civil (Lei n. 13.105, de 17.3.2015) no processo do trabalho, mais que aconselhar, impõe um posicionamento do Tribunal Superior do Trabalho sobre a matéria, mediante Instrução Normativa.

A proposta que ora se apresenta toma como premissa básica e viga mestra a não revogação dos arts. 769 e 889 da CLT pelo art. 15 do CPC de 2015, seja em face do que estatui o art. 2º, § 2º, da Lei de Introdução às Normas do Direito Brasileiro, seja à luz do art. 1.046, § 2º, do NCPC.

Daí que a tônica central e fio condutor da Instrução Normativa é somente permitir a invocação subsidiária ou supletiva do NCPC caso haja omissão e também compatibilidade com as normas e os princípios do Direito Processual do Trabalho. Entendemos que a norma do art. 15 do NCPC não constitui sinal verde para a transposição de qualquer instituto do processo civil para o processo do trabalho, ante a mera constatação de omissão, sob pena de desfigurar-se todo o especial arcabouço principiológico e axiológico que norteia e fundamenta o Direito Processual do Trabalho.

Nesta perspectiva, a Instrução Normativa identificou e apontou três categorias de normas do NCPC, com vistas à invocação, ou não, no processo do trabalho: **a)** as não aplicáveis (art. 2º); **b)** as aplicáveis (art. 3º); **c)** as aplicáveis em termos, isto é, com as necessárias adaptações (as demais referidas na IN a partir do art. 4º).

Não se quis, nem se poderia, exaurir na Instrução Normativa o elenco de normas de tais categorias. O escopo primacial foi o exame de algumas das mais relevantes questões inovatórias e, em especial, das questões jurídico-processuais mais controvertidas que o NCPC suscita, com os olhos fitos no campo trabalhista.

A aplicação no processo do trabalho da nova concepção de princípio do contraditório adotada pelo NCPC (arts. 9º e 10), no que veda a decisão surpresa, constituiu-se em uma das mais tormentosas e atormentadoras questões com que se viu a braços a Comissão. Prevaleceu uma solução de compromisso:

a) de um lado, aplica-o na plenitude no julgamento do mérito da causa (art. 4º, § 1º, da IN) e, portanto, na esfera do direito material, de forma a impedir a adoção de fundamento jurídico não debatido previamente pelas partes; persiste a possibilidade de o órgão jurisdicional invocar o brocardo *jura novit curia*, mas não sem audiência prévia das partes;

b) de outro lado, no plano estritamente processual, mitigou-se o rigor da norma (art. 4º, § 2º, da IN); para tanto, concorreram vários fatores:

b1) as especificidades do processo trabalhista (mormente a exigência fundamental de celeridade em virtude da natureza alimentar das pretensões deduzidas em juízo);

b2) a preservação pelo próprio CPC/2015 (art. 1.046, § 2º) das "disposições especiais dos procedimentos regulados em outras leis", dentre as quais sobressai a CLT;

b3) o próprio Código de Processo Civil não adota de forma absoluta a observância do princípio do contraditório prévio como vedação à decisão surpresa;

b4) a experiência do direito comparado europeu, berço da nova concepção de contraditório, que recomenda algum temperamento em sua aplicação; tome-se, a título de ilustração, a seguinte decisão do Tribunal das Relações de Portugal de 2004:

"A **decisão surpresa** apenas emerge quando ela comporte uma solução jurídica que, perante os factos controvertidos, as partes **não tinham** obrigação de **prever**."

Daí a diretriz assumida pela IN, *a contrario sensu*: **não** se reputa "decisão surpresa" a que as partes **tinham** obrigação de prever, concernente às condições da ação, aos pressupostos de admissibilidade de recurso e aos pressupostos processuais. Ainda aqui, todavia, a IN ressalva os casos excepcionais em que, a propósito desses institutos, há disposição legal **expressa** determinando a audiência prévia da parte, a exemplo das normas dos §§ 2º e 7º do art. 1.007 e §§ 1º a 4º do art. 938 do CPC de 2015.

A Comissão reputou inafastável a aplicação subsidiária ao processo do trabalho da nova exigência legal de fundamentação das decisões judiciais (CPC, art. 489, § 1º). Cuidou, contudo, de algumas regras elucidativas e atenuadoras, sobretudo de modo a prevenir controvérsia sobre o alcance dos incisos V e VI do § 1º do art. 489 do CPC (art. 15, incisos I a VI da IN).

Anoto, de outra parte, que a aprovação da Instrução Normativa, tal como proposta, acarretará impacto substancial ou de atualização formal em dezenas de súmulas e orientações jurisprudenciais do Tribunal Superior do Trabalho.

Enfim, no que tange às normas aplicáveis, a Comissão buscou, de forma bastante criteriosa e seletiva, transpor para o processo do trabalho as inovações relevantes que valorizam a jurisprudência consolidada dos tribunais, privilegiam a qualidade da tutela jurisdicional e não descuram da segurança jurídica.

Brasília, 10 de março de 2016.

Ministro João Oreste Dalazen
Coordenador da Comissão de Ministros

Instrução Normativa n. 40 — TST

Edita a Instrução Normativa n. 40, que dispõe sobre o cabimento de agravo de instrumento em caso de admissibilidade parcial de recurso de revista no Tribunal Regional do Trabalho e dá outras providências.

O EGRÉGIO PLENO DO TRIBUNAL SUPERIOR DO TRABALHO, em Sessão Extraordinária hoje realizada, sob a Presidência do Excelentíssimo Senhor Ministro Ives Gandra da Silva Martins Filho, Presidente do Tribunal, presentes os Excelentíssimos Senhores Ministros Emmanoel Pereira, Vice-Presidente do Tribunal, Renato de Lacerda Paiva, Corregedor-Geral da Justiça do Trabalho, João Oreste Dalazen, Antonio José de Barros Levenhagen, João Batista Brito Pereira, Maria Cristina Irigoyen Peduzzi, Aloysio Corrêa da Veiga, Luiz Philippe Vieira de Mello Filho, Alberto Luiz Bresciani de Fontan Pereira, Maria de Assis Calsing, Dora Maria da Costa, Guilherme Augusto *Caputo* Bastos, Márcio Eurico Vitral Amaro, Walmir Oliveira da Costa, Mauricio Godinho Delgado, Kátia Magalhães Arruda, Augusto César Leite de Carvalho, José Roberto Freire Pimenta, Delaíde Alves Miranda Arantes, Hugo Carlos Scheuermann, Alexandre de Souza Agra Belmonte, Cláudio Mascarenhas Brandão, Douglas Alencar Rodrigues, Maria Helena Mallmann e a Excelentíssima Vice-Procuradora-Geral do Trabalho, Drª Cristina Aparecida Ribeiro Brasiliano,

considerando o cancelamento da Súmula n. 285 e da Orientação Jurisprudencial n. 377 da SBDI-1 pelo Pleno do Tribunal Superior do Trabalho, considerando a necessidade de explicitar-se o novo entendimento do Tribunal sobre a matéria, a bem da segurança jurídica dos jurisdicionados e da imprescindível orientação e planejamento da Presidência dos Tribunais Regionais do Trabalho,

considerando a conveniência de modulação dos efeitos do aludido cancelamento para não surpreender as partes, como se impõe da aplicação analógica do art. 896, § 17, da CLT,

considerando que, não obstante o Código de Processo Civil haja extinto o procedimento para disciplinar o Incidente de Uniformização de Jurisprudência (IUJ), o instituto continua previsto no art. 896, §§ 3º a 6º, da CLT,

RESOLVE

Aprovar a Instrução Normativa n. 40, nos seguintes termos:

Instrução Normativa n. 40/2016

Dispõe sobre o cabimento de agravo de instrumento em caso de admissibilidade parcial de recurso de revista no Tribunal Regional do Trabalho e dá outras providências

Art. 1º Admitido apenas parcialmente o recurso de revista, constitui ônus da parte impugnar, mediante agravo de instrumento, o capítulo denegatório da decisão, sob pena de preclusão.

§ 1º Se houver omissão no juízo de admissibilidade do recurso de revista quanto a um ou mais temas, é ônus da parte interpor embargos de declaração para o órgão prolator da decisão embargada supri-la (CPC, art. 1.024, § 2º), sob pena de preclusão.

§ 2º Incorre em nulidade a decisão regional que se abstiver de exercer controle de admissibilidade sobre qualquer tema objeto de recurso de revista, não obstante interpostos embargos de declaração (CF/88, art. 93, inciso IX e § 1º do art. 489 do CPC de 2015).

§ 3º No caso do parágrafo anterior, sem prejuízo da nulidade, a recusa do Presidente do Tribunal Regional do Trabalho a emitir juízo de admissibilidade sobre qualquer tema equivale à decisão denegatória. É ônus da parte, assim, após a intimação da decisão dos embargos de declaração, impugná-la mediante agravo de instrumento (CLT, art. 896, § 12), sob pena de preclusão.

§ 4º Faculta-se ao Ministro Relator, por decisão irrecorrível (CLT, art. 896, § 5º, por analogia), determinar a restituição do agravo de instrumento ao Presidente do Tribunal Regional do Trabalho de origem para que complemente o juízo de admissibilidade, desde que interpostos embargos de declaração.

Art. 2º Após a vigência do Código de Processo Civil de 2015, subsiste o Incidente de Uniformização de Jurisprudência da CLT (art. 896, §§ 3º, 4º, 5º e 6º), observado o procedimento previsto no regimento interno do Tribunal Regional do Trabalho.

Art. 3º A presente instrução normativa vigerá a partir de sua publicação, exceto o art. 1º, que vigorará a partir de 15 de abril de 2016.

Ministro Ives Gandra da Silva Martins Filho
Presidente do Tribunal Superior do Trabalho

Enunciados do ENFAM sobre o Novo Código de Processo Civil

Enunciados Aprovados

1) Entende-se por "fundamento" referido no art. 10 do CPC/2015 o substrato fático que orienta o pedido, e não o enquadramento jurídico atribuído pelas partes.

2) Não ofende a regra do contraditório do art. 10 do CPC/2015, o pronunciamento jurisdicional que invoca princípio quando a regra jurídica aplicada já debatida no curso do processo é emanação daquele princípio.

3) É desnecessário ouvir as partes quando a manifestação não pode influenciar na solução da causa.

4) Na declaração de incompetência absoluta não se aplica o disposto no art. 10, parte final, do CPC/2015.

5) Não viola o art. 10 do CPC/2015 a decisão com base em elementos de fato documentados nos autos sob o contraditório.

6) Não constitui julgamento surpresa o lastreado em fundamentos jurídicos, ainda que diversos dos apresentados pelas partes, desde que embasados em provas submetidas ao contraditório.

7) O acórdão, cujos fundamentos não tenham sido explicitamente adotados como razões de decidir, não constitui precedente vinculante.

8) Os enunciados das súmulas devem reproduzir os fundamentos determinantes do precedente.

9) É ônus da parte, para os fins do disposto no art. 489, § 1º, V e VI, do CPC/2015, identificar os fundamentos determinantes ou demonstrar a existência de distinção no caso em julgamento ou a superação do entendimento, sempre que invocar jurisprudência, precedente ou enunciado de súmula.

10) A fundamentação sucinta não se confunde com a ausência de fundamentação e não acarreta a nulidade da decisão se forem enfrentadas todas as questões cuja resolução, em tese, influencie a decisão da causa.

11) Os precedentes a que se referem os incisos V e VI do § 1º do art. 489 do CPC/2015 são apenas os mencionados no art. 927 e no inciso IV do art. 332.

12) Não ofende a norma extraível do inciso IV do § 1º do art. 489 do CPC/2015 a decisão que deixar de apreciar questões cujo exame tenha ficado prejudicado em razão da análise anterior de questão subordinante.

13) O art. 489, § 1º, IV, do CPC/2015 não obriga o juiz a enfrentar os fundamentos jurídicos invocados pela parte, quando já tenham sido enfrentados na formação dos precedentes obrigatórios.

14) Em caso de sucumbência recíproca, deverá ser considerada proveito econômico do réu, para fins do art. 85, § 2º, do CPC/2015, a diferença entre o que foi pleiteado pelo autor e o que foi concedido, inclusive no que se refere às condenações por danos morais.

15) Nas execuções fiscais ou naquelas fundadas em título extrajudicial promovidas contra a Fazenda Pública, a fixação dos honorários deverá observar os parâmetros do art. 85, § 3º, do CPC/2015.

16) Não é possível majorar os honorários na hipótese de interposição de recurso no mesmo grau de jurisdição (art. 85, § 11, do CPC/2015).

17) Para apuração do "valor atualizado da causa" a que se refere o art. 85, § 2º, do CPC/2015, deverão ser utilizados os índices previstos no programa de atualização financeira do CNJ a que faz referência o art. 509, § 3º.

18) Na estabilização da tutela antecipada, o réu ficará isento do pagamento das custas e os honorários deverão ser fixados no percentual de 5% sobre o valor da causa (art. 304, *caput*, c/c o art. 701, *caput*, do CPC/2015).

19) A decisão que aplica a tese jurídica firmada em julgamento de casos repetitivos não precisa enfrentar os fundamentos já analisados na decisão paradigma, sendo suficiente, para fins de atendimento das exigências constantes no art. 489, § 1º, do CPC/2015, a correlação fática e jurídica entre o caso concreto e aquele apreciado no incidente de solução concentrada.

20) O pedido fundado em tese aprovada em IRDR deverá ser julgado procedente, respeitados o contraditório e a ampla defesa, salvo se for o caso de distinção ou se houver superação do entendimento pelo tribunal competente.

21) O IRDR pode ser suscitado com base em demandas repetitivas em curso nos juizados especiais.

22) A instauração do IRDR não pressupõe a existência de processo pendente no respectivo tribunal.[21]

23) É obrigatória a determinação de suspensão dos processos pendentes, individuais e coletivos, em trâmite nos Estados ou regiões, nos termos do § 1º do art. 1.036 do CPC/2015, bem como nos termos do art. 1.037 do mesmo código.

24) O prazo de um ano previsto no art. 1.037 do CPC/2015 deverá ser aplicado aos processos já afetados antes da vigência dessa norma, com o seu cômputo integral a partir da entrada em vigor do novo estatuto processual.

25) A vedação da concessão de tutela de urgência cujos efeitos possam ser irreversíveis (art. 300, § 3º, do CPC/2015) pode ser afastada no caso concreto com base na garantia do acesso à Justiça (art. 5º, XXXV, da CRFB).

26) Caso a demanda destinada a rever, reformar ou invalidar a tutela antecipada estabilizada seja ajuizada tempestivamente, poderá ser deferida em caráter liminar a antecipação dos efeitos da revisão, reforma ou invalidação pretendida, na forma do art. 296, parágrafo único, do CPC/2015, desde que demonstrada a existência de outros elementos que ilidam os fundamentos da decisão anterior.

27) Não é cabível ação rescisória contra decisão estabilizada na forma do art. 304 do CPC/2015.

28) Admitido o recurso interposto na forma do art. 304 do CPC/2015, converte-se o rito antecedente em principal para apreciação definitiva do mérito da causa, independentemente do provimento ou não do referido recurso.

29) Para a concessão da tutela de evidência prevista no art. 311, III, do CPC/2015, o pedido reipersecutório deve ser fundado em prova documental do contrato de depósito e também da mora.

---

(21) *Vide* Enunciado n. 44.

30) É possível a concessão da tutela de evidência prevista no art. 311, II, do CPC/2015 quando a pretensão autoral estiver de acordo com orientação firmada pelo Supremo Tribunal Federal em sede de controle abstrato de constitucionalidade ou com tese prevista em súmula dos tribunais, independentemente de caráter vinculante.

31) A concessão da tutela de evidência prevista no art. 311, II, do CPC/2015 independe do trânsito em julgado da decisão paradigma.

32) O rol do art. 12, § 2º, do CPC/2015 é exemplificativo, de modo que o juiz poderá, fundamentadamente, proferir sentença ou acórdão fora da ordem cronológica de conclusão, desde que preservadas a moralidade, a publicidade, a impessoalidade e a eficiência na gestão da unidade judiciária.

33) A urgência referida no art. 12, § 2º, IX, do CPC/2015 é diversa da necessária para a concessão de tutelas provisórias de urgência, estando autorizada, portanto, a prolação de sentenças e acórdãos fora da ordem cronológica de conclusão, em virtude de particularidades gerenciais da unidade judicial, em decisão devidamente fundamentada.

34) A violação das regras dos arts. 12 e 153 do CPC/2015 não é causa de nulidade dos atos praticados no processo decidido/cumprido fora da ordem cronológica, tampouco caracteriza, por si só, parcialidade do julgador ou do serventuário.

35) Além das situações em que a flexibilização do procedimento é autorizada pelo art. 139, VI, do CPC/2015, pode o juiz, de ofício, preservada a previsibilidade do rito, adaptá-lo às especificidades da causa, observadas as garantias fundamentais do processo.

36) A regra do art. 190 do CPC/2015 não autoriza às partes a celebração de negócios jurídicos processuais atípicos que afetem poderes e deveres do juiz, tais como os que: a) limitem seus poderes de instrução ou de sanção à litigância ímproba; b) subtraiam do Estado/juiz o controle da legitimidade das partes ou do ingresso de *amicus curiae*; c) introduzam novas hipóteses de recorribilidade, de rescisória ou de sustentação oral não previstas em lei; d) estipulem o julgamento do conflito com base em lei diversa da nacional vigente; e e) estabeleçam prioridade de julgamento não prevista em lei.

37) São nulas, por ilicitude do objeto, as convenções processuais que violem as garantias constitucionais do processo, tais como as que: a) autorizem o uso de prova ilícita; b) limitem a publicidade do processo para além das hipóteses expressamente previstas em lei; c) modifiquem o regime de competência absoluta; e d) dispensem o dever de motivação.

38) Somente partes absolutamente capazes podem celebrar convenção pré-processual atípica (arts. 190 e 191 do CPC/2015).

39) Não é válida convenção pré-processual oral (art. 4º, § 1º, da Lei n. 9.307/1996 e 63, § 1º, do CPC/2015).

40) Incumbe ao recorrente demonstrar que o argumento reputado omitido é capaz de infirmar a conclusão adotada pelo órgão julgador.

41) Por compor a estrutura do julgamento, a ampliação do prazo de sustentação oral não pode ser objeto de negócio jurídico entre as partes.

42) Não será declarada a nulidade sem que tenha sido demonstrado o efetivo prejuízo por ausência de análise de argumento deduzido pela parte.

43) O art. 332 do CPC/2015 se aplica ao sistema de juizados especiais e o inciso IV também abrange os enunciados e súmulas dos seus órgãos colegiados competentes.

44) Admite-se o IRDR nos juizados especiais, que deverá ser julgado por órgão colegiado de uniformização do próprio sistema.

45) A contagem dos prazos em dias úteis (art. 219 do CPC/2015) aplica-se ao sistema de juizados especiais.

46) O § 5º do art. 1.003 do CPC/2015 (prazo recursal de 15 dias) não se aplica ao sistema de juizados especiais.

47) O art. 489 do CPC/2015 não se aplica ao sistema de juizados especiais.

48) O art. 139, IV, do CPC/2015 traduz um poder geral de efetivação, permitindo a aplicação de medidas atípicas para garantir o cumprimento de qualquer ordem judicial, inclusive no âmbito do cumprimento de sentença e no processo de execução baseado em títulos extrajudiciais.

49) No julgamento antecipado parcial de mérito, o cumprimento provisório da decisão inicia-se independentemente de caução (art. 356, § 2º, do CPC/2015), sendo aplicável, todavia, a regra do art. 520, IV.

50) O oferecimento de impugnação manifestamente protelatória ao cumprimento de sentença será considerado conduta atentatória à dignidade da Justiça (art. 918, III, parágrafo único, do CPC/2015), ensejando a aplicação da multa prevista no art. 774, parágrafo único.

51) A majoração de honorários advocatícios prevista no art. 827, § 2º, do CPC/2015 não é aplicável à impugnação ao cumprimento de sentença.

52) A citação a que se refere o art. 792, § 3º, do CPC/2015 (fraude à execução) é a do executado originário, e não aquela prevista para o incidente de desconsideração da personalidade jurídica (art. 135 do CPC/2015).

53) O redirecionamento da execução fiscal para o sócio-gerente prescinde do incidente de desconsideração da personalidade jurídica previsto no art. 133 do CPC/2015.

54) A ausência de oposição de embargos de terceiro no prazo de 15 (quinze) dias prevista no art. 792, § 4º, do CPC/2015 implica preclusão para fins do art. 675, *caput*, do mesmo código.

55) Às hipóteses de rejeição liminar a que se referem os arts. 525, § 5º, 535, § 2º, e 917 do CPC/2015 (excesso de execução) não se aplicam os arts. 9º e 10 desse código.

56) Nas atas das sessões de conciliação e mediação, somente serão registradas as informações expressamente autorizadas por todas as partes.

57) O cadastro dos conciliadores, mediadores e câmaras privadas deve ser realizado nos núcleos estaduais ou regionais de conciliação (Núcleos Permanentes de Métodos Consensuais de Solução de Conflitos — NUPEMEC), que atuarão como órgãos de gestão do sistema de autocomposição.

58) As escolas judiciais e da magistratura têm autonomia para formação de conciliadores e mediadores, observados os requisitos mínimos estabelecidos pelo CNJ.

59) O conciliador ou mediador não cadastrado no tribunal, escolhido na forma do § 1º do art. 168 do CPC/2015, deverá preencher o requisito de capacitação mínima previsto no § 1º do art. 167.

60) À sociedade de advogados a que pertença o conciliador ou mediador aplicam-se os impedimentos de que tratam os arts. 167, § 5º, e 172 do CPC/2015.

61) Somente a recusa expressa de ambas as partes impedirá a realização da audiência de conciliação ou mediação prevista no art. 334 do CPC/2015, não sendo a manifestação de desinteresse externada por uma das partes justificativa para afastar a multa de que trata o art. 334, § 8º.

62) O conciliador e o mediador deverão advertir os presentes, no início da sessão ou audiência, da extensão do princípio da confidencialidade a todos os participantes do ato.

REFERÊNCIAS BIBLIOGRÁFICAS

ALVIM, Eduardo Arruda. *Curso de direito processual civil*. São Paulo: RT, 2000. v. 1.

BARBOSA MOREIRA, José Carlos. *Comentários ao código de processo civil*. 8. ed. Rio de Janeiro: Forense, 1999. v. 5.

BEDAQUE, José Roberto dos Santos. Apelação: questões sobre admissibilidade e efeitos. In: NERY JR., Nelson; WAMBIER, Teresa Arruda Alvim (coord.). *Aspectos polêmicos e atuais dos recursos cíveis e de outros meios de impugnação às decisões judiciais*. São Paulo: RT, 2003.

_____. *Direito e processo*: influência do direito material sobre o processo. 2. ed. São Paulo: Malheiros, 2001.

_____. *Poderes instrutórios do juiz*. 3. ed. São Paulo: RT, 2001.

_____. *Tutela cautelar e tutela antecipada*: tutelas sumárias e de urgência (tentativa de sistematização). 2. ed. São Paulo: Malheiros, 2001.

BUENO, Cassio Scarpinella. *Partes e terceiros no processo civil brasileiro*. São Paulo: Saraiva, 2003.

CALMON DE PASSOS, José Joaquim. *Comentários ao código de processo civil*. 8. ed. Rio de Janeiro: Forense, 1998. v. 3.

CAPPELLETTI, Mauro; GARTH, Bryant. *Acesso à justiça*. Tradução e revisão: Ellen Gracie Northfleet. Porto Alegre: Sergio Antonio Fabris, 2002.

CARNEIRO, Athos Gusmão. *Intervenção de terceiros*. 9. ed. São Paulo: Saraiva, 1997.

CINTRA, Antonio Carlos de Araújo; GRINOVER, Ada Pellegrini; DINAMARCO, Cândido Rangel. *Teoria geral do processo*. 11. ed. São Paulo: Malheiros, 1995.

DINAMARCO, Cândido Rangel. *A instrumentalidade do processo*. 11. ed. São Paulo: Malheiros, 2003.

_____. *A reforma da reforma*. São Paulo: Malheiros, 2002.

_____. *A reforma do código de processo civil*. 3. ed. São Paulo: Malheiros, 1996.

_____. *Execução civil*. 5. ed. São Paulo: Malheiros, 1997.

_____. *Instituições de direito processual civil*. São Paulo: Malheiros, 2001. v. 1.

_____. *Instituições de direito processual civil*. São Paulo: Malheiros, 2001. v. 2.

_____. *Instituições de direito processual civil*. São Paulo: Malheiros, 2001. v. 3.

_____. *Nova era do processo civil*. São Paulo: Malheiros, 2003.

DINIZ, Maria Helena. *Compêndio de introdução à ciência do direito*. 19. ed. São Paulo: Saraiva, 2008.

GARCIA, Gustavo Filipe Barbosa. *Cumprimento da sentença e outros estudos da terceira fase da reforma do código de processo civil*. 2. ed. São Paulo: Método, 2009.

_____. *Curso de direito processual do trabalho*. 3. ed. Rio de Janeiro: Forense, 2014.

_____. *Intervenção de terceiros, litisconsórcio e integração à lide no processo do trabalho*. São Paulo: Método, 2008.

_____. *Introdução ao estudo do direito*: teoria geral do direito. 2. ed. São Paulo: Método, 2013.

GRECO FILHO, Vicente. *Direito processual civil brasileiro*. 21. ed. São Paulo: Saraiva, 2009. v. 1.

_____. *Direito processual civil brasileiro*. 20. ed. São Paulo: Saraiva, 2009. v. 2.

_____. *Direito processual civil brasileiro*. 20. ed. São Paulo: Saraiva, 2009. v. 3.

GUIMARÃES, Flávia Lefèvre. *Desconsideração da personalidade jurídica no código do consumidor*: aspectos processuais. São Paulo: Max Limonad, 1998.

LIEBMAN, Enrico Tullio. *Eficácia e autoridade da sentença e outros escritos sobre a coisa julgada*. 4. ed. atual. por Ada Pellegrini Grinover. Tradução de Alfredo Buzaid e Benvindo Aires, tradução dos textos posteriores à edição de 1945 de Ada Pellegrini Grinover. Rio de Janeiro: Forense, 2006.

_____. *Manual de direito processual civil*. 3. ed. Tradução e notas: Cândido Gürgel Dinamarco. São Paulo: Malheiros, 2005. v. 1.

ION, Paulo Henrique dos Santos. Efeitos imediatos da decisão e impugnação parcial e total. In: ALVIM, Eduardo Pellegrini de Arruda; NERY JR., Nelson; WAMBIER, Teresa Arruda Alvim (coord.). *Aspectos polêmicos e atuais dos recursos*. São Paulo: RT, 2000.

MACHADO, Antônio Cláudio da Costa. *Código de processo civil interpretado*: artigo por artigo, parágrafo por parágrafo. 3. ed. São Paulo: Saraiva, 1997.

MARINONI, Luiz Guilherme. *Tutela específica*: arts. 461, CPC e 84, CDC. 2. ed. São Paulo: RT, 2001.

NERY JUNIOR, Nelson. *Atualidades sobre o processo civil*. 2. ed. São Paulo: RT, 1996.

_____. NERY, Rosa Maria de Andrade. *Código de processo civil comentado e legislação processual civil extravagante em vigor*. 5. ed. São Paulo: RT, 2001.

REALE, Miguel. *Lições preliminares de direito*. 18. ed. São Paulo: Saraiva, 1991.

SALVADOR, Antonio Raphael Silva. *Do procedimento monitório*. São Paulo: Juarez de Oliveira, 2003.

SANCHES, Sydney. *Denunciação da lide no direito processual civil brasileiro*. São Paulo: RT, 1984.

SANTOS, Moacyr Amaral. *Primeiras linhas de direito processual civil*. 12. ed. São Paulo: Saraiva, 1992. v. 3.

_____. *Primeiras linhas de direito processual civil*. 25. ed. atual. por Maria Beatriz Amaral Santos Kohnen. São Paulo: Saraiva, 2011. v. 3.

THEODORO JÚNIOR, Humberto. *Curso de direito processual civil*. 24. ed. Rio de Janeiro: Forense, 1998. v. 1.

_____. *Curso de direito processual civil*. 50. ed. Rio de Janeiro: Forense, 2009. v. 1.

_____. Processo justo e contraditório dinâmico. *Revista Magister de Direito Civil e Processual Civil*, Porto Alegre: Magister, ano 6, n. 33, p. 6-18, nov./dez. 2009.